U0903008

荆楚文庫編纂出版委員會
武漢出版社

散　文

聖　　母

一個農婦，躺在山坡上睡着了。

緑蔭爲她擋住烈日，野草吐露濃郁的芬芳，小鳥在耳邊喧叫，山風鼓起松林的濤聲，這健壯的農婦，睡着了。

下巴鬆懈地下垂，張開的大嘴露出滿口黄牙，清涎從口角向外傾瀉，紫醬色的額角和鼻尖上沁出點點的汗珠，隆起的胸部起伏着，四肢毫無顧忌地張開；短衣的隙縫綻露着一抹膚色，寬大的褲管裏伸出半截粗壯的腿杆……她睡得這樣的酣適，這樣放誕。好像這山坡就是最舒適的眠床，天地也不過是狹窄的房舍；一朵無名的野花，正在她的近旁摇曳，不知是艷羡她的酣甜，還是慨嘆她的粗野。

我掉過頭，面嚮那山下的稻田，强烈的日光眩惑着我，眼睛裏似乎有無數的金星在閃爍，濃緑的禾稻在微風裏，緩緩地波動，田裏有赤着膊，戴着草帽的鋤草者，但是我看不十分清晰，倒像那裏也躺着一些午睡的女人。

忽然想起，什麽地方曾看見過這樣一幅圖畫；對了，是有這樣一個藝術家曾用她的刀筆刻畫過一個躺着的健壯的農婦。不過那不是酣睡，是被誰蹂躪過了，半死地，或者全死地躺在繁茂的野草中間。衣衫大塊大塊的裂痕，告訴我們她是怎樣掙扎過來。那鬆懈疲憊的姿勢，又説明她怎樣地氣盡力微，含冤無告，憑弔她的，那近旁也正有一朵看起來仿佛還在顫動的野花。

百草仍舊吐着生的氣息，微風仍舊撫摸着它們；草叢中，小蟲們仍舊爬着，跳着，飛着，一切都這樣無憂無慮，悠游自得，獨有人類的她和蟲和草這樣鄰近的那農婦，却逃不脱一個悲慘的運命！人和物是何等隔膜，相去何等遥遠囉！那看起來仿佛還在顫動的野花，果真是爲她的遭際所感動了麽？——唉唉，真是無理的聯想呵，爲什麽從一個沉酣的午睡，想到那悲劇的畫面上去了呢！

然而藝術家是仁慈的，她把人類的醜惡和不幸都造成了美的構圖，她從無窮複雜繁多的人類的罪孽中間，衹揀選了適合於她的構圖，足以代表她所要表現的某一點，或幾點，而擲棄了那無數的乃至更悲慘，更醜惡的東西。在實際社會裏頭，尤其是在倭族的海盜的戰馬在我們的廣大的國土裏縱横馳騁的今天，我們女同胞受了强盗的蹂躪踐踏，變成了血腥的尸體，無助地躺在草地上的決不是像畫圖上的孤零零的一個！

我曾看見過許許多多的照片，那些照片裏常常有幾十個幾百個完全赤裸的女人的尸體，一覽無餘地展露着那平時最秘密的部分。四周也有雜草，也有鮮血，或者還有别的什麽污穢的東西；但是没有那彷彿還在顫動的野花。代替花朵的是插在她們胸前的軍刀和從那秘密部分伸出來的細長枯草，那是淫虐者獸性滿足後的獰笑的表現。

那些躺倒的死體是誰呢？豈不是我們的諸姑姊妹麽？污辱她們，殺死她們的是誰呢？豈不是那些倭族的野獸麽？在一方面是悲慘的遭遇，一方面是醜惡的行爲的畫圖正展開着的當時，我不知道是晴天，是陰天，是白天還是黑夜，更不知道這世界是人的世界還是魔的世界。如果是晴天，太陽的面孔一定會爲那些野獸的無耻而羞紅；如果是陰天，密雲一定會爲那些死者的慘痛而垂泪；白天裏烏鴉也會啼血，是夜晚猫頭鷹也會顫抖；説是人的世界，歷史上難找同樣的先例；説是魔的世界，魔鬼也趕不上强盗的殘忍。然而我看見過的照片還衹是所有的照片中極小極小的部分，所有照片又衹是實有的暴行中的極小極小的部分！多麽巨大的灾難，多麽沉痛的死亡呵！無比的凶殘，不能忍受的屈辱，毫無容赦也毫無報償的酷刑，一切苦痛中最大的苦痛，一切不幸，最大的不幸，一切死亡中最悲慘的死亡，在這祖國勝利的前夜，都落在我們的女同胞的頭上！

而且我們的女同胞不僅爲了祖國的戰鬥而受難而死亡，同時也爲了幾千年來的一切兩性偏見，那從不合理的社會組織中産生出來的兩性的偏見而受難而死亡；爲了歷史上的一切錯誤所造成的民族積弱而受難而死亡；并且爲那受着暴君們的壓抑，使自己的人性變成了獸性的敵兵的遭際而受難而死亡；甚至於爲了使女性由於生理的關係不能不變得柔弱的造物的偏私而受難而死亡！兩性的，民族的，人類的，甚而是自然的，一切愚昧無知的惡果，今天都落在我們的女同胞頭上。

然而人類愚昧不會是永久的，自然的缺憾，也不會無法彌補。由於祖國的戰鬥和新生，由於我們的聖戰促成的敵國的改造，由於這聖戰給與世界的影響，未來的人類將是新的姿態，未來的女性將不再柔弱，我們的女同胞的受難與死亡也許是最後一次。假如因爲她們的受難與死亡，以後的人類，以後的女性，不再有同樣的受難與死亡；假如一切人類，一切女性的最不幸，最痛苦的運命，都是今天正在受難與死亡的我們的女同胞擔受了；那麽，這些女同胞的受難與死亡是何等偉大，何等無我，何等慈悲，又何等前無古人後無來者啊。我恍惚看見那些躺倒了的尸體一齊站立起來，匯合、融結，形成了一個巨大的新人。那新人美麗、莊嚴、崇高而和悦，周身射出着燦爛的金光，天風爲她梳着披散的長髮，太陽照着她挂在臉上的微笑，她昂着頭，挺着胸，大踏步地走嚮祖國的明天，人類的明天！

她的名字叫做：聖母。

一九三九，三八節於金華

母親們

在中國，抗戰的火焰是鮮艷的，雄壯的，奇瑰的，像剛升起的太陽，照耀着四方，照耀着世界！

中國，睡熟了的獅子醒了！黄河，揚子江的咆哮醒了！秦始皇，岳武穆，朱洪武的血，誅滅侵略者的血，醒了！

用我們的手，扭開脖子上的枷鎖吧！用我們的手，改换地圖的顏色吧！用我們的手，除掉一切所要除掉的，取得一切所要取得的吧！

然而，今天，此刻現在的一瞬間，强盗們在笑，在唱着忘形的歌，跳着淫猥的舞！而我們，四萬萬五千萬，在受着不曾有過的灾難！未來中國的母親，我們，爲了偉大的孩子的誕生，在受着臨盆的灾難！

都市喧囂着。强盗從天上來了。

“嗡……”死神凶惡地吼着。

烏鴉們，麻雀們驚起了，成群地在半空裏盤旋，連獨來獨往的蒼鷹們也結成小的隊伍，它們向遠方探望，它們要逃難了，它們遮没着陽光，像一片烏雲。

都市啞默了，顏色是蒼白的。

女人們，孩子們把自己藏在地球的懷裏，母親用手或者用奶頭堵着孩子的嘴，不許哭，不許叫，不許放出一點點聲音，好像衹要一有聲音，從天上來的强盗就聽見了，找來了。

碰同！——炸彈。

碰同！碰同！——炸彈。

倒塌，飛揚，起火！

在煙霧裏，都市顫栗着。

然而從天上來的强盜們笑了。

在路上，戰士的母親們走着。

那路是：幽僻的、荒野的，窄狹、崎嶇、陡峭！没有草木，山和谷，像剥了皮的獸物的尸體。

母親們勾着背，跛着細小的脚，馱着鍋，馱着米，牽着牛，羊和驢子；守夜的狗，如今，獵狗似地在前面探路。

母親們走着，在風底下，在雨底下，在太陽底下。

她們是襤褸的，黧黑的，枯槁的，衰弱的。

丢了家，丢了温暖的被窩，丢了没有紡完的棉花，丢了曬在河邊的魚網。半夜裏，一聲吆喝：

“强盜來了！東洋鬼子來了！”

“走哇！”一千個一萬個聲音，同時同樣地喊：“讓孩子們打仗去吧，我們，老傢伙們應該離開，莫絆着孩子們的脚啊！”

來不及整理要帶走的東西，來不及和親近的人説一句話，來不及在家神祖宗面前磕一個頭，母親們迅速地，果敢地走了。

走哇！到山林裏去！到石砦裏去！到土洞裏去！到苗人們的家，黎人們的家裏去！

母親們走着。在路上，留着漏落下來的糧食，黑的炒米，黄的包穀，還有，凌亂的細小的人的脚印和畜牲們的糞便。

在前綫，戰士們苦鬥着。

千萬個人，千萬個戰士，唱着愉快的歌，邁着英雄的脚步。像山在移動，像萬里長城在移動，向强盜們的陣地移動。

可是强盜們笑了。從東京來的大炮笑了，從羅馬來的飛機笑了，從柏林來的坦克車也笑了。

魔鬼似地伸出鮮紅的舌頭，舐向我們的山，舐向我們的萬里長城，我們的山崩了，長城缺了！

戰士們的血泛濫着，戰士們的頭顱，戰士們的肢體，又堆成了山，堆成了萬里長城！

可是新的戰士又起來了！唱着愉快的歌，邁着英雄的脚步，向强盗們的陣地移動！

可是强盗們又笑了，大炮，飛機，坦克車，伸出魔鬼的舌頭！

戰士們的血，頭顱，肢體！……

可是，新的戰士又起來了！

戰士們苦鬥着，在飢餓裏，寒冷裏，困乏裏；在冰天雪地裏，槍林彈雨裏。

在逃亡的隊伍裏，一個母親嘆息："聽説强盗們飛到過縣城，聽説强盗的隊伍到了烏龍鎮？"

"可不是麽？"第二個母親嘆息："城裏的關王廟都毁了！烏龍鎮的街都洗了！百子堂燒成光光的琉璃府了！"

"啊啊！"第三個母親嘆息："菩薩保佑我的孩子吧！"孩子上火綫去了。

三十年前，這母親，一個少婦，避着一切的人，連對自己也害着羞，在百子堂從第一個嬰兒的塑像選到第一百個，又從第一百個選到第一個。"哦，這個多麽胖啊！"——她想。"哦，那個的樣子長得多好看啦！"——她又想。"哦，這個還在望着我笑咧！"——她三想。

"兒啊，跟媽媽回去吧！乖兒啊，跟媽媽回去吧！媽媽曉得疼你的。"

從懷裏取出帶着體温的紅繩，拴在那選中了的"兒"的脖子上。據説，第二年，"兒"就抱在媽媽懷裏了。

"不許到百子堂去！"孩子一生裏被告誡着。

他一去就會找到了自己的家，找到了自己的座位而且回到那家那座位上去（死）的吧！母親一生裏擔着心。

如今，孩子的家給强盗毁了！孩子的座位，孩子的塑像也給强盗毁了！可是我的孩子呢？

這母親還不知道强盗的凶惡：在東北，在華北，在山東，山西，在浙江，江蘇，在一切失去了的地方和未失去的地方，毁了千萬個百子堂，毁了千萬個年青的母親們尋求兒子的地方！同時也毁了更多的母親的兒子和兒子的母親！

誰敢告訴這母親：她的兒子在前綫正和那塑像在後方所遭遇的一樣呢？

在失去了的土地上，在戰士們的墳場上，在被殘殺了的嬰兒的尸體上，戰士的姊妹們，妻子們，嬰兒的母親們，被强盗凌辱着！

她們被脱光了衣服，被捆住了脚手，被奪走了一切自衛和自由動作的能力！村田，武藤，上條，中川……一個，兩個，九個，十個，在她們那還活着的尸體上上下！

她們憤怒，掙扎，唾駡；她們痛楚，疲乏，麻木！强盗們的邪惡的眼睛，比刀，比斧頭，比槍，炮，炸彈，還要殘酷地粉碎着那些還活着的尸體。

"死啊！死啊！"這時候，死是唯一的救主，可是一千回一萬回呼唤不來，一千回一萬回的尋覓無用。祇有她們聲嘶了，力竭了，氣微了，血冷了，萬不能再活下去了，强盗的刀尖，或者會仁慈地插進她們的咽喉。

在强盗面前，在野獸面前，女人，永遠是無助的弱者！

在逃亡的隊伍裏，一個母親咕嚕着：

"二十五年前的今天，是我出嫁的日子。我的爸爸，那戴着玳瑁框的水墨眼鏡，走着八字步的老人對我説：'你要是有了什麽醜事，就再不要見我了，因爲那是犯罪的；不孝敬公婆，不和丈夫和睦，就再不要見我了，因爲那是犯罪的；貪嘴貪食，貪懶貪睡，不能興家立業，也再不要見我了，因爲那是犯罪的。好吧，孩子，願天保佑你，願菩薩保佑你！'

"那説話的人早已偎了黄土，可是話還在我的心裏活着。二十五年了，我不正經麽？我怠慢過老人們麽？對於男人的打罵，還過一句嘴麽？我没有挑水，没有砍柴麽？我讓我的公牛，我的母猪挨過一頓餓麽？我没有生男育女麽？我私自吃過東西麽？我説過别人的是非麽？

“我犯了什麽罪，我的孩子，孩子的爸爸，我們又都犯了什麽罪？爲什麽要給强盗們殺，爲什麽要給强盗們炸，爲什麽要給强盗們趕？

“天在哪裏？菩薩在哪裏？爲什麽，爲什麽，讓强盗們來磨難我們？

“告訴我呀，姑媽！告訴我呀，嬸娘！告訴我呀，大嫂子!”

回答是一片静寂。

天是昏沉的，地是啞默的，從遠處吹來的風，呼嘯着聽不懂的什麽。

在失去了的都市裏，木人戲開演着。

那舞臺上有着各種各様的角色：紅臉，白臉，黑臉；穿龍袍的，穿補套的，穿鎧甲的。他們的身體活動着，脚手活動着，口也活動着，他們殺、打、唱，跟真的人一様，跟真的戲一様。

可是那戲却誰也看不懂，聽不懂。因爲在舞臺背後，在高處，用絲綫牽動着木人們而且口裏唱着的是一個强盗，那戲文衹是强盗的創作，又用的强盗國的語言。

舞臺底下站着各種各様的看客：抽大煙的，吃白麵的，賭番攤的，推牌九的，在窑子裏當差的，在茶館裏扇爐子的，他們本來和强盗們一氣，現在又以捧强盗的木人戲爲職業。

强盗説：“噫噫，王道哇!”“好!”他們鼓掌。强盗説：“噫噫，親善哪!”“好！好!”他們又鼓掌。强盗説：“當漢奸的跟我來，不當漢奸的滚開去!”“好！好！好!”他們更不敢不鼓掌。

然而，在戲場裏，中國人，真正的中國人是絶迹的。

在逃亡的隊伍裏，母親們沉默着。

一個母親想起老頭子來了。那是被幾十年的勞苦吸去了血，吸去了健康的矮小的老人，是弓着腰，駝着背，一咳一口緑茵茵的痰，咳得整夜整夜，睡不着的老人，他應該跟起走的，可是偏不走，説要當游擊隊，他還舉得起一根撥燈棒麽？那老傢伙，没有别人，弄不到吃的上嘴的；他會不曉得什麽時候把鶏子趕上籠去；他會拿着自己的旱煙袋而又到處去尋它。那可憐的老傢伙現在在做什麽呢？

一個母親，想起兒媳婦來了。那會説話的沙牛，成天推磨、砍柴、燒茶、煮稀飯、煮好了挑到游擊隊那裹去，在那裹，給他們洗衣服，補鞋子襪子，一天到晚，不曉得什麽叫做累，那兩歲的孫兒不會太吵她的吧，應該把他抱走的，要是别人有奶汁。

一個母親想起女兒來了。她看見那快要成人的小姑娘，凍着通紅的臉，腫着饅頭樣的手背，背着口袋，和别的姑娘們一齊，在這裹那裹給受了傷的人們洗傷口，敷藥，一路做事，一路口裹唱："起來，不願做奴隸的人們！"她們是對的，要是自己轉去四十年或者三十年喲！

一個母親想起自己的房子來了。那是一棟久已東倒西歪了的房子，祖孫父子在那裹頭住了三四代。他們説，如果打敗了，就把整個村莊都燒光，不留半點什麽給强盜們。那房子現在還在不在呢？她回頭望，想看有没有煙火從來的那邊起來。可是她們的村莊已經和她們隔得太遠了。

一個母親……

母親們沉默着，各各想着自己的心事。

在中國，在戰争的時候，人民是苦痛的，戰士的母親們是苦痛的。她們獻出了自己的兒女，獻出了自己的家，而自己却走上了逃亡的路，因爲她們老了，無用了，再没有可以獻給戰争，幫助戰争的了。

她們勾着背，跛着細小的脚，磨着一千層一萬層厚的鞋底，向山林，向石砦，向土洞，向苗人們的家，黎人們的家！

母親們呵！願你們健康！願你們長壽！願你們能够看見那些英雄的戰士們回來！他們會帶給你一些奇怪的禮物：强盜們的鋼盔，寶劍，頭蓋骨和强盜的飛機的翅膀！

一九三八，一，七日

心　　祭

春到江南來了。陽光温和地撫摸着大地。菜花黄遍了田野，蠶豆花像飛倦了的蝴蝶，停息在緑陰裏。緑楊在河岸扭動着腰肢，它被春風陶醉，否則被田野的光彩眩惑了眼睛。山坡上有桃花的笑，有李花的肅穆；桃花像盛裝的貴婦，儀態裏射出幸福的明輝；李花是白衣的少女，端凝同時俏麗。杜鵑花還衹剛剛含苞，却已經滿山滿谷地半露着嬌羞的紅顔了。小鳥們歌唱着，蜜蜂們嗡營着，竹林裏傳來一聲聲鳩侶的呼唤。人，尤其是那些少男少女們，臉上也花一樣的鮮艷，衣衫更炫耀花朵般的顔色。江南的大地到處都是伊甸的美景；江南的春天啓迪誘導着人和一切生物的生的意志。

這是何等的幸福哦，在祖國的土地整塊整塊地呻吟在倭奴的鐵蹄底下的今天，我竟能够面對這春的江南！在我的故鄉，在那些廣大的失去的土地上，我不能想象是一種怎樣的情景。也有桃花和李花麽，它們爲誰而開呢？也有百草和雜樹麽，它們爲誰而緑？雀鳥爲誰而歌唱，陽光爲誰而温暖？祖國的花和草，祖國的鳥和蟲，祖國的光風和霽月，玩賞它們，欣聆它們，撫愛它們而又接受它們的撫愛的，多少地方，已經不是祖國的愉快的人民了！在炮火喧騰中，在戰馬嘶鳴中，在强盜的殘暴的屠戮，祖國的斯巴達們的戰鬥中，那遥遠的杜鵑花，我怎能辨清是志士們的鮮血，還是母親和妻子們的熱泪呢？今天，我纔深切地感到土地的重要，感到土地的自由的重要，没有自由，縱然同樣的春的江南，也不會如此美好；縱然如此美好，而站在此地贊嘆它們的也將不是我們自己而正是我們的仇敵——然而在這自由的天地裏，我們也還是不斷地受到强盜們的損害。當强盜的飛機從天空飛來的時候，它曾毁掉我們愛着自己的生命也愛着一切生命的人，曾毁掉我們爲了延續發展自己的生命而創造的成果，曾毁掉我們祖先的墳塋和留給我們的珍貴的遺物，曾毁掉地面上許許多多有生無生的東西！兩年以來，祖國的重要的城市，幾乎没有一個是完整的，而我們祖國的兒女，有多少人失去了生命或斷殘了肢體喲！多少人被打破了自己的計劃、希望和幻想啊！多少父母的兒女，兒女的父母，丈夫的妻子，妻子的丈夫，在一霎眼的工夫中就離開了，永遠離開了自己至親的人囉！這裏我記起一個爲强盜的空襲而死去的女子。

去年這時候，我正從臨汾轉徙到了西安。西北的三月，還很少春的氣息，滿街都是冷風和黄土。雖然一時有許多機關學校在紛紛地向更西或更僻遠的地方遷移。畢竟前綫還有很遠的距離，除了有時候遭受一兩次空襲以外，西安是平静的。有一天到一個演劇隊裏去玩，那個演劇隊是從上海去的，從上海出發的時候，我也是隊員中間的一個。雖然這時候，隊裏的熟人已經不到一半，談起來也仍舊有不少的契闊。大概很夜深了吧，幾個舊的人都留我就在那裏睡覺；因爲夜晚很冷，早睡的内地的城市，半夜裏走路又很孤寂，我也就同意了。

一個小房子裏的一張大炕，是被指定的睡處。在一支洋燭的微光之下，那炕像一架山似地聳立着，不知堆着一些什麽東西。炕旁邊有一張凉床模樣的小床，上面也堆得像山；隊長老王告訴我，木刻家老金的夫人睡在上面——其實應該説是壓在那山底下；她有病，現在睡着了。我纔注意到那上面，不，那裏頭，有人。

要同在這炕上睡覺的老王和老金到外面屋子裏開會去了。我理不清炕上的被臥，毯子，大衣以及别的一些亂七八糟的東西，就把脚伸進那山裏頭去，背靠着墻，迎着窗臺上的燈光看一本小説，等候着老王他們。夜是寂静的，古老的西安似乎落到遥遠的天邊去了；衹聽見什麽地方有一兩聲零食的叫賣，在空漠中摇曳。窗外是一個遠連到荒野的廢園，從破碎的窗紙的隙孔望過去，衹是一片黑暗，看不見星月和燈火的影子。冷風從窗外吹進來，摇晃着燭焰，也摇晃着書上的字，還摇晃着墻上挂的一些小東西的陰影；帽子，皮帶，熱水瓶……這些都像在墻上活起來了，還仿佛發出一點點聲音應和着那病人的微弱的呼吸。這屋子裏很冷；又堆的雜東西太多，一支洋燭的光輝，不能叫人把屋裏的一切看得仔細；暗黑的角落裏幾乎無聲無臭的病人，却給人一種陰森的感覺，不禁想起什麽小説上的一些恐怖的故事。

忽然那小床上軋軋地響了，那上面的東西也窸窸窣窣地響了。病人翻了一回身，喉嚨裏煮粥似地咕嘟了一回，突然大聲叫唤：

“哎喲！我怕呀！我怕呀！我怕呀！老金！老金！來呀！快來呀！哦，站在我跟前哪！飛機！哦，飛機！不要來哦，不要來，不要來呀！哎喲！炸彈，炸彈，我的天！我怕呀，老金，老金，老金！……”

裏頭還夾着許多哭泣，呻吟，嘆息；聲音就和在死囚牢裏受嚴刑拷打的犯人發出來的一樣。縱然衹叫這麽一兩聲，有點膽怯的我，也不能再在那兒待下去；何况她一直地叫，毫没有停止的意思！我扔掉手裏的書，披上外衣，連忙爬下床，偏偏皮鞋和我搗亂，穿了好半天纔穿進去！臨走的時候，向那床上瞥了一眼，全屋子都是昏茫的，衹有她的臉像一張白紙似地泛着白！我跑到他們開會的地方，我説：

“老金，你的太太喊你！……”

説完，就冒着夜風走上了回寓所的路。多麽寂静，多麽冷清，多麽昏黑的夜的市街喲！

過了幾天，聽説那病人死在醫院裏了。起初，我對死者并没有懷多大的敬意，還詫異老金怎麽把這樣弱的一個夫人帶在身邊。後來談起，纔知道她在北平的時候，努力地參加過救亡運動，“一二·九”前後，還是婦女中間最活躍的一個。她生長在一個極其腐爛的家庭裏，能够離開那家，能够和老金結合，也曾經過一番苦鬥。北平淪陷後，在生産後七天就把嬰兒托給朋友，隻身到河南山西一帶去找到老金，一向都是很勇敢的。衹是後來因爲産後没有好好調養，身體是大大地虚弱了！臨汾撤退的時候，她正在生病；剛在荒亂中擠上火車，就碰見了空襲。車站差不多給炸平了，火車炸毁了，死傷了很多人；她雖然僥幸没有受到損傷，但病弱的神經，給那悲慘的殘酷的情景刺激得太厲害了。每天每天，眼睛一閉就看見飛機炸彈……

在這苦鬥的大時代中，這自然是個平凡的死，怯弱的死；儘管死者平日是個戰士，是個英雄；她的死却是平凡的，怯弱的。然而慘痛也正在這裏，一個英雄，一個戰士，竟被那野獸以上的凶殘，威嚇得如此地怯弱，而且平凡地死了！

如今，那死者離開我們已經一年，我離開那古老的西安也已經一年。這一年當中，祖國不知損失了多少戰鬥的英雄，也不知損失了多少怯弱的平凡人。戰鬥的金君，失去了平日的英雄的夥伴，他怎樣了呢——感得了生活的寂寞而消沉了戰鬥的意志麽？還是燃起了復仇的怒火而更堅强了戰鬥的決心呢？我們的祖國將從戰鬥中產生新的光明，新的温暖，那前途是無限的吧；但它需要無數英勇的戰士的血，也需要無數怯弱的平凡人的血。那麽，豈不是一個平凡人的血，今天，也正和英雄們的血一道兒灌溉着祖國的明天的花朵麽？爲了目睹過她死前的慘痛，在當她周年祭的今天，我在這春的江南，向那不曾看清過面孔的死者，遥致我的心的祭奠。

一九三九，三八節，於屯溪

在汽車上

（殘　　篇）

一　雄　風

站在大卡車上，手扶着車頂。車在寬闊而平坦的公路上奔馳。太陽照在頭上，風吹着亂髮和衣襟，塵土從車輪下捲起。左顧右盼，看見山和水，人和物，向後面飛掣，倒下……真是人世的奇景。宋玉曰："此大王之雄風也!"幾乎有這樣的感覺：除了慚愧自己不是"大王"。

二　司　機

司機，一個廣東人，黑，瘦，麻，小；説的普通話，有時恐怕連他自己也不懂得。二十幾歲了，寫的字，歪歪扭扭，像幼稚園的孩子們的手筆，而且上饒哇，鷹潭哪，這些地名，一個也不會寫。

然而他會開車。那龐大的怪物，在他的手底下，就像一個温馴的奴隸，要東就東，要西就西，快就快，慢就慢，載着我們許多的人和物走了幾千里。并且無論那奴隸什麽地方發生毛病，無不馬上就搜尋出來，并且治好它。我親眼看見他用一把鉗子，一根起子，兩樣極其簡單的工具，治好了汽車所發生的一切毛病。而且他是如何地勞苦哇，當汽車奔馳的時候，别人可以打打瞌睡，他可以麽？别人可以吃吃零嘴，他可以麽？别人可以談閑天，或者隨心所欲地東張張，西望望，他可以麽？手這樣一轉，那樣一轉；脚這樣一踏，那樣一踏，眼睛凝注着前面的路，耽心着一切可以發生的危險；天没亮就啓程，天黑了有時候還要趕路，一天十幾個鐘頭，都在緊張地工作着。

他真是個博學多能的人，真是個不辭勞瘁的人。我不但原諒他的一切缺點，甚至以爲如果他還有别的什麽美點，衹要於開車這件事不相干，就都是多餘的了。

三　機　器

汽車在路上所發生的毛病，使我領悟到：機器是一種最不客氣，最不肯通融的東西，發電機不發電不行，水箱漏水也不行，什麽地方滲進了一點骯髒東西了也不行，少了一個螺絲釘也不行。一點極小極小的事故，就影響到全體，别的重要部分，無論怎樣完好，也等於零。刻板文章，照書行事，還價，折扣，拖欠，一概没有，真是頑固，倔强，不通人情！但是，衹要人不虧負它，它就給人以人力以上的服務。

而且機器的構造，是怎樣一種美的圖案囉！這樣一個大的圓形，那樣又一個小的圓形，這裏一個半圓形，那裏一個長方形，錯綜，勾連，依倚，成爲一個奇詭的畫面。那畫面，即使圖案專家，竭盡才智，恐怕也很難創造出來。但是它本身却并不是爲了美而産生，倒是爲了需要，就是説機器本身的需要。當它産生之初，恐怕誰也没有想到是美的吧。也許不僅機器，一切的美，無不是需要的副産物，山的奇突與藴藉，水的浩瀚與瀠洄，花的妍艷，草木的葱鬱，雲彩的詭譎變幻，人體的堅實柔婉，何嘗顧及到美學上的任何法則呢？行乎其所不得不行，止乎其所不得不止，到了形成了一種形狀或顔色，出乎人的想象所有，於是美學家們就驚奇，贊嘆，模擬而且製作了。和抽象的真理是不存在的一樣，無所附麗的美也是没有的。這是旁觀了司機修理了幾次汽車之後的一點零感。

四 預 期

“到了南城，我請你們的客。”同車的一個女同志説，當望見了南城的橋影的時候。“南城有一種酒叫××酒……你們不是喜歡喝酒麽?”她的話不錯，司機喜歡喝酒，押運員也喜歡喝酒，真是無巧不成話，同車的七八個人没有不喝酒的。

“南城有很多特别的食品，比如……”

“你是南城人麽?”一個人問。

“不是，我的外婆的家在南城。我要去看看她，我還没有看見過咧!今天是個機會。”

“什麽請客，你要大家等你就是了。”押運員説。

“不過請客也是真的呀!”她笑着説。

“誰知道什麽時候到南城呢?”一個人説。車子常常拋錨，没有一天達到過預定的地點，這經驗使他變成悲觀失望派了。

“哈哈，”押運員大笑，“你看，不是已經到了麽?就是現在拋錨，也還是好到南城吃飯的呀。”

“説時遲，那時快。”果然望見了城墻，而且立刻也看見車站了。不知道那女同志怎樣在腦筋裏描畫她的外婆，我們似乎已經聞見了南城的酒香。

可是一到車站，看見許多人在田野裏亂跑，“警報!”車不能停，一直開到南豐。女同志的外婆和我們的酒，不用説，都落空了。

五 前 車

司機不住地按那管喇叭的電綫，汽車馬上發出一陣戛戛的叫聲。

這時候，一丈多遠的前面，有一輛大卡車蹣跚地走着，它後面捲起一陣黄土，障隔着它和我們的車子。

我們的車子，走得正起勁；連日的抛錨，耽誤了不少的路程，司機現在決定趕一點路。

可是前面的車子走得很慢，也許它年紀大了，也許身上多病，也許因爲别的什麼。路窄，它走在當中，左和右都不能再駛過一輛車子。它擋住我們，而且捲起塵土來迷胡我們車上的玻璃，迷胡我們的眼睛，使我們呼吸的空氣裏摻雜着許多本來可以没有的壞東西。

司機命令喇叭大聲地喊：“戛戛，讓路哇！戛戛，我們要上前哪！戛戛，不讓，就快點哪！戛戛！”

可是那車子年紀大了，大概耳朵又聽不見；它仍舊走得很從容，仍舊走在正當中，仍舊捲起塵土……

可是我們要趕路；我們不能停住，讓它走遠了再開：不能永久在後面吃黄土！

“戛戛戛戛！走快！戛戛！或者讓開！戛戛戛！”

可是它老了，耳朵聾，或者腿脚也不方便；就是讓開不是也要費力麽？它仍舊從容，仍舊在路當中，仍舊捲起塵土……

可是我們要上前……

可是它從容，在當中，塵土……

“戛……戛……”

這樣大概走了一二十公里，它纔讓到路邊一點。當我們的車從它身旁駛過的時候，押運員從窗口伸出頭去，望着他：“呸！”

一眨眼工夫，我再伸頭去望的時候，它已經掉得很遠，幾乎看不見了。

六　阻　礙

在長途上，總會碰見一些東西擋在當中的。

首先是同類的車子，開來的或者開去的，在中途抛了錨，又剛在狹路當中。任憑你的車子怎樣精神飽滿，興會淋漓，正要風馳電掣而去，對不起，也不能不停下來，眼巴巴地望着那病車從容不迫地受着醫生的診斷與治療。有時候，凑巧，或者説不凑巧，兩頭來的車子多，大家停着，擺成一字長蛇陣，使人仿佛到了都市的大娱樂場所的門前。一輛病車影響許多健康的車子。病車自然不幸，别的車子尤爲無妄之灾。

其次是小牛。本來在路邊吃草或者散步的，聽見汽車咆哮的大聲，看見那奔騰而來的威猛的姿勢，以爲是饕餮的牛魔大王來了。“身體髮膚，受之父母，不敢毁傷”，雖然是小牛，對儒家的孝道，也很懂的。於是拼命地逃跑。不是迎着車子，也不是嚮着路的兩邊，而常常是順着路，和車子跑着同一的方嚮。小牛在前，汽車在後，逃的一直逃，追的也一直追。小牛這時候的恐怖和惶急，人是難得想象的；而它擋住了車子的路的這件事情，它也毫不理解。

此外就是狗，鷄，鴨之類。狗們似乎有個怪脾氣，喜歡躺在路當中；但大概是一些壞狗，因爲有一句老話：“好狗不當路。”鷄或鴨，當然不會躺在路上，僅僅有時在路上躑躅躑躅，找點可吃的東西，無奈既不能飛，又不會跑，車子來時，衹好成爲一種絆手絆脚的小東西。不過這些，在汽車看來，真是“何足道哉”，它會毫不躊躇地，從它們身上碾過去！

七 灰 沙

汽車急駛的時候，總會捲起一陣灰沙，真是無法可想。

在都市的馬路上走，往往有汽車從身邊駛過，等你看時，它已經跑遠了，留給你的衹是一陣灰沙。説老實話，人在這時候是難免有些不快之感的。但似乎并非僅僅爲了灰沙，同時也爲了那是閃亮的流綫型的小汽車；也似乎并非僅僅爲那是閃亮的流綫型的小汽車，同時也爲了坐那種車子的，通常是闊人或闊人的夫人小姐。行路的人爲什麽看見闊人或者闊人的夫人小姐坐那樣的車子，就會不快呢？那有種種不同。項羽説：“彼可取而代也！”劉邦説：“大丈夫不當如是乎！”是因爲自己没有那樣。我没有劉邦項羽那樣的雄心和大志，我的不快，是因爲一向不佩服一種升公務員發洋錢的思想，以及由那思想表現出來的種種行爲。對那樣的思想和行爲，闊人們的風頭十足和闊人的夫人小姐們的冶容招摇，是有着巨大的誘導作用的。上述的劉項就是例子。

至於長途客車或運輸卡車之類從身邊駛過，灰沙衹有更大，假如也曾不快，那衹是爲了灰沙本身。爲什麼呢？因爲車子既然往往不很漂亮，裏面又未必坐的有闊人。上述的誘導作用，不會發生。而且那樣的車子所捲起的灰沙，不但使路上的徒步者掩鼻閉目，就是對於坐在車上的人，它也并不十分客氣。在一篇文章裏，我曾經這樣描摹在北方坐長途車的人："一臉盡是黄土，就和風吹雨打，剥落了一層表皮的神像一樣。眼睛，鼻孔，嘴那裏都是幾個黑洞，周圍的土，經過眼泪和呼吸的氣息的滋潤，都變成濃黑的泥了。鬍子，眉毛，眼睫毛以及臉上的汗毛，都在泥土上面竪起來，排成一行行，像雪地上的竹籬，一根根非常清楚……"我覺得我并没有誇張；我覺得光就吃灰沙這一點説，坐車的似乎比徒步的還辛苦些。

汽車總會捲起灰沙，真是無法可想。

一九三九，五，一二，桂林

月夜的故事

北方的晴空是美的，秋冬的月夜尤其美。

首先，那藍的天就是南方所少有的，它藍得這樣悠遠，這樣深邃，這樣生機活潑——你瞧我簡直找不出話來形容。在南方，我不但没有看見過同樣的天空，也没有看見過有同樣色素的任何東西，衹有一回，我看見過一個少婦的眼白，含着無限情意的眼白——她的眼白也含着無限情意。我以爲，她的眼白是藍的，藍得這樣悠遠，深邃，而且生氣洋溢；雖然就色彩説，北方月夜的天空是更爲濃厚。

有這樣一個月夜，發着光輝的藍的天，平静得像没有風浪時候的海洋；半透明的白雲輕輕地浮動，掠過那帶着一點點微黄的明月，就像海上的遥遠的帆影駛近矗立着的山礁。月光是冷的，也許衹是人這樣感覺，古人有走到水晶跟前就覺得寒冷的傳説，“清澈”“晶瑩”這種字樣本身就會使人發生和冰雪有關的聯想。月光下的世界和白天裏完全兩樣，那一望無涯的黄土，那無論山崗，田野，城寨，房屋……都衹有一個單一的顔色——土黄——的北方的世界，那因爲顔色單調，以致似乎無論什麽無不單調的世界，披上了銀色的朦朧的新衣，似乎一切的缺陷都被遮蓋着，完全以一個美好的丰姿出現了。塵土没有了，大氣是清洌的，所有的景物，因爲不能看得十分清楚，格外顯得幽静，神秘，正像一個人，不好多講話，就被認爲十分深沉了。那照在地上的月光是多麽白净囉，而且，用一個完全不相稱的字眼來説，多麽濃厚哦，就像是什麽物體，可以拾起來的一樣。“床前明月光，疑是地上霜”這詩句，應該衹有在北方或者到過北方的人纔寫得出來。

在這樣一個月夜裏，聽説，××城裏有一個女詩人正在和她的一個朋友談天，忽然抬頭從窗外發見了這樣的月夜。她到××不久，對於×

╳的一切都抱着很大的興趣。她想，這樣好的月色，如果趁着夜深人静的時候，去看看那寶塔山上的迷胡的塔影，聽聽那╳水的潺潺的流聲，吸吸那原野的清新的空氣，那該是人生不可常有的享樂。於是她興高采烈地向那位朋友説：

“咱們到城外頭去！”

“有什麼事？”

“没有；去看月亮啊。”

“看月亮？”那朋友驚愕地問；同時，也抬起頭，望過那没有窗門的窗户，望過那坍下了幾塊瓦的屋檐，看見一輪圓月在小小的一塊藍的天空，踱着從容的脚步。“唔唔，”他接着説，“月亮的確不錯；不過，何必到城外去呢？這兒不是也看得見麽？”

讓我把這故事更浪漫化一點吧，那位朋友是位男性，正在向那位女詩人表示自己的熱情。可是從那晚以後，他完全失敗了。她想，一個人的情愫，可以如此地如此地粗糙的麽！

“你對於這件事怎麽想呢？”有人問我，我没有答復。我的遲鈍，使我在聽話的當時，不能想起什麽。

現在我想，那女詩人是應該贊美的吧。她的情愫正是個文化人，尤其是個詩人的情愫，由許多文化的食糧，詩的食糧養成，不是庸俗的完全素樸的人所能有的一種比較高級的東西。因爲有人有這種情愫，纔保證人類的性格感情等等有向上、向前發展和改進的絶對可能。《世説新語》上有一段故事：一個詩人在雪夜裏忽然想看一個遠處的朋友，馬上坐船，連夜向那朋友的地方駛去，船走了一夜，天亮了，目的地也到了，剩下的是去拍那被訪者的門。可是這位詩人説：回去吧，不去看他了。别人吃驚地問：怎麽特地來了，見也不見就向後轉呢？他説：“乘興而來，興盡而返”，不必見着人。這故事是很美的。雖然我們還不知道他所説的“興”，究竟是賞雪還是訪友。要到城外去看月亮和這故事很類似。

然而，那位不懂得看月亮爲什麽要到城外頭去的朋友却又更使人感激。你不能想象他是什麽事務人員，被一些瑣碎事務把頭腦弄簡單了；

他是個相當有名的講演家，政論家，他所關心的是十大綱領，中國的獨立自由幸福之類的問題。可是那些嚴重的迫切的問題，使他對於纖細的個人情感的理解，對於自然美的欣賞的能力和興趣，比起一個女詩人來，不用説，是相形見絀了。

有人在蘇聯的工農群衆中發見了他們所缺乏的東西：個性。個性是必需的重要的吧，然而他們没有，所以那位先生有點慨然了。一種改革是多麽困難囉，十月革命已經二十年，蘇聯人民在人性上洗除了多少舊的東西，我雖然不知道；但新的個性還没有被養成，却有人指出來了。現在的中國，要和蘇聯相比，未免相差太遠，新的獲得縱然有，恐怕也很微緲吧，却已經有人失掉了雖然舊也未嘗不值得贊美的東西，把某種感情變得很粗糙了，不過，這是不足怪的，爲了争取民族的解放，爲了争取高樓大厦，珍饈美味的普遍化，××的人們，不反而在住窑洞，吃小米，而且充當虱子的糧食麽？

那些感情粗糙的人們是使人感激的。

一九三八，五，×，漢口

沈　痾

“呵呵！”

坐在辦公室裏一連打了幾個呵欠，覺得眼睛裏很有點兒澀，上眼皮不由自主地往下低垂。眼前稿紙上的一行行的字都似乎跳動起來。手裏的筆也疲倦了，想離開掌握，躺到桌上去；等到筆尖抵到桌上的時候，像在下山路上滑了一步一樣地吃了一驚，連忙捏緊筆杆；一滴藍墨水，滴在稿紙上，變成了一個水蜜桃。偷偷地在自己頭上捶了兩下，把精神提了一提，想把文章寫下去。還没有寫到半行，腦筋又糊塗了；文章就像幾十年前的瑣事，怎樣搜索，也記不清楚。抬起頭向四面一望，别人都正埋頭工作，筆尖在紙上沙沙地響。正中間桌上的小鐘告訴我：離休息的時間還有一個半鐘點。站起來伸了一個懶腰，隨便在桌子上抽出了一本書，悄悄地向房裏走去。走到房裏，把書向床上一丢，就没頭没腦地倒下。床上，被卧，枕頭，毯子，襪子，皮帶，幾十種東西凌亂地枕藉着，像剛剛被狼吞虎咽過的筵席。怪不怪，躺下之後，又睡不着了，一幕幕的往事，電影似地在腦筋裏浮現。

早晨五點鐘起床，半個鐘點是早操或爬山的時間，這是日常生活的第一課。

“起來！起來！”

起床號一響，生活管理員就在大廳裏吼着。同志們都醒了，爲要趕走殘留在腦筋裏或者别的什麽地方的睡夢，就大聲地唱着歌。歌聲吼聲，糾結在一氣，打到床頭，我也從沉酣中醒轉來了。人是還有些迷迷胡胡，却能够聽見别人説話和所發出來的别的聲音；從那些聲音，可以推測到别人在幹什麽。不過腦筋裏所想的，却和真正清醒白醒了的想頭不同。被卧是温暖的！褥子是柔軟的！夢是可愛的！夢和醒，衹隔着這麽一層眼皮，眼睛一閉，另外一種境界就顯現出來。而且，人是多麽疏慵啊！好像越睡越疲倦了！好像根本没有睡過！好像不再睡下去，以前睡的都算白睡了！爲什麽要起身呢？早晨，不是衹有早晨，纔是最好睡的時候麽？

二十年前，我記得，每天早晨，被母親催促起來上學的時候，常常想到我長成大人，你就不能“壓迫”我了。父親睡到中午纔起來，不是誰也不敢催他麽？爲了對這壓迫表示反抗，明明知道應該起身了，心裏却還在打主意，怎麽纔可以多睡一會兒呢？冷咯，失眠咯，頭痛啊，連自己也騙不信的理由，在那一瞬間，却以爲儘可以騙信别人了。到了一切計策都不中用，該可以痛痛快快地起來罷；也不，還要儘量地使動作緩慢，先抬起這半截身體，偷竊似地伸手去摸衣服，好半天纔穿褲子，又好半天纔穿襪子；做那些事情，好像毫不受腦筋的指揮和督促，不過是手它們自己在下意識地動着罷了。縱然挨得一秒鐘是一秒鐘罷，也還是會把什麽都做完，於是很惋惜地和床告别。

這就是小時候，每天早晨的我。十幾年來的生活，文人的生活，更加强了這種積習。

在漢口的時候，有一天早晨，日本飛機飛到了武漢近郊，緊急警報驚心動魄地吼着。整個武漢三鎮的人們，正在騷動，各人打點各人的防空的辦法。不用説，我没有起來；在朦朧裏，心裏也動了一下：起身呢？還是怎樣呢？反正已經來不及躲到什麽地方去了，落得睡一覺罷！於是翻了一個身，又打起呼嚕來。在夢裏頭，也還是聽得見重轟炸機飛行的聲音，高射炮射發的聲音和投在什麽地方的炸彈爆裂的聲音；甚至覺得床已經在震動，窗户上的玻璃光郎光郎地戰栗着，可是我不曾驚慌，一直到警報解除。現在敵機走了，該讓我好好地睡一覺罷，自然更用不着起來了。料不到的是不到一會兒工夫，第二次空襲又來了。心裏又動了一下，可又没有起來。有趣的是那天上午的空襲一共是三次，最後一次，連心裏動也没有動，一直安睡到吃午飯的時候。

然而早晨是可愛的。在赤日炎炎的夏天，趕過長路的人，應該領略這種滋味：前面懸崖底下的流泉嘩嘩地響着，一走近那潴積着的潭水旁邊，就會有一陣陰涼襲到人的心底，不用談喝那甜雋的涼水了。呼吸早晨的田野的第一口空氣，也正像這樣。踏着草上的露珠，走到半山腰裏，回頭一望：遠近的村莊山林和田野都展露在眼前。隱蔽在山那邊的太陽的光箭，映射着在山這邊舒捲的雲彩；金黃色的雲彩，幻化着各種各樣的畫圖，從容地跨過綿亘的山巔。那些山，被煙霧籠罩着，衹露出半截身體，嚮着太陽的山峰的側面，反射着淡淡的光，和另外的側面一起，顯着明確的濃淡的對比。山崗上的松林，在蒸騰的煙霧裏伸展着摩天的巨爪；整個的樹列是迷胡的，好像裏頭蘊藏着無窮的寶藏，隱蔽着千軍萬馬。楓樹和烏桕樹的紅葉，像火一樣，一團一團地燃燒着深秋裸體的田野。村莊也披着朦朧的煙霧的外衣，把一些破爛的房舍妝點得像神話裏的宮殿；村邊趕着牛的孩子，堆着稻杆的男人和女人的矮小的黑影子，在迷胡裏移動着！他們都不像是這世界上的實在的人物，倒像他們在一個世界，看他們的人在另一個世界，别人從圖畫裏，故事裏，電影的畫面裏來欣賞他們。山風使松林海潮一樣地呼嘯，鳥雀在灌木裏面嘈雜，不知在什麽地方的溪流淙淙地響……平凡的自然，在這光和暗交替的時候，在光的勝利開始的時候，用神奇的美景歡迎着光的降臨！

我曾經鑒賞過多少次這樣的早晨，也曾屢次立誓每天要早起；但剋服一個根深蒂固的弱點，像在激流裏撑上水船一樣，任你怎樣一篙一篙地努力，衹要一篙子不當心，馬上就被打回原籍去了。今天勉强起來早一點，就總是昏昏沉沉，什麽時候都在想睡。

“我就這樣完了麽？就這樣完了麽？”

躺在床上，我聽見我的心靈呼喊的大聲！

一九三九，四，二，金華

黄　牛

我和十幾個人一齊高拱在一輛載重汽車上的行李堆上；那汽車像一匹屁股上中了一隻箭的猛獸，一面咆哮，一面在北方的曠野裏瘋狂地奔跑。跑過的地方，就掀起一連塵沙的迷霧，遮没着汽車，也遮没着汽車上的物和人；它自己又幻化成一條黄金的龍，在高岡低谷間夭矯。

路上有許許多多的步行人，都是一些在炮火中離開了家，離開了學校，或職業的青年。他們背着自己的行囊，拄着粗壯的手杖，一步一步地在長途上奔着。寒風吹裂他們的皮膚，沙土掩蓋着他們的青春，也塗污他們臉上的汗漬。他們像一些朝山進香的人，不辭千里萬里的跋涉，到遥遠的北方，找尋一個把自己獻給戰争的機會。

從北向南，迎面而來的人們，抬着胡床，門板和正式的擔架，那些東西上面，亂堆着一些破爛的軍毯，羊皮，棉被之類，裹頭裹着的是在戰場受了傷的戰士。據説，還是××關戰役帶了花下來的，現在要抬到省城裏的後方病院去就醫。××關戰役，我幾乎以爲是古代的事情了；但受傷的戰士，還衹剛剛和我們碰着。我們的土地的遼闊和戰争的艱苦，都從這中間參詳出來了。

隔着塵霧，我看見遥遠的前面，有一條悠長的黄色的綫條，是一些似乎在蠕動着的小點點凑成的。它們的顔色比地面的深，也比地面的鮮亮，遠遠望去，像一群搬家的螞蟻。當我正不知道是什麽東西的時候，車上有人嚷："牛哇，啊啊，牛哇！"一嚷，我也看出似乎是牛，那些牛很快地就有猫或者兔那麽大了。汽車急駛着，牛的輪廓迅速地擴大着，我們不但看見牛，并且看見牛群中别的東西；牛拖着的車子和趕牛的人，終於，整個牛群都清晰地呈獻在眼前，我們看見一些牛的尾巴，屁股，背脊和向邊伸出的長角的一部分，有的角特别長，就像横伸着的膀子。

它們也正向前面走着，每匹牛都拖着一輛車子，車上堆着子彈箱、汽油箱、麵粉袋以及別的什麽，每隔兩匹就有一個趕牛的人。

那些牛，不知有幾十匹，幾百匹，還是更多，排成一條單行，在公路邊從容不迫地擺着尾巴，踱着迂緩的脚步，每邁一步，車上的東西就發出一陣軋軋或者空空的響聲。它們一點不知道自己拖着的是一些怎樣重要的東西，這些東西如果早一點鐘或者遲一點鐘送到目的地，前方作戰的形勢也許完全不同。它們還是仍舊活下去呢，還是讓强盜來宰掉呢？也許就决定於它們在路上邁步的快慢上。但是它們不管，簡直像"國家事，管他娘，打打麻將"的閑人，無論趕牛的怎樣叱駡，怎樣揮動長鞭，也還是把頭向左邊扭扭，向右邊扭扭，聊以塞責似地走着烏龜一樣的步伐。

然而汽車從後面駛來了。那是什麽怪物哇，發着驚心動魄的吼叫？没有見過世面和見過世面而記性很壞的傢伙們都慌張起來，要是没有車輛拖住，也許就要向四方八面，狼奔豕突地逃走吧。但也有些見多識廣的先進，知道它并非牛群的敵人，於是毫不畏怯，也毫不向同儕矜夸，衹是若無事然地讓它從自己身邊駛過，我們從汽車上看，倒像是它們在退走。

挂拉拉拉，汽車外面接連響了兩聲，一注意，知道是一匹牛的角，挂到車身的什麽地方，絆了一下；但汽車跑得快，馬上就看不出被挂的是哪一匹。我想，這位先生，也許是一位熱情家，聽見汽車來了，想回頭和它打打招呼："呃，老朋友，你好！"甚至於還是故意做給同儕看："瞧，這位偉大脚色，是我的朋友咧！"不料却觸了一個霉頭。拍馬屁，拍到馬腿上，反而被踢着了！一面想，一面向後望，遠遠地有一匹牛竟然從頭上滴下血來。血滴到麵粉一樣的塵土上，大點的就攤成一片，小滴的像珍珠一樣，滚了幾滚，就都被塵土裹着，看不見了。而牛頭上的血還是接着滴下，我看見那匹牛，長角仍然好好的，像伸出的膀子，衹是頭低下去了，脚步也似乎有些踉蹌，它受傷了。隔得遠，不曾看見它流過泪没有；汽車跑得快，接着也就看不見那匹牛，接着連整個牛的隊伍都看不見了。

然而過了很久很久，那匹牛，仿佛還在我的眼前，它低着頭，流着泪，拖着笨重的車輛，在風沙裏邁着踉蹌的脚步；血，從它的頭上，從右角根流出來，流過前額，流過眼邊，終於連同泪水一齊滴到地上。很久很久，我被一種無名的感觸所侵襲，對於那牛，那農民的僕役和夥伴，那農民的象徵，那不會説話的農民，似乎涌起了無限的悲憫。它爲參與戰鬥的行列，爲了把軍火和糧秣運到前方，也爲了它的迂緩和笨拙，被在大時代中急駛而過的汽車碰傷了！它是没有罪的，因爲它參與了戰鬥。然而汽車也是没有罪的，它應該在大時代中急駛。

一九三九，三，一八。金華

白　兔

不知從什麽地方發來了空襲警報。車站上的人，等車的，上了車的，旅客和辦事員，男女老少，幾千或者還上萬的人，一時都紛亂起來，盡力地向離開車站的四方八面跑，許多人口裏還發出種種模糊的喊聲。地面上捲起一丈多高的黄塵，像放布的煙幕。光赤的平原，没有草，没有樹，也没有丘陵和崖谷，凡是可以蔭蔽人的東西，在這車站附近都找不出，自然没有防空壕什麽的。這北方的土地，就像不是我們自己的，倒是日本强盗，爲了要轟炸我們，早安置好了的一個無可逃避的死地。不過人們也并没有覺得“大勢去矣”，仍舊各各尋找着安全地帶，衹要高出三寸或者低下去兩寸的地方——那些地方，平時一定以爲它和别處一樣平的——無不馬上就有人匍下去。

一聽見飛機響，地面上就全部寂静；没有找好地方的人，向面前無論怎樣的形勢的地方倒下去，枯旱的北方，自然没有泥水之類，假如有，大概也决不選擇的。每個人都儘量縮小自己的身體，使自己的身體怎樣和地面貼得緊些；每個人都不知道下一點鐘下幾分鐘乃至下幾秒鐘，是不是還能活在這世上。

飛機的響聲漸漸近了，似乎就在頭上，似乎就要飛下來；一飛下來，不用説，總不會有什麽好事情的。人們屏着呼吸，來不及想到隔得還遠的室家、田園、妻子或丈夫，一切可以貪戀的人或物。假如還能够想，就衹希望炸彈不掉在自己身上乃至跟前，就像其他的人，無不可死，獨有自己則應該活着。假如還能够想，大概就會羡慕地上的蟲蟻——假如有蟲蟻的話——的優游自得，毫不畏懼，而大有人不如物之感。

幸而飛機的響聲近了之後，又漸漸遠了，終於連響聲也聽不見，人們於是又抬起頭來。謝謝天，凶惡的魔鬼不是來吞蝕這車站的，我們又可以活下去了！

飛機雖然去了，警報還没有解除，人們也没有完全自由；不過都坐起來或站起來，有的拍拍身上的灰土，有的就就近和并不認識的人談起話來，内容大概是鬼子可惡之類，經驗豐富的，就講某次怎樣躲飛機，某處被炸的情形怎樣……

突然，遠處一些人吵嚷起來了。回頭一看，遠遠的那邊，那黄土上，那穿灰暗衣服的人叢中間，有一個小小的雪白的東西；箭一樣直，也箭一樣快地飛跑着，後頭是許多人的吆喝在不住地鞭打。但前面也不寧静，大約半里路遠，另外的人們，也正揚起手，張開腿，彎下腰，并且跳着笑着，做出“不許過去！”的聲勢。那白東西見不是路頭，馬上折回，又箭一樣直也箭一樣快地跑向原來的地方。

一望而知，那是一隻兔子。從什麽地方出來的，人們爲什麽要趕它呢，可不曉得。兔子回頭跑，當然也找不着出路；人們仍然吆喝着，吵嚷着，聲音驚醒無邊的曠野，幾乎像高射炮一樣可以打下一架架的飛機。兔子看見這頭仍然無路可走，又折回去。兩頭都緊得像金城一般，并且由於兩頭的人都在前進，讓兔子跑的路程越來越短了。衹見它從這頭跑到那頭，又從那頭跑到這頭，拖着一條悠長的白光，來來回回，總是箭一樣直，也箭一樣快。其實兩頭雖然有人，兩旁却有很大的空隙，兔子儘可以跑掉。但在飛跑中的兔子，實在没有思考的餘地；跑得急，就很難轉彎；没法，衹有兩頭跑來跑去。幸而來回跑到十幾趟或二十幾趟之後，警報就解除了；兔子的警報也跟着解除了！

有人問過我，你知道獵狗怎樣追着兔子的麽？我不知道。他説，兔子在前面跑，獵狗在後面跟，自然追不上；可是不放鬆，一直地追下去。兔子不會想，也來不及想穿過或者鑽進獵狗所不能進去的地方去，衹是跑，衹是跑，跑到氣盡力竭，真跑不動了，這纔把頭鑽到什麽可以隱蔽的地方——身子自然還在外面，或者簡直就閉上眼睛，躺在路上，讓獵狗從從容容地銜去！聽這話的時候，實在有點毛骨悚然。兔子的上天無路，入地無門，終於閉上眼睛的心情，自然不得而知了，一想起那情景，不是儼然人類的我們，也有時候演着這種把戲的麽？當我們被什麽獵狗追逐着的時候——唉唉，我覺得自己已經氣盡力絶了……

然而人是一種何等可怪的生物哦，在自己正被迫害，僥幸一時没有損傷，在這剛剛在爲自己的生活慶幸的短短的時間中，却嬉笑地迫害着别的生物了！

一九三九，三，二二，金華

飛機木刻號

桂林的文化團體，我比較熟的是木協，雖然我自己不但不會木刻，就是對木刻的鑒賞力也很差。木協駐會的有四個人：新波，仲綱，曹若，莫莎。起初我衹認得新波，去玩了幾回，就全認識了。

木協的房子是一個臨街的樓上，窗户外面，從早到晚，都有繁雜的聲音打進來。但房子裏面却寂静得像修行的庵堂，幾個沉静的青年，幾乎無論什麽時候，都坐在桌上刻，畫，讀。他們似乎從來不到外面去，從來不和什麽人來往，似乎屋子外面的世界與他們不相干，無論什麽都不足以歆動他們。要不是看過他們的作品，我幾乎以爲他們住在“象牙塔”裏。

幾個人中間，似乎新波比較好鬧一點，有時候——往往是在太陽已落，燈還未點的時候，他就披着仲綱的花毯子，臉上搽上紅的和黑的顔色，唇邊粘上兩根鷄毛，做出舞臺上的武生或丑角的種種怪樣，於是大家就捧腹哄堂起來。如果再加上温濤的滑稽舞（温濤也常到會所來），屋子裏就顯得更爲歡快。這樣的玩笑，其實是真正的青年們的玩笑，比如我，就并不怎麽覺得有趣。

他們大家都很窮，除了新波和仲綱有點清苦的職業外，都靠稿費生活。木刻，并不是顯貴的沙龍裏的裝飾，更不是名貴的饋贈的禮物，假如我有錢，也决不會花五十或一百塊錢買一幅木刻。於是，比起一幅名人的山水，可以標價千元以上來，所謂木刻的稿費，實在太寒傖了。他們的不大出去，不大和人交往，説不定與窮有點關係。因爲有了錢，他們也喜歡到文園飲飲茶或者廣東酒家吃吃飯。而且，有錢的日子既然少，自然就可貴，誰也不肯放鬆；於是有錢時上館子，幾乎成了定例，雖然因此而錢完得更快。新波和莫莎是吸香煙的，比另外兩個更多一重重擔，也多了熬煙癮時的發呆。

木協或者木刻家的性質，到現在似乎還没有被一般人甚至文化界的朋友所瞭解。似乎人們以爲木協受了政府的接濟的，否則就以爲一幅木刻可以賣幾十幾百塊錢，再不然就是以爲木刻家的飯量特别小或者住房子可以不要錢。——自然受到同等遭際的决不僅木刻家，作家或者文化人也往往如此。所以雖然常有人找木協的人做事，但是報酬却從來不會想起。而這又似乎成了慣例，比如説，文協周年會會場是木協朋友布置的，假如文協提出若干錢給木協的朋友，大家也許反而以爲奇怪。

前些時，我又到木協去玩，看見墻上釘着四塊大畫布，上面是將要完工的國父，總裁，列寧，史大林的像，是新波等幾個人分擔畫的，據説已經畫了三天。作什麽用的呢？中蘇文化協會開十月革命紀念會用的。我知道他們窮，所以很容易想到與他們的物質生活有關的事情，當時説："這回該可以撈一筆稿費了？""哪裏，義務的，除了畫布。"他們答。意思也許是説，還要貼顏料，雖然他們買得起的顏料，大概也不很值錢。

今天下午，是應該燒晚飯的時候，新波不在家，不知到哪裏打晚飯的游擊去了。三個人没有做事，没有説話，低着頭坐着。和他們一塊兒吃飯的還有李石鋒君，初中學生余光儀君，也都低着頭坐着。初中學生的奶媽，現在是他們的大司務，早就應該進厨房了，但也和他們一塊兒低着頭坐着。還有一位大學生密司羅，她這時候不在樓上，如果在，也許也會和他們一樣，低着頭坐着。再説一句，是應該燒晚飯的時候，全桂林的厨房都冒起了炊煙，文園和廣東酒家，恐怕早擠得不通風了。奶媽，那位燒飯的大司務，却仍在樓上的工作室和幾位藝術家一塊兒坐着。來了一個客人，那客人恰巧也是個不大講話的，彼此招呼了一下，就大家默默地坐着，坐了很久很久，房東的厨房裏鏟鍋巴的聲音傳來了，奶媽纔低聲咕嚕咕嚕。説的廣東話，客人不很懂，但沉静的人都比較細心，終於半懂半猜地知道他們是没有買晚飯的米和菜的錢，自動地把身邊的兩塊錢捐給他們了。客人還不知道這種情景是他們常有的咧。

吃飯的時候，房東吃驚地問："怎麽衹有這麽一點點菜？"他們呢，有了晚飯，已經喜出望外，心滿意足了。人在這樣的時候，是很容易説出點有趣的話來的，於是一個人答："我們現在節約呀。因爲要獻一架飛機給政府，那飛機名叫：木刻號。"

一九四O，一一，一二

給戰死者

東平：得到你戰死的消息，正是從鄉下到城裏去參加魯迅先生逝世五周年紀念大會的路上。我患着劇烈的牙痛，心裏却在打到會場去講話的腹稿，有人叫我預先準備的。牙痛，你還記得我的這個老毛病吧，不是一種嚴重的病，但擾亂人的思索，却不亞於獨秀峰飄來的音樂廣播。我的腦子，本像這幾天來密雲緊布，無月無星的黑夜，好容易露出一點點思緒的火星，牙痛的狂風又將它捲得無影無踪了。我非常焦躁，感覺得天氣十分炎熱，一面走，一面恨我的牙痛——牙痛就更顯得不可忍耐。快走到中正大橋吧，迎面來的報館裏的取信人遞給我一封薄薄的信，我毫不經意地拆開，一抽出來，是一張大白紙，上面衹有一句話："東平戰死消息證實。"真是禍不單行，已經牙痛得無可忍耐了，天外還飛來這樣一個精神上的打擊！我真想把信放進去，重新封好，作爲未看，投下灕江的濁浪，讓它流到汪洋大海。但流到汪洋大海去的不是那封信，却是我準備的講話的腹稿，我的心更擾亂了！

我走在大橋上，頭上的天空仍舊那樣昏沉；橋上來往的行人仍舊那樣翻翻滚滚。我無心望他們，偶然看了一眼，覺得那些面孔，愚蠢的依舊愚蠢，麻木的依舊麻木。爲了一點毫不足道的世俗的悲歡，他們就顯着笑臉或愁容；爲了一點點所謂得失榮辱，他們就馬不停蹄地奔跑。而一個人類的天才死了已經五年，一個智慧的光芒熄滅了已經五年的事，他們都似乎毫無所知，毫無所覺，毫無所感。而你，東平，一個正在成長中的人類的天才，一個行將日見光大的智慧的火，一個身背着民族解放的重負，在前綫與民族敵人搏鬥了三四年的戰士的戰死，與這些熙來攘往的人們，更是毫不相干。好像你不曾存在過，好像你的存在不曾給與他們任何補益；好像你現在也不曾死去，好像你的死去於他們也并無任何損害；不欣幸有你，也不惋惜没有你，正像五年前的他們，不曾欣幸與惋惜那另一個偉大的人一樣。我悲哀，我憤怒，我覺得我有憤怒的理由，我簡直想唾棄這些麻木愚蠢的我們的同胞，一時之間，甚至忘記了我的牙痛。

走到會場，會場已經黑魆魆地坐滿了人。我不知道我坐在什麼地方，不知道臺上有什麼人在講話，以及講的什麼；祇看見一張魯迅先生的畫像，釘在那紅色的幕布上——會場是一個戲院，還是五年前我們在上海看見他的時候的那樣子，祇是不説，不笑，不吸煙，不喝酒了。我恍然大悟似地記起魯迅先生已經死了五年，他的尸骨恐怕早已變成萬國公墓地下的灰土，血肉之類，更是灌溉了墓上的最初的草茵；現在這遠隔萬里的異地的畫像，不過是藝術家的魔法，與那真實的死者自己，是没有任何關聯的。我不爲魯迅先生個人悲痛，却想起所有的人類天才和戰鬥者的運命，不能不爲整個人類悲痛。我想，一個人的誕生，成長，是如何地不易；社會的既存勢力無時無刻不向每一個人威脅利誘，要他變成無知，要他成爲自己的俘虜，好讓歷史的車輪永遠停滯在一個地方。我們的天才，我們的智慧的火，不知受到多少先覺的啓迪和多少血的事實的唆示，自己更不知經過多少掙扎，奮鬥，在艱難險阻，迂迴曲折中逐漸長成。等到長成了，能力，智慧，正要在人類的花園開花結果；正要成爲人類的取之無盡用之不竭的智慧的寶藏；正要像發動機一樣挾着人類的運命向前飛跑的時候，而一隻可詛咒的黑色的大手，不知從什麼地方伸來，毫不容情地，把他攫取去了！如果這樣的人能够活一百年，一千年，乃至永久，從已有的成就，更加發揚光大，給予人類的福利該是如何巨大喲；然而，殘酷的自然，却不許世界上有這樣一個奇迹！社會與自然不但吞蝕已經長成的天才，還故意苛虐正在成長中的同樣人物，不知多少人還祇剛剛露出一點頭角，却“坎坷流落，終於夭亡”（魯迅）了。至於戰爭，更是屠殺天才的劊子手，凶暴的日本强盗的職志就在斷送我們整個民族的生命，澌滅我們民族文化的種子，直接間接不知摧毁了我們多少天才，多少我們民族的優秀兒女。東平，你不是最初的一個，大概也不會是最後的，然而這就更其可悲了！

想着想着，聽見一陣掌聲，一個講演者下臺了。接着又聽到臺上有人提到我的名字，原來輪到了我講話的時候。我不能不上去，然而我的心是悲戚的。我隨口亂説，其實不知道在講什麽，也不知道應該講什麽。我像傳説中的孫悟空，讓一根毫毛變成自己的模樣與人周旋，真實的自己却跑到十萬八千里以外去了。我的毫毛，在那裏有上句没下句地講了好一會，我發見聽衆實在厭倦了，應該趕快結束這無謂的冗談。於是推説牙痛，草草率率地下臺了。我没有撒謊，我真牙痛；我也撒了謊，我隱藏了心裏的悲戚。東平，你原諒我麽？

現在，我已經回到鄉下來了。在一盞煤油燈下重新展開那位朋友的來信，翻來覆去，想看出你在什麽地方戰死和戰死時的情形；但那信仍舊衹那樣一句話，莫非那寫信的朋友，也衹知道這一點點，再多的就什麽也没有了麽？你寫過《第七連》和《一個連長的戰鬥遭遇》，那都是抗戰以來最偉麗的詩篇，我相信你自己的戰死，一定不會缺少同樣偉麗的場景。負荷着民族解放的重擔而生存的你，也負荷着同樣的重擔而死去，在你應該是死得其所；但對於我們民族的前途，對於和你一同戰鬥的你的友人們，這損失是巨大的，無可挽回，無法彌補的呀！而且，我忽然想到，當你我同在前方的時候，曾經有一節日子，我們身邊，没有一個字的印刷品；有一天得到一本殘缺的《三國演義》，我們都搶着把它一口氣吞蝕掉了。於是一時之間，大家都似乎着了《三國演義》迷，談話的題材和語調，都離不了它，并且互以《三國演義》上的人物相推擬，你更自命爲粗中有細的張翼德。“不過，”你説，“張翼德的結局太慘了。他應該死在敵人手裏的！”那麽東平，你勇猛的張翼德喲，你是死在敵人手裏的吧！如果結局也和張翼德一樣，你是永遠不會瞑目的！

另外一回，我們一同到前綫去；你，平羽和我，三個人换得騎兩匹馬。每到一個地方，衹要有半點鐘的休息時間，我們就拿出稿本來寫東西。我們把寫東西這件事弄得非常有趣，非常羅曼諦克，我們都像是吉訶德時代以前的騎士，每個人都自命爲英雄，都是在爲一個什麽美人而戰鬥。你的寫作，是爲了獻給你的梅；平羽是獻給他的果子；我無人可獻，也附庸風雅似地假定有這麽一個可獻的人，於是都手不停揮地寫。以致别人驚異我們的“公事”竟如此地忙碌。你笑説：“真忙啊；簡直像上海郵政局裏管收快信或挂號信的。”你以後還把寫作這一件事就叫做“開郵政局”，碰着了就問：“你開過郵政局没有?”這情景還在眼前，就像昨晚今晨的事一樣，但是你的梅，平羽和他的果子，不知是否尚在人間戰鬥，你的戰死的消息，却已經“證實”了！爲了這，曾經和你在一齊開過郵政局的你的友人，正在深夜中，忍着牙痛，獨自地“開郵政局”，你知道麽？是的，我在手不停揮地寫，但是不知道寫的一些什麽。偶然抬頭，窗外是一片烏黑的夜空，什麽也不看見，衹有遠處的排字房裏有一盞清油燈在秋風裏摇曳，頗像你生前炯炯的目光，莫非果真是你的不昧的英靈麽？如果是，東平，燈裏還有油，瓶裏也還有墨，爲了你的梅，來吧，和你的友人一同“開郵政局”！

一九四一，一〇，一九，桂林

東平瑣記

一

他曾説:“我最初寫文章是用土話構思好了，再翻成普通話的。”

二

《第七連》發表後，我在漢口碰見他。我説，這篇文章很好。他説:“寫戰争的東西是很容易的，衹要没有砰砰碰碰，辟辟拍拍等字樣就好了。”

他之想寫戰争，是很久以前的事。第一次在上海認識的時候，他就對奚如和我説:“寫戰争吧，我們寫戰争吧。”“八一三”以前，他就寫過一篇中篇:《給予者》。是與戰争有關的。

三

在前方曾有一次和幾個剛開始寫文章的朋友講話，他説:“我頂不高興看什麽飛呀飛的，走呀走的，這種句子。我永久不讓這樣句子在我的文章裏出現。正像有一種有一條紅邊的短褲，起初也未嘗不覺得還有趣，但是有一回看見一個理髮匠也穿那樣的短褲，我以後就不穿了。”

四

他最討厭庸俗的大衆化論者，他常常説："我疑心他們要求的語言是猴子的語言，要求的作品是一張白紙。"在《通俗化問題討論集》（新知版）裏，有一篇他的文章，似乎也有這樣的話。

五

我的《酒船》發表之後，他説："你已經到你的作品裏頭去玩耍去了。一個作家要知道到自己的作品裏頭去玩耍，不知道的人，不能寫出好作品來。"

六

魯迅發表了《辱駡和恐嚇决不是戰鬥》之後，他認爲魯迅的意見是不對的，起草了一篇質問書，拿到朋友間要求簽名。但那質問書終於并未送出。

在朋友間，魯迅狂是不缺乏的，猛克就幾乎不讓自己的口裏有一個時間不談到魯迅。東平却剛剛相反，幾乎没有談到魯迅的時候。縱然談到，也祇是"把魯迅當作偶像是不對的"之類。

魯迅下殯的那天早上，我回到了上海，在到殯儀館去的路上碰見他，他似乎也是剛到。他説："我要去買一塊白布。"他去買了，還自己寫上"導師喪失"四個拙劣的字。

七

《死魂靈》譯本的出版，對於我們是個很大的欣悦，有很長的一個時期，他和我衹要走到一個門口，就情不自禁地推讓起來：“您請!”“哪裏哪裏，還是您……”於是相與大笑。

他說：“讀了哥戈爾，人就不怕没有題材了。”他的一篇寫兩個在東京的留學生，互相買東西贈送的故事，就是直接受了《死魂靈》影響的。但他的文章也本有幽默，諷刺，跳皮的特長。

八

他曾經想寫一個四川人，到一個地方必定要到名勝之處去跑跑，而且題上：“蜀人×××到此一游”；本不是軍人，却喜歡到照相館去换軍裝，拍一張照。如果是合照，就題上幾行字：“與摯友×××志别時客××”，或者一首五七言詩，然後寄給故鄉的“摯友”們。碰見名人，一定要請在紀念册上簽字，最好當然是“××兄……弟××敬題”……諸如此類，很長很長，盡是一些有趣的“世態”，可惜我記不起了。

九

忘記了是一篇怎樣的小説，滿篇是刺，我覺得他連自己也刺在裏頭了。我那時還未讀過《哥戈爾怎樣寫作的》那本書，所以笑説：“你自己站在什麽地方呢?”他也笑説：“我幾乎没有地方，不過一個諷刺作者，自己站的地位本來是很小的。”

十

在前方時，有一陣子他喜歡把許多標語口號寫進文章裏去，甚至連博爾色非克之類都有，我讀到的時候，不禁發笑。他説：“没辦法，不像這樣，不過癮，他媽的，簡直不過癮!”

十一

他向人投稿，有時喜歡威嚇編輯：“這是我花了如何如何的精力寫的，我自認爲是我的最好的作品，無論如何，要提前發表”等等。

有一次，胡風退回一篇稿，説他寫的戰争是國内戰争。他説：“他媽的，他媽的，他看出了。這本是一篇舊的東西改的呀。不過，你不要告訴别人。”

但是以後他也并未投到别處去。

十二

他很驕傲他是廣東人。廣東人，在他和歐陽山的意念中，就是男性，硬漢的代名。他常常在作品裏表示出來。《吴履遜和季子夫人》裏，説吴履遜是“廣東人＋男子漢＋軍人”，也是此意。

十三

有一次，大概爲了職業問題去會過一個前輩先生，回來，氣極了，他説：“他叫我當新聞記者。意思是我當作家不會有前途。媽的，儘管没飯吃，改行是不改的！”

十四

他在東京的時候，曾寫一封信給上海的某先生：“××先生，我很想念你，很想在你面前做一件事，那件事，於你毫無損失，而你也决不會介意的，就是吐一口口沫在你的臉上。”（大意）

他在上海時也曾寫一封信給一個翻譯家：“×××，我×你的十八代祖宗……”用這樣的句子起頭的。那翻譯家馬上在自己編的刊物上登出了一篇魯迅遺作:《論糞帚文人》,作爲回答。并且聽説現在還保存着那封信,等什麽時候製出鋅版來。

胡風悼詩:“慣將直道招奇運。”蓋指此類。

十五

某年秋天,他從香港到上海,偶然談到戀愛問題,他説:“密司吴對我很好,我該怎麽辦呢?”

“密司吴是誰?”

“我的嫂嫂,但是我的哥哥死了幾年了!”他的哥哥名島人,是個革命家。

“你愛她麽?”

“愛。”

“那還有什麽呢?”

過些時,他從香港來信“謝媒”,并説有人反對,已“居高臨下地唾棄他們”云云。

後來他們住在上海,感情極好。他常常説:“我是提倡土貨,我們是土式的戀愛,不像你們洋式的。”密司吴是個工人出身,知識水準不很高。但他又説:“密司吴愛我,可是又覺得對不起哥哥,常常説我害了她,拿我發氣。她是個善良的靈魂,我要寫一篇小説。”

十六

大概太愛密司吴了吧,他不喜歡密司吴的女兒,即他的哥哥的女兒。他説是“她不喊他做爸爸”,如果用福羅伊特的“心解”來“解”一下,應該是一種妒嫉的表現。妒嫉自己的愛侶和别人的關係,縱然那關係是以前的,而那女兒就是那關係的鐵證。後母不喜歡前妻的兒女,正是同樣道理。不過，我不知道他是否愛自己的女兒，“八一三”之前，密司吳又生了一個女兒，没有好多時間，他們就回到香港去了。

密司吳和兩個女兒，現在還住在香港吧。

一九四一，一一，七，桂林

《女神》的邂逅
——爲郭沫若先生五十誕辰作

距現在十九或者十八年，正是我十九或者二十歲的時候，我在泉州一個部隊裏當録事。泉州，以後的情形怎樣，我完全不知道，在那時候，也許因爲從上海去的吧，我是覺得頗有些古老，衰頽之象的。而幾點奇風異俗，也至今還没有忘記！女人髮髻上插着三把也許比眉間尺的寶劍還要長的東西；有一小部分小姐太太們的脚小到要聽差的背着走；天氣冷一點，就有人裹着花毯子當大衣等等，不過也許不僅泉州一個地方如此。

那時候，那裏是戰地，城裏駐着不少的軍隊，滿街滿巷翻翻滚滚，盡是穿灰衣的老總們。軍隊所到的地方，似乎就是賭博，娼妓，鴉片煙所到的地方。總指揮部裏面，就常常有人在半夜裏推牌九，街頭巷尾的番攤之類，更是青天白日，明目張膽，不在話下。花捐局設在總指揮部斜對門，轉一個彎的小巷裏，盡是妖嬈扭捏的娘們，弦歌與嬉笑怒駡之聲，噪得死人。鴉片煙呢，説是挨門抵户，擺在大門口抽，誠然太誇張；但實際情形也不會差得太遠。煙、賭、娼，本來互有關聯，鴉片煙的普遍性比娼與賭的還要大，既然這麽多的娼妓與賭博；不用説，鴉片煙决不會反而有遜色的。我認識的一位什麽司令部的書記官，就抽鴉片煙。他是一位老先生，大概有五十多歲，矮小的身材，八字鬍，兩眼放着一種不可逼視的光。他的部隊的長官，并不是軍人，倒是個年青的華僑。有錢，喜歡做官，不知在什麽機關弄了一個名義，寫了一塊招牌，便一支長槍守門衛；兩支短槍跟着他走，此外一無所有地當起司令來了。那時候，這樣的司令，到處都很多。司令部設在一座小小的樓房裏，司令常常不在部，部裏的官佐，算書記官頂大，年紀也算他頂大，辦事能力大概也算他頂大，衆望所歸，他便在部裏代行着一切。其實所謂一切，也就等於什麽也没有，這位老先生幾乎剩下自己的全部時間，在一間小屋裏，唯我獨尊，長驅大進地抽鴉片煙。

抽鴉片的人，大都喜歡説話，煙癮一過足，就精神飽滿，興會淋漓，如果有知心合意的朋友在旁邊，就很容易談笑風生的。那位老先生，讀了一肚子書，在前清，也許還有個小小的功名；但是行年五十，還不免支離東北，漂泊西南，在一個光棍司令底下當上尉書記官之類，要没有滿腹牢騷什麽的，實在很難。“大凡物不得其平則鳴”，舊式文人，如果遭遇像這位老先生，大概是“以詩鳴”的，這位老先生果然就常常作詩。作了詩，要讀者；放在口裏念，也要聽者，這是詩人的悲哀，鍾子期死，伯牙終身不復鼓琴，究竟衹是一種傳説，并且還是應該收入《無雙譜》的。一般的詩人，恐怕并不怎樣苛求讀者或聽衆；有人讀，有人聽，已經很不錯，何況還是在本來不能預期讀者或聽衆的軍隊裏頭？我實在認識字，曉得平仄，曉得世界上有一種玩意兒叫做一東二冬，李白，杜甫，蘇軾，黄魯直，也不至於顛倒他們的朝代。因此，和這位老先生認識不久，就被他認爲忘年交，有躺在他的煙盤的另一邊，聽他念他的新作以及談詩和别的什麽的光榮了。有時候，他也徵求我的意見，我也亂七八糟的説點什麽。

“你知道有一種東西叫做新詩麽？”

有一個深夜，談到高興的時候，他手裏燒着煙這樣問我。這是個突如其來的問題，譾陋者流，一定會瞠目不知所對的，但是我回答了，我説我知道。不是吹牛，我真看見過“新詩”：《嘗試集》，一個叫做胡什麽的人著的，還有一個姓錢的寫了一篇很長的序。看過那本書，差不多一年了，還是在家裏的時候。起初，也曾欣喜過一下子，以爲“新詩”是替我們淺人伸冤的；大概我不肯長期安於淺人吧，後來就忘得乾乾净净了。開卷真也有益，否則，今天對這位先生的回答，就衹好不知爲不知的。

“那麽，你以爲……”第二個問題順理成章，勢所必至地來了。

“我?”我其實并没有“以爲”，然而現在要回答。韓非的《説難》，闡明人要迎合人是很不容易的；我却常有相反的經驗，要不迎合人也不容易，除非隨時隨地準備和人家生氣，吵架。於是我説：“那是妄人……”不過，也不算完全違反自己的意志。

“荒謬絶倫！是不是？一個人，不會作詩，不作詩，有什麽要緊呢？偏要强不知以爲知，强不能以爲能，反而以别人的知爲不知，能爲不能……國家將亡，必有妖孽！不過……”説到這裏，他吸煙了，吸完之後又説：“不過，胡適還算是好的，還讀過幾本書，懂得一點兒詩。現在還有一百倍荒謬絶倫的人，郭沫若，城郭的郭，曹沫不死三敗之辱的沫，有若無，實若虚的若。那簡直……”説到這裏，他從煙鋪上騰身而起，到箱子裏取出一本書來，“你看，這是他的集子。”他説。於是一本三十二開本的洋裝書，出現在我眼前。白紙封面上有兩個有點粗壯的紅字：“女神”。

他把書翻開，指出裏面的這一首和那一首給我看，他自己還念着，同時也夾着批評：“你怎敢與我相埒，他把埒字押在七陽的韻裏頭！愛人哟，你還不回來呀，肉麻！什麽叫做一切的一，一的一切？什麽叫做火就是你，火就是我，火就是他，火就是火？不通不通！這算詩麽？如果這算詩，跟説話有什麽分别呢？誰不會做呢？”

我呢，看着聽着，漸漸走進一種高度的迷惑的情境。心裏不是在想這是不是詩，這詩通不通，郭沫若這人荒謬不荒謬之類的問題；倒是在想：我不是在做夢麽，天下真有這樣的人，做這樣的詩麽？我眼前真有一個老書記官，他真是我的朋友，今晚真拿出一本這樣怪書給我看麽？要不是先曾看過一本《嘗試集》，我想我這時候會發瘋的。《嘗試集》大概也曾在我的心的水面，吹起過一點漣漪的吧；但它決没有使我迷惑，迷惑到這樣程度。爲什麽呢？一直到現在，還是不能言其所以然。

忘記了那晚上，怎樣和那位老先生告别，唯一的記憶是向他借了《女神》，回到宿舍，躺在床上，藉一盞洋油燈的微光，從頭到尾，一字一句地看了一遍。看完了還很久很久在床上翻來覆去。這是詩麽？這詩好麼？我一點兒也不曉得。如果一定要我發表意見，也很簡單：豈有此理！

但是真怪呀！一個完全不懂新文學也不懂舊文學；不懂新詩，其實也不懂舊詩的人；一個并不覺得《女神》有什麼好處，決談不上什麼欣賞，愛好，還清醒白醒有着不少反感的人，那以後，對於新詩竟至少有了一點好奇心了。我開始在書店裏找書，起初自然是找新詩，後來連别的書也找起來了。有一回公然在那古老衰頽的泉州，買到一本《星空》和一本小説《魯森堡之一夜》。《魯森堡之一夜》這本書，我始終没有讀懂，也没有讀完的。

《女神》是一本發生過很大影響的書，别人怎樣，不得而知，我是這樣接近了她的。從她，我知道了新詩，知道了郭沫若，漸漸還知道了郭沫若的别的書和别人的書。雖然我真正走上文學的路，還經過以後的一些曲折迂迴。

一九四一，國慶日，桂林

山城的“五四”

十六歲的那年，早已在高等小學畢過業。這城裏没有中學，連高小全縣也衹有一所。父親没有錢讓我到别處去讀書，口裏説叫我去學做衙門，可又儘着不讓實現。所謂做衙門，就是去當訟棍或徵收錢糧税契之類，是一種無須多費氣力，有時候也可賺很多錢的事；住在城裏的人，讀書不成，經商無資本，又薄種田做工而不爲，就往往走這條輕便路。父親是個讀書人，前清的時候，就讀了一肚子書，眼望着狗屁不通的人入學中舉，自己却連半個秀才也弄不到手。民國以來，坐過幾回牢，有一回還幾乎被殺掉了，那是爲了革命；另外幾回却是爲了抽鴉片。自己身體多病，四十來歲，就老廢在家。看見我讀書還不算蠢，覺得學做衙門之類，未免太糟蹋材料，自己的壯志雄心也就永無寄托，因之始終在掙扎，想弄錢送我讀書。我也就衹好像一個成年的閨女，本來想説一户門當户對的人家，不料反而高不成低不就，關在房裏嚙蝕着自己的青春。這時候，除了在家裏讀讀李白、杜甫、曹雪芹、冷紅生之類，就是和幾個和我的運命差不多的孩子或大人來往來往，正所謂群居終日言不及義者也。

一個熱天的早晨我接到一封信，可以説是有生以來收到的第一封信，這以前决不曾有人寫信給我。看封面，是本城裏寄來的，同在一個城裏，見面説話都很容易，何必寫信呢？這城裏又有誰有什麽事要寫信給我呢？這頗使我不解。拆開，裏面是油印品，“逕啓者”起頭，接着是什麽“吾國”，“强鄰”，“賣國賊”，“危急存亡之秋”，“全國學生一致奮起”……一大堆怪裏怪氣的詞句，除了有些在國文教科書或論説入門上會過之外，實在都面生得很。下面是“久仰台端熱心愛國……兹定於某日某時在高等小學校舉行成立大會……略備茶點……務乞撥冗賁臨是幸此致某某某先生武漢學生聯合會××分會籌備會啓。”看完之後，我完全呆了！

這之前，并不是没有看見民族國家愛國救國這些字樣，前面説過教科書上就有。在作文的時務題目之下也曾把這些字樣寫進文章裏去。但那是書，是功課，是文章，和一個人吃飯做事過日子有什麽關係呢？一切的書，功課和文章，都和吃飯做事過日子有什麽關係呢？子曰：“學而時習之。”這話很好，但誰曾“學而時習之”呢？“弟子入則孝出則弟”，這話也很好，誰又曾怎樣“入則孝出則弟”呢？而且假如有人天天説什麽學而時習之入則孝出則弟，或真正學而時習之入則孝出則弟，一定是個書呆子，那樣子，衹一想起就十分可笑的。那麽什麽民族國家愛國救國之類的話，不也正是如此麽？除了從書和文章上看見，除了從先生口裏聽見，就從來没有一個人在平常談話的時候，説這樣的話，而先生們一下了課，也從來不談。想不到今天却有人把這些話當作一封信寫給我看！

不知是環境和教育的結果，還是人本有一種頑固的敵視新的事物的本能，總之，我看過信之後，不但對於信上的詞句，就是對於那所謂武漢學生聯合會××分會籌備會和他們所召集的什麽大會，都抱着一種反感。不用説，這是那幾個在武漢讀書的傢伙回來攪的玩意兒，雖然以前没有聽見説過；那些傢伙不都是一些花花公子，衹曉得白花父兄的血汗錢，其實并没有讀什麽書的麽？因爲自己不能到外面去讀書，有時候也羡慕他們，覺得能在武漢那種地方，穿着制服和皮鞋，挾着幾本洋裝書，縱然衹是照一張相片也好；但平常總是對他們抱着一種幸灾樂禍的醋意的想法。現在他們攪的什麽學生聯合會，我以爲除了胡鬧，出風頭，逃學之外，不能有什麽别的。難道那信一點也没有使我想到另外的什麽麽？比如説，什麽人要滅亡中國了，什麽人要賣國了，什麽地方的學生們起來反對了等等。没有，一點也没有。北京或者南京，那是多麽遥遠的地方啊，在我，簡直可以説是外國，甚至是别一個星球；從來没有想到我會有一天到那些地方的。就是武漢，除了知道有幾個花花公子在那裏讀書，常有人到那裏去買東西以外，别的一切仍舊茫然。全城恐怕没有一份報，從來未聽見講什麼外面的消息，也不曾有過考慮到“什麼地方現在怎樣了?”的經驗和習慣，不但那信上説的很籠統，就是説得清清楚楚，大概也不會使我想到什麼，那些地方所發生的無論什麼事情和我有什麼相干呢?

但是那大會我還是“賁臨”了。決不是因爲“熱心愛國”，倒是爲了另外的四個字:“略備茶點”。自不上學以來，每天兩個銅板的茶點錢已被母親取消了。早晚飯之間的距離，實在有相當遠，而夏天的日子又特别長。在這樣情形之下，對於茶點之類，不能没有興趣。會場是出進過三年的地方，看看日期，就是當天，幸喜時間又没有過去，就按着時間，穿起到人家做客纔穿的白竹布長衫，用上面寫着自集的對聯“欲上青天攬明月，每依北斗望京華”的白紙摺扇遮住太陽，摇摇擺擺地“賁臨”去了。

一進校門就望見那正中的禮堂裏有幾個人在那裏談話，一人穿的灰色的紗長褂，名叫查傳軾，是一個國會議員的兒子，我知道他在武昌讀外國語專校，現在大概二十來歲了，小時候讀書很蠢，又頑皮，天天和人打架，也天天挨先生的板子。現在果然衹能學外國語，足見他讀書不行。一個穿白夏布長褂的叫張夢海，年紀已經三十來歲，是城裏有名的才子，慣會吟詩作賦，舞文弄墨，曾當過幾年教書先生的。另外幾個人，也有認得的，也有不認得的。認得的都是城裏人，没有一個是學生;不認得的大概是鄉下人，是幹什麼的，不知道。一走攏去，看見禮堂門口貼着一張白紙條，像辦喪事的人家所常貼的，上面寫着:“會場在第X講堂”，還畫着一隻手指着方嚮。講堂是熟的，無須和什麼人打招呼，我就逕到講堂上去。

講堂上疏疏落落隨隨便便地坐着七八個年青人，嘻嘻哈哈地不知在講什麼，有的是鋪子的小老闆，有的是世家的孫少爺，有的是什麼機關裏的录事，也有在衙門裏攬什麼玩意的，衹是和我一樣，没有一個還是學生。這時候是暑期，四鄉的學生都回去了，城裏的學生又都是一些小鬼，大人們誰也不知道他們姓什名誰，無從召集，他們恐怕也根本不知什麽叫做開會——其實我也不知道。有一個叫做蔡斗瞻的，和我同過學，却大我好幾歲，早已在錢糧櫃上當櫃書，因爲和我頂熟，我一去就和我打招呼。——“你來做什麽?”“你呢?”“我來開會呀。”“開什麽會?”“不知道，你知道麽?”“我也不知道。”“爲什麽開會，誰叫我們來開會?”“也不知道。”“管它呢，等一下總會明白的。”“聽説還有茶點吃。”“哈哈!”“哈哈!”這就是蔡斗瞻和我談的與會有關的話的全部，以後就扯到别的上面，和别人一齊大説大笑，至於説笑的内容，現在自然忘得乾乾净净了。

過了好一會兒，聽見摇鈴，我已好久没聽見摇鈴了，接着進來了兩三個人，坐下了；又接着校役一隻手端着一碗泡茶，一隻手拿着兩條粉筆，放在講臺的桌上，又把黑牌抹了一下，出去了；最後進來的是查傳軾，張夢海，和另外一個穿白夏布長衫的年青人。查傳軾没有上講臺，到聽講的前一排坐下了。那兩個人走上講臺之後，向我們點了一下頭，我們都半站起來和他們點了一下頭。最初是張夢海開口：“各位，恐怕不很熟，這位陳君，名叫陳世杰，世界的世，木字底下四點的杰，南鄉人，在底下（武漢）××中學讀書，這回特爲回來組織學生聯合會的。現在請他講講底下的學生聯合會的情形。”説完，他自己就拍手，坐在底下的查傳軾也拍手，我們也有一兩個人拍手的，大多數都没有拍。

“諸君!”那陳世杰説，重新點了一下頭，并且咳了一聲嗽，并且還用手巾揩額上的汗。他是個瘦瘦的三角臉，兩個大顴骨聳在兩邊，一點也不像衹有二十來歲的人。那時候的學生，年紀都很大的，也許他已二十多歲了。臉上很黑，因爲有汗，顯得很光澤，和鄉下種田的人的面孔没有兩樣。頭髮是黄的，很稀，還有一撮搭在前面。“諸君!”他又喊了一聲，那聲音，一聽就知道完全是南鄉的土話。

“他是陳保懷的兒子。”座中不知誰低聲説。於是别人也説起話來了。“陳保懷是誰?”“一個舉人，在底下當省議員。”“這傢伙一點也不體面，不像到過大地方的。”“完全和鄉下人一樣，我看也不見得有學問。”“我看還是個肺病鬼。”聲音越説越大，幾乎是和那陳世杰比賽。陳世杰結裏結巴地說了兩句什麼，看見大家這樣，不知怎樣纔好，窘得滿臉通紅，就停住不説。

“諸君諸君！放啞静點！放啞静點！”走下了講臺準備出去的張夢海回轉身來對大家説。我們纔不説話了。

“我我們中國，”陳世杰接着説。説的時候，把手背在背後，一俯一仰地摇動着上半身。太陽從外面曬進來，正曬着他，他的影子躺在講臺上前後地動着。“日本，日本，是個小國。”他的南鄉土話本有點不好懂，他又説得有點結結巴巴，我不能完全聽懂他的意思，衹能斷斷續續地捉住一兩句話。“幾十年來，幾十年來：日本就欺負我們中國窮，欺負我們中國弱，常常打我們中國，要滅我們中國，滅我們中國。甲午的那年……”他有時候説一句停一回，有時候又重説一回，聲音越説越大，比從前先生們講給幾十個學生聽的聲音還大些。其實我們衹有十來個人，又都坐在前面，用不着那樣大聲。但我却漸漸聽出他的話的意思了，他説甲午以後，日本屢次打中國，要中國割地賠款，那些事情我都知道，地理先生早對我們講過的。

我没有聽過演説，衹聽見先生講書，都是照着書念，再加上一點解釋；也聽見過講善書，也是照着書念，和唱歌一樣。陳世杰演説，不用拿書，隨隨便便就把地理先生要看書纔講得出來的話一口氣講出來，話裏頭又有許多新名詞，不但我們平常不説，就是地理先生甚至國文先生都很少説的，這傢伙恐怕是有點學問。但我又覺得他講得并不怎樣好，話太土氣，結巴，因爲聲音用得太大，有點上氣不接下氣，説了第一句像要想半天纔説第二句。另外是上句和下句常常文義不連接，并且一句話有時候重複兩三次，這樣看來，他又似乎并没有多大的學問。

“現在日本又要滅我們了！”他説得很興奮，手也不背在背後，却舉起來舞着；脚也不停在一個地方，却在講臺上來回地走；口沫在陽光裏像珍珠似地亂噴。“北京政府裏頭，有三個賣國賊。一個叫做曹汝霖，一個叫做陸宗輿，一個叫做章宗祥！”一面説，一面拿起粉筆在黑板上寫出三個名字。啊哈，這一下可露出馬脚來了，他的一筆字實在難看，簡直和剛發蒙的小孩子寫的差不多！“他們要把中國完全賣給日本，要我們四百兆同胞都當亡國奴！……”

“亡國奴是什麽？”又有人低聲發問了。可是没有人回答。

“國怎麽能賣呢？賣得多少錢呢？”另外一個人問，也没有人回答。

“日本買我們的國幹什麽呢？他自己不是有國麽？”第三個人問，同樣没有人回答。

“諸君諸君！”查傳軾站起來向我們做手勢，意思説“放啞静點！”我們纔又不説話了。

“諸君諸君！”陳世杰沙着嗓子大叫：“你們願意當亡國奴麽？亡國奴是人當的麽？誰没有父母？誰没有妻子？誰没有祖宗的墳墓……”在他的兩拳在空中揮打中，在他的雙脚在講臺上蹬跳中，在他的大聲喊叫中，在他的滿頭大汗中，我看見，我們大家都看見，清清楚楚有兩行眼泪瀑布似地挂在他的臉上。那瀑布不住地涌流，放着一種强烈的晶光，和汗水絶然不同。同時，他的眼睛紅了，聲音也格外沙了，簡直就變成了哭聲。這是我第一次看見的爲民族爲國家而流的眼泪，給我的印象是深的。二十多年了，我幾乎還能摹擬那流泪人當時的樣子。但在當時，我却一點不瞭解那眼泪怎麽會流出來。我以爲他説的那些話，并没有什麽使人傷心的地方，已經成了大人的人，就是有什麽傷心事也很少哭的；至於爲了和自己想不出有什麽真實的關聯，衹在書上，文章上纔看見，感到的國家，民族這些莫名其妙的東西而流泪，更是第一次看見，今天實在有許多東西都是第一次看見。人是多麽不容易接受陌生的東西，又多麽容易把無理的輕蔑投給它呀。我想，這陳世杰，如果不是作假，就一定本來喜歡哭的。像這樣想的，大概不止我一個人；在座的别人就又嘰哩咕嘍起來了：“爲什麽哭呢？又不是一個人的事？”“亡國不亡國，與父母妻子祖宗什麽相干呢？”“哭有什麽用呢？哭就不亡國了麽？”“誰没有妻子？我就没有妻子！”“難聽得很，像叫化子喊街！”……

“我們要愛國，我們要救國，救國是我們學生的責任……”這拙劣的演説家，似乎一點也未覺察到他的演説對於我們，就像水潑在石頭上一樣，自己還在那裏哭，跳，舞，喊。不過他的話却比較地流利了，他說五月四日那天北京的學生們怎樣成群結隊地去打那幾個賣國賊；後來全國各地的學生怎樣都聯合起來響應北京學生們的愛國運動，武漢的學生已經怎樣聯合，歸結到本縣的學生諸君，即那些在座的十來個人，其實没有一個是學生的我們，也應該聯合起來，成立一個聯合會。而現在經過多少時日的籌備，今天就在這裏正式成立云云。說完，他又向我們點了一下頭，就走下講臺不住地揩汗揩泪，由查傳軾引頭的四五個人的掌聲在講堂裏零落地響着。

以下是推選會長。張夢海從外面進來說："我們推舉查傳軾君爲會長。"没有問我們贊成不贊成，我們也没有說什麽，衹有"查傳軾君"自己表示了一點異議，但終於也答應了。

最後，也就是最精彩的節目是——當然囉，茶點。校役提了一大壺開水和十幾個茶碗放在講臺的桌上，另外一個什麽人端來一大盤肉包子，也放在桌上，笑着說："請罷！"似乎知道我們是爲這而來的，我們也就毫不客氣地"請"，"請"到結局就搶起來了，我一共搶到四五個之多。

回家的時候，每人還帶了一份《武漢學生聯合會宣言》，鉛印的，論說入門體的文章，很長，我没有感到什麽興趣，倒是父親看見了，摇頭晃腦地讀了幾遍，後來還濃圈密點，寫了八個字的批語在後面的餘幅上："愛國熱忱，溢於言表！"我没有想到父親還懂得什麽"愛國熱忱"的。這宣言由父親貼在我的書桌旁邊的壁上，過了許久許久。

以後，我又没有聽見人說什麽民族，國家，愛國熱忱之類的話，也不知道那天成立了的"學生聯合會"——武漢學生聯合會的分會，存在了多少時候，作了些什麽事情，以及終於怎樣了。

一九四二，青年節前若干日於桂林

嬋　　娟

但願人長久
千里共嬋娟

——蘇　軾

一　我的詩

我想把我的詩，
寫在冬天的山頂；
讓積雪把它掩蓋，
　　　把它掩蓋。
我怕它自己是一團烈火，
積雪爲它的燃燒融解！

我想把我的詩，
投入無底的大海；
讓它沉一千年，
　　沉一萬年！
我怕烈火燒乾海水，
海底的寶藏一齊涌現！

我想把我的詩，
寫向天邊的流雲；

流雲舒捲，無影無踪，
　　　　　無影無踪。
我怕它在空中燃起，
萬里霞光，滿天血紅！

我想把我的詩，
埋到陰沉的地底；
像陳死人的尸骨糜爛，
　　　　　尸骨糜爛。
我怕燒毁了堅牢的地獄，
地上會涌出魔鬼的火山！

罷了！我把我的詩，
寫在自己的心上；
這是個人迹罕到的地方，
　　　　　罕到的地方。
但今天我自己到過，
明天許變成煩囂的市場！

寫於忘記了的日子
以上算是全文的序

二　英勇的日本空軍

一天，我到朋友平羽的住處，時間已是晚飯過後了；意思是想和他散散步，談談天，趕走一天工作的疲勞。他不在家。我獨自坐在那整潔的像女孩子的閨房一樣的卧室等他回來。晚風飑動着窗簾，楓樹的落葉，飛進窗前的書案上；窗外的遠山帶着幾分赭色，在漸漸昏暗下來的天空底下，已經望不出顯明的輪廓。屋子裏更是一片昏茫，衹看見一張白紙在壁上飄動，那是我偶然寫的兩句古人的話："但願人長久……"被平羽貼起來的。

點燈的時候，主人回來了。神色似乎很倉忙，一面解皮帶，把腰裏的短槍挂到壁上，一面問我：

"你不是京山人麼？"接着："你們家裏被炸了！"

"哦！"我吃驚地問："哪裏來的消息？"

"廣播，剛纔從參謀處聽來的。炸得很凶！"

我好半天没有講話。臨走的時候，有氣無力地説："你不該把這消息告訴我！"

晚上，在床上翻來覆去了好半天，好些時不曾到夢裏來的我的女人和孩子，和我糾纏了一整夜。睡醒了，起床號的餘音還在繚繞，晨光從窗外闖進。睁眼望了好一會，幾乎不知道自己在什麼地方。

油印的廣播消息："五十餘架寇機……死傷千餘人，損失……城内外盡成焦土……"

這很出乎我的意外，我從來没有想到故鄉的天空可以供五十幾架飛機的翱翔，也没有想到竟有一千多人可供死傷，更没有想到有將近百萬的財富。我在那偏僻的山城裏生活過二十年，總覺得那地方衹有一巴掌大，衹有幾十家人家，三兩百人口，而且那是一些怎樣襤褸的人們囉！

在死傷，損失，焦土，這些字樣裏，我彷佛看見了一些熟識的人們的血肉模糊的肢體，而最熟識的是不到兩歲的我的孩子和她的母親！

我没有看見過炸彈炸死人，也没有被飛機在頭上追逼得無路可走。碰見過許多次空襲，每次，被轟炸的地方都和我隔得相當遠，頂多衹覺得墻壁似乎要移動和窗户的震顫罷了。那麼，五十幾架飛機在一巴掌大的地方盤旋的時候，那飛機底下的人們的心情是怎樣的呢？五十幾架飛機在比屋脊高不了幾尺的天空，一齊吼叫着，那是那山城裏曠古未有的死神的怒吼吧！是不是衹聽聽那吼聲，就可以使人亡魂喪膽呢？我不能想象！五十幾架飛機上的機關槍向地面掃射着，五十幾架飛機上的炸彈在地面上爆炸着，那是怎樣一種天崩地塌的聲音囉！衹是那聲音，不就可以使人震破耳膜，迸出眼珠，爆裂血管麽？我不能想象！五十幾架飛機可以把那巴掌大的山城完全翻轉來，可以使那城内城外的每一個人，每一隻狗，每一個螞蟻甚至每一隻烏鴉都會感到上天無路，入地無門吧！那時候還有什麽守財奴貪戀他的財産，還有什麽暴君會虐待他的奴僕，還有什麽債主拉着欠債人不放或地主逼住佃户討租呢？就是獅子也會不對麋兔之類垂涎，而猫却和老鼠擁抱在一塊兒抖索的吧！這是怎樣巨大的一個戰栗喲，但是我不能想象！在飛機剛剛飛到的時候，有多少人在那窄狹的街道上奔跑呢？多少人在號哭，喊叫，兒女，爺娘，丈夫，妻子……誰也顧不了誰，誰也不知道躲在什麽地方的好；老弱的人在人潮裏被擠倒了，也没有人扶起的吧！雖然有嬰兒在脚底下，也會踏過去的吧！我不能想象！

我想象飛機還没有到的時候，那城内城外的人們不還是和平常一樣，甚至和没有打仗的時候一樣地過着日子麽？西城外的鬧市還是那樣擁擠，文廟裏還是社訓隊在那裏上操，十字街的麵館還是賣着熱氣蒸騰的點心，完差的鄉下人還是背着褡褳向衙門裏跑。……那古老的城墻還是像荒古的爬蟲，静静地偃卧着；城隍廟裏的神像仍舊金碧輝煌，廟對門的塔，塔頂上的老鴉窠，窠裏的老鴉還是飛去飛回，一天到晚地忙着。……我家的大門口有一塊有凹的紅石頭，那凹，恰像一個脚印，我小的時候，常常踏在它上頭好玩；我這回離家的時候，它仍舊在那兒，自然也仍舊放着紅光。我那矮塌的，窄狹的房子，仍舊像什麽時候都要倒下來。那房子裏的主婦，每天清早要帶着被卧，爬在床邊，端她的孩子大便；那孩子手裏拿着一塊餅乾什麽的，口裏唱着連自己也不懂的簡單的歌，耳朵裏聽着媽媽的哄騙，行若無事地排泄着那小身體裏頭所不需要的東西，那墻上挂着孩子周歲的放大照像，小櫃上擺着孩子的食品，玩具和藥物，這時候都會很快樂似地和這母女兩人打招呼；衹有那書架上新由朋友贈送的一部大書《説文詁林》倨傲地躲在那裏，從來也不理人！以後是女傭人倒水進來，主婦起來，到學校裏去和一群頭上生着癩痢，嘴邊挂着鼻涕的孩子們周旋一個上午；回來的時候不是到婦訓班就是到婦抗會去看有什麽事情，路上如果碰見郵差時就問一聲："有我的信麽?"她差不多每天都盼望從江南寄回的家書。縱然在戰時吧！這也是一種恬静的生活，却并不是游惰的生活呀！誰會想到一兩個鐘頭以後，半個鐘頭以後，甚至一刻鐘，十分鐘以後，就是自己和全城的毁滅呢！

然而飛機來了！一來就是五十幾架！當然囉，什麽都完了！那城墻，那廟宇，那塔，那塔上的老鴉窠，門口有凹的石頭，那住了幾代人的房子，房子裏孩子的照片，小櫃，櫃上的瓶瓶罐罐，書架，架上的《説文詁林》，尤其是房子裏的主婦，孩子，女傭人，都和全城内外的人和物遭受了同一的劫運！炸彈没有炸死的，機關槍會射死；機關槍不曾射死的，會有倒塌的房屋壓死；壓不死的會被磚頭瓦塊打死，火燒死，火藥氣味熏死，激烈的響聲震死；再不，就在人叢裏擠死，跌死……總之，完了！什麽都完了！我恍惚看見了死神的獰笑；看見五十幾架大獲全勝的日本飛機排成一列悠長的隊伍，在天空得意地低昂，舞蹈！還恍惚看見那事後的廢墟上裊着一縷縷的殘煙剩火，甚至有一兩個幸免的人，像做夢似地從斷瓦頽垣，尸山血海中探出頭來，一面還摸着自己的脖子！

天哪，這是真的麽？這簡單的廣播，傳給我的是這樣一個消息麽？

這是真的麽？那全城的人，男女老少，我的親戚，朋友，熟人，都完了麽？那些人們，有許多我曾經厭惡過，憎恨過，愚昧的臉，狡猾的眼睛，骯髒的身體，頑固的心……然而現在想起，他們是多麽可愛呀！他們纔真是一些無辜的純良的人咧！

這是真的麽？我的愛人，我的妻子，我的最好的朋友和同志，那和我在一塊兒生活了十幾年，共同開闢了自己的道路，共同嘗過了生的歡欣和苦難的人，那唯一能够理解我，信任我，督促我，鼓勵我，而又原宥我，撫愛我的人，那像一盞緑燈一樣，在人生的血海裏照耀着我，召引着我的人，竟連"再會"也來不及向我説一聲，訣别的泪也没有流一滴，就帶着她的孩子去了麽？

我的一歲半的孩子，再不指那餅乾盒子要東西吃了麼？每天早上再不和屋檐上的麻雀一道兒吱吱呀呀地叫了麼？她那細小的骨頭，柔嫩的肉，那無邪的，一片天機的姿態，都做了死神的“牙祭”麼？戰争一開始，她的媽媽就和她的爸爸商量：這偉大的戰争必須耗去無數的生命，我們活過幾十年，喜怒哀樂都受够了，就是死也没有什麽遺憾；但是這孩子還衹剛剛出世，完全不知道人生是什麽；她需要活着，應該活着，至少我們中間應該有一個人爲她而活着。戰後的中國將是個新的社會，而她們將來是新社會的主人；如果不爲後一代人的幸福，這戰争的内容就會貧乏得多的吧！不錯，她的媽媽和爸爸，現在還有一個人活着，可是她自己却没有了！那無助的小生命惹過誰呢？犯過什麽罪呢？我向遥遠的天邊發出這倔强的疑問。

我不是什麽英雄，也不是什麽志士，至少我的感情不是的；我是一個人，一個平凡到不能再平凡的人。我愛我的妻子，愛我的孩子，愛我和我的妻子、孩子構成的家。我願意幸福，願意我的妻子，我的孩子，我的家幸福。我還衹三十幾歲，應該還有幾十年好活；我的妻子比我的年紀小，孩子自然更小；我不願意她們在我之前死去。尤其是孩子，我要好好地讓她長大，好好地教養她，讓她長得像一朵花一樣；讓她的性格，知識，思想，能力，就是在未來的她們的社會裏，也像一朵花一樣。我知道，這多少是一些幻想而且很自私的。但這幻想，這自私，却正是我的心靈的實有物！中國有多少像我這樣平凡的人，有多少這樣的自私的幻想呀！故鄉，那古老的城裏的人們，我熟識他們，理解他們，他們全和我一樣，我幾乎可以一個個地數出來！可是現在那殘酷的魔手給我們把這些東西一齊毁掉了！

大概過了一個多月吧，我的心像橡皮什麽的一樣，什麽感覺也没有，也不知道日子是怎樣過去的。在這時間中，也許我快活過吧，也許笑過吧，假如有，那是怎樣快活起來的，怎麽笑起來的呢？連我自己也不理解。

怪不怪，我怎樣也没有想到她們還活着。那怎麽能够呢，五十幾架飛機，一巴掌大的地方！

多意外呀！我接到一封信，一看封面正是我所懷念的人的筆迹，再看郵戳，是被轟炸以後的日子，我簡直不能説出這是怎樣的一種狂喜！親愛的讀者喲！請原宥我的筆，寫不慣幸福和歡快的感情！總之緊綳着的心一下子就鬆散下來了。

那信是告訴我被轟炸的消息，轟炸時候的情形，大致是那油印的廣播消息的重複。她説，除了城墻還有剩下的以外，就都是一片焦土了。另外還説誰死了，誰受了傷，誰的太太，誰的孩子……一大串熟識的人名。在這兒出現名字的人，縱然還活着，也多少有些不幸的事情。至於我們家裏呢？房子倒完了，不必説；僥幸人都好好的。孩子已經懂得飛機這兩個字，一有人提起，就不哭不鬧，兩手抓住媽媽，小頭緊緊地貼在媽媽懷裏。

信的末尾，她還發了一通議論；因爲是寫給我的信，議論很簡單，如果鋪張起來，應該是這樣：

日本的空軍是英勇的，它能使我們的一歲半的孩子害怕，能够使這没有任何防空設備的小城變成焦土，能够使一些没有地方躲避的人們死傷之後，還能够除了炸彈，除了機關槍彈，除了汽油以外，没有任何損失，假如“凱旋”的歸途不碰見我們的空軍的話。

可是爲什麽衹來五十幾架呢？不是就是來五千架，五萬架也仍舊可以毫無損失，一架不少地回去的麽？爲什麽還讓剩下一些城墻剩下一些人呢？不是就是把地殻炸穿了，叫螞蟻，臭蟲，無論什麽生命都絶種了，底下也没有人會放一個炮仗的麽？多麽好大逞雄威的機會呀，這纔真是“無敵”咧！

不過你要知道：日本皇軍怕咱們中國人没有敵愾心，拼命地製造，煽發！不是還剩下許多人麽？他們和以往不同了，苟安的，僥幸的，畏縮的，以爲鬼子來了衹要當順民就可以太平無事的心理不知到哪裏去了！没有人不想吃鬼子的肉，喝鬼子的血。他們已經没有家，没有産業，没有挂欠，就是生命也像是拾來的一樣，還留戀什麽，顧慮什麽呢？以前無論怎樣聲嘶力竭地對他們講，許多人的回答是懷疑的眼光，那樣子叫人擔心鬼子真地會來。現在呢，没有一個人還需要宣傳。他們什麽都懂，每個人即使最笨拙的都可以自己當宣傳員。……説起來真慚愧呀！這是鬼子的功勞，而且花的代價太大了！

可是她的議論并没有在我的腦筋裏引起什麽反應，我已被快慰的情緒弄得不能喘氣了，爲了她們的活着。

三　老黑馬

序

在知道故鄉被炸，還没有接到她的信的時候，心裏被一種什麽沉重的東西壓制着。明明没有想她，什麽也没有想，可是心裏被那沉重的東西壓制着！辦公的時候，我提起筆寫："親愛的同胞！"心裏被壓制着！上課的時候，我賣力地講："第一個階段，敵强我弱，敵人戰略進攻，我們……"心裏被壓制着！有一天早上，上課去的時候，平羽説："你就便把我們那匹老黑馬騎回來吧！"這當然好哇，省得我走十來里路。上了一整天課，我累極了！拖着笨重的脚步回來，時候已經很晚，一個人在山崗上走着，更覺得壓制的東西沉重。快到家了，纔記起没有騎馬！

晚上，睡不着，作了這首詩。自己知道這情緒不好，可是也無法變得好起來，嗟！"知我者謂有心憂，不知我者謂我何求！"尚何言哉！

"把那匹老黑馬騎回來吧！"
我徒步走去，
又徒步走回；

踏着朦朧的月色，
踏着崎嶇的山路，
那偃蹇的老黑馬被忘記了！

山路上，
月色裏，
山的影子，
樹的影子，
村落的影子，
像我的心一樣：
我的心，
像那衰邁的老黑馬一樣！
但是那老黑馬被忘記了！

抬頭望天，
月亮在密雲裏顫動，
霧色黄得像牛油，
也濃得像牛油，
月亮要從這牛油中間走過！
月亮就是我的心，
像那疲勞的老黑馬，
在亂山裏顛簸！
但是老黑馬被忘記了！

不是夢見過像泛濫的黄河麽？
不是夢見過像燦爛的花朵麽？
醒來的時候，
看不見黄河的波瀾，

也没有花朵的温馨！
聽吧，
我的心，
像困乏的老黑馬在喘息。
那被忘記了的老黑馬！

月色裏，
山路上，
我唱着我的歌，
歌聲是粗亢的。
從山谷的回聲裏，
我看見一匹老黑馬，
在昏茫的夜色中間走過，
那被忘記了的老黑馬！

“叫你騎回來的老黑馬呢?”
“我忘記了；
不，我騎回來了!”

四　夢

“如果你没有那雙眼睛我就不愛你了!”

説這話的人，願她平安！她帶着我的孩子，自然也是她的孩子，帶着故鄉的讀過三天半書的女孩子們，從一個偏僻的内地逃到不知什麽更偏僻的内地去了！故鄉，如今變成了淪陷區！

人是不容易想起自己的眼睛的吧，尤其是在西北的大風沙裏，江南的炮火聲裏：尤其是一個和青春告了别的人。

偶然想起了，偶然碰見了，它們細小，渾濁，無神；和我這個人不像是被愛過的人一樣，它們也不像是被愛過的眼睛了！

十幾年前，曾經看見過我的眼睛，那是從她的眼睛裏看出來的。

不知是幾千人或是幾萬人的會場，不知是白天還是晚上，甚至於忘了是在南京還是北平，那些事情，我從來不放在記憶裏的。

我坐在一個角落裏——我永久都是坐在角落裏的，她坐在另一個角落裏，她和我，就像她和我之間的無論什麼一樣，那時候，都是遠隔遥遥……

在空襲的夜晚，你看見過探照燈搜索遠匿在高空的密雲裏的敵人的飛機麼？一道一道的白光穿過昏黑的夜幕，像一隻巨大的手爪伸進那暗雲深處，把那些小小的轟炸機，戰鬥機什麽的，一把就抓出來了，像雄赳赳氣昂昂眼明手快的警察在人叢中捉住一個瘦小的襤褸的小扒手的衣領。

青春的狂妄正是我今天所缺少的；然而在那時候，我相信每逢男女雜遝的會場，我總在用我的探照燈向青天白雲中搜索；雖然我不知道我所要抓住的飛機在不在裏頭和她究竟是誰。

從東移到西，從南移到北，我的探照燈像一葉輕快的小艇在蕩漾的春波中悠游，容與，怡然自得的時候，突然在不曾注意的地方，碰到了一個危立的礁石。人生在世，就像在冬天的莫斯科的冰雪的街道上走路，稍不留意就會栽倒。不過這裏，請放心，我并没有栽倒；倒是找到了我所要抓住的飛機；同時我也正做了飛機，被别人的探照燈抓住了。

那個人就是她。

“八一三”前一兩個星期的一個傍晚，我和兩個大學生到法國公園去玩；兩個中間有一個是屬於上海話叫做“小白臉”一類的人物。

夏天是公園一年中的全盛期，傍晚又是一天中的全盛期。斜陽拉長着樹影，晚風趕走了煩熱。成雙成對以及不成雙不成對的青年男女，穿梭似地在綠色的草地上來往，逗留。少女們披着鮮艷的霧縠輕綃，微微地帶着一點化妝品香味，晚風飄蕩，香味就度向鄰近的游人。太陽落土了。樹外的天空像和時裝少女們比賽，浮着一些紫色的，紅色的，金色閃亮的雲彩，雲彩又幻化着離奇詭譎的形狀。如果是在郊野，一眼可以望到天邊，望到遠處的山林，村落和田野，天空的晚景一定會更豐美地現在眼前。現在是在上海，摩天的樓影遮沒着遥遠的高天；煙囱的煤霧又給塗上一副渾濁的醜臉！有這樣嬌艷的晴空，罩着葱緑的草地，襯映着草地上的香花和美人，實在是一種意外的滿足。

三個人在“山陰道上”的人叢中走着，差不多把整個公園巡視了一遍。天色漸晚，遠一點的人們的眉目漸漸有些迷胡。忽然，那小白臉指着很遠的地方説：“在那裏！”順着他的指頭看去，樹下的長椅子上坐着兩個穿淺藍色的布衣的少女。他們向那裏走去，我自然也跟着。穿過樹列，靠着水邊，走着蜿蜒的路，走到近處的時候，并且放緩了脚步，彎着繞道，從從容容地走到她們面前十多步的地方。兩個青年人高聲談笑，故意説些有趣的話，做些滑稽的動作或表情，惹她們忍俊不禁了，然後投去一瞥含情的睨視。

從那些舉動和那兩個少女的反應，知道他們和她們是彼此物色好了的對象。那兩個少女，我没有端詳地看，但也無需乎看；在有花的地方，即使是瞎子也會感覺得不同。少年的女性，反正無論怎樣也會有些惹人處的。

時間多麽快喲，似乎衹聽見她們撲剌地笑過這麽一兩回，天就黑下來了。我跟着兩個年輕人移到她們旁邊的一條椅子上坐着，樹影遮住月色，也遮住燈光；藉着灑落在别處的月色和燈光，約略可以辨認出一點人影和近處人的迷胡的面目。就在這昏茫的夜色裏，我看見，清清楚楚仔仔細細地看見一雙少女的眼睛，從那些眼睛裏射出兩道白光，穿過昏夜，投向那漂亮的年輕的大學生頭上。

那眼睛，怎麽説呢？是不是有什麽甜蜜的東西要滴下？是不是有什麽轟烈的東西要爆炸？是不是火在裏頭燃燒？是不是花可以采摘？而且聽，是不是有聲音，要人側着耳朵？有些老話，描摹音樂的：“如怨如慕，如泣如訴”；表示盛旺的：“如火如荼”；形容人生的飄忽：“如夢幻泡影”。我覺得這些話都應該拿來説這少女的眼睛，衹有在這場合纔最確切。如果不是怨，爲什麽隱藏着無限的悲哀？如果不是泣，爲什麽那樣晶瑩？如果不是火，爲什麽使人覺得灼熱？如果不是花，爲什麽那樣妖媚？至於“慕”和“訴”，更是本地風光，“慕”已經“訴”説無餘了，但最妙的話還是“夢幻泡影”，簡直捉摸不住，形容不出，不可言説，也無言可説！

十年前我碰着的正是這樣的眼睛。

回復到那乍受寵睞的一刹那吧。我没有受過電刑，不知道那殘酷的刑罰加到身上，周身的細胞是怎樣掣動。我想象和那苦樂剛剛相反，而某種反應也許剛剛近似的，應該就是發見了那樣的眼睛投向自己的時候。

我没有敢停留一秒鐘；好像一停留就會有什麽危險，馬上把自己的眼睛移向别處。那别處是遥遠的，也許一千里，也許一萬里，似乎還立誓一去不復返了。在那遥遠的地方，讓我的眼睛悠悠地，緩緩地，迂迴地，若無其事地悠游了許久許久，恐怕有一秒乃至一秒多鐘了吧，不知怎麽，又一下子回到了原來的地方，碰了原來的眼睛；那眼睛也像剛從遥遠的世界旅行了回來。一接觸，又變成急電，馬上掣向遠方，重新悠游，周而復始。

人生如果有幸福，那就是最幸福的時候；人心如果能够滿足，那是最應該滿足的時候。有了這樣的一個時候，人就看見了無論什麽醜惡的東西，都會覺得美好的吧；有了這樣一個時候，一切的辛苦都會覺得甜蜜的吧；有了這樣一個時候，無論什麽惡運也敢迎受，無論什麽危境也敢闖入，死或死以上的一切，都可以熟視無睹，甘之如飴的吧。

那時候，我們是在一個會場裏。那會場裏究竟有幾千人還是幾萬人呢？究竟是哪一位大人物在臺上講他的經天緯地或掀天揭地的高論呢？那幾千幾萬的聽衆對那高論表示了贊成還是反對呢？他們曾經歡呼還是怒駡呢？這些我都不知道；我相信她也都不知道。這會場，在我們看來，是不存在的，那些大人物和小人物也不存在，全世界没有什麽東西存在，除了她和我；不，除了她的和我的眼睛！多不幸囉，那會議没有延續到一秒鐘或者一秒鐘的百分之一就散了！爲了我們的緣故，它不是至少應該開一千年的麽！

就這樣，我曾從别人的眼睛裹感到過自己的幸福，大概也用自己的眼睛使别人感到了幸福。

在××我做過一個夢。夢是這樣迷胡，可是又這樣清晰：我碰見和十年前所碰見的幾乎同樣的眼睛。也是在一個大的會場裹，不知有幾千還是幾萬個時代的女戰士在我面前；這一回，我不是坐在角落裹——衹有這一回我不是坐在角落裹，我在臺上像煞有介事地講話。女戰士都抬着頭，望着我，聚精會神地聽着，想從我的話裹頭撈索出一點什麽東西。那最後頭，遥遠的遥遠的最後頭，有一雙這樣的這樣的眼睛，射出這樣的這樣的光箭！它使我紊亂了講話的綫索，混淆了問題的答案，甚至於背過身去，還覺得它亂穿着我的背脊。

這自然是一種偶然的誤會；但在夢裹，我却當作真的一樣了。因爲夢，雖然那樣清晰，却也那樣的迷胡哇！這是怎麽一回事呢？是我的眼睛有什麽不安分的地方麽？我曾經用鏡子照過，它們細小，渾濁，無神，已經是不能犯罪的眼睛了！我困惑着。

僥幸這夢，不久就醒了，我的心，恢復了往日的平静。但我悄悄地向遥天默禱：

親愛的，原宥一個糊塗人的糊塗的夢吧！

五　櫻花節

春天悄悄地到東京來了。從郊原的草色裹，從街樹的枝條裹，從少女的頰上的嬌羞裹，人會覺得春天就像摸得着；連樸素的下宿的女主人的衣服，也鮮艷起來了。温暖的陽光呵，爲什麽這樣使人懶洋洋的呢？正宗酒也像這春天一樣甜而容易醉人；夜市的燒鳥，更覺得香氣濃郁了。

“但是愛的，我要走了。春天是萬物蘇醒的時候，祖國的戰鬥的靈魂復活了；我的心的冰結融解了。我恍惚聽見海那邊的弟兄們的召喚，聽見祖國的大地的母親的召喚：‘你天涯的游子喲，回來吧！在祖國的河山破碎的時候，在祖國被侮辱與被損害的時候……祖國的生命正需要每一個青年人的血液的灌溉！’而且愛的，你不是已經在準備最後一次考試了麼？我將從此失掉最幸福的寄食的地方。”

從那烏黑的晶瑩的眼睛裏，我看見了她的應允，她那年輕人的熱情，幻夢和快樂——響應祖國的召喚的快樂。

“那麼，”她説，“我給你布置一個美麗的别離，一個羅曼蒂克的别離。”她説，“你不是没有看見過櫻花麼？那櫻花的海洋。”她説……

是的，這是我在東京的第二個春天了。當第一個春天到來的時候，我和她都成天坐在這六鋪席子上。她坐在臨窗的桌子的一面，我坐在她的對面。桌子和桌子上的書籍，文具，茶壺，茶杯，香煙，火柴之類隔離着我們。她正在試驗着把貝貝爾的婦人，柯侖太的母性的溶液注射到大學講義和一些政治論文裏去；我呢，我差得很遠，我還在四段活用，沙行變格裏苦惱。同時，我們都在用心靈的耳朵聽那隔海的十九路軍的英雄的炮聲，我們很少交談。

我的學習進度是遲緩的，同時很容易疲倦，隔不得好久，我就想抽抽煙，伸伸懶腰，讓渾身舒展舒展。一這樣想，就抬起頭來，望望她，想從她的顔色裏探出這嚴厲的教師對於頑劣的學徒的要求會不會允許。一抬頭，她差不多也同時抬起頭來，含着笑説：“休息一下吧！”手裏就探索着香煙和火柴，靠在藤椅上，仰着頭，吐出藍灰色的一環一環的煙圈。

春天就在我們這六鋪席子以外的東京，悄悄地來了，又悄悄地去了。

有一天，她像忽然想起似的，像把思考從“婦人”和“母性”，大學講義和政治論文裏回復到一個少婦，一個妻子的現實生活中來了似地：

“哦，現在是櫻花正開的時候；不，也許開過了咧。你知道，日本是櫻之島……我們到上野看櫻花去！”

無論怎樣用功的學生，聽見説放假，總不會不高興；無論怎樣工作起來簡直不知道疲倦的人，對於休息，尤其是游樂，也還是有很高的興趣。何況我對於學習或工作，是一個永遠的倦怠者？并且，爲什麽要拒絶這樣的機會呢，一個到東京兩三個月了，還不知道大名鼎鼎的上野在哪一個方嚮的人？

我從“押入”裏取出了我們的皮鞋，并且把它們擦亮了。她也從箱子裏取出了還是在所謂狂熱時代做的最華貴然而在國内早已過時了的衣服，甚至於在臉上撲上了一層薄薄的粉。

“上野的櫻花纔多咧。”路上，她告訴我，“一望，像一片櫻花的海。日本人喜歡櫻花，在櫻花盛開的時候，還有一個節日，現在已經過去好久了。這一天，幾乎所有的人都帶着酒，帶着菜，約好三朋四友，男的女的，到公園裏，到郊外，到别的什麽名勝地方去飲酒作樂。男的喝了幾杯酒，就佯裝酒醉，到處追逐女人；有些女人也打扮得像櫻花一樣妖冶了，到處去招蜂引蝶。據説，這一天，如果是爲了娱樂，男女之間，無論弄出了什麽事情都不算犯罪……”

“有這樣一個好日子麽？”我笑着説，“這簡直太好了。難怪在那天以前，總不告訴我。”

她偷偷地在我的胳膊上捏了一把，眼睛就像櫻花一樣惹人似地向我横過來。

路上，我幻想着櫻花的海，幻想着微風怎樣激起海面上的漣漪，并且幻想着一隻愛的船，讓我和她到那海上去悠游，容與……然而多麽失望呵，上野公園簡直没有游人。所謂櫻花的海，海水已經乾枯，海底的珊瑚的枝上長着繁茂的緑葉；櫻花，衹剩下幾片倔强的殘脂剩粉，倒是鋪在草上，還没有被園丁掃去的花片，比開在樹上的多得多。樹林裏并且還有些破報紙，骯髒的手巾，水果的殘骸之類。

“唉唉！簡直這樣了！真快呀！是的，已經四月了咧！”

我的嚮導這樣自言自語似地嗟嘆着。我却回復到小時候被大人約定了給東西吃，而到那時却什麽都没有的那種心情。

時間已經差不多一年，看櫻花的事忘記得乾乾净净了，上野忘記得乾乾净净了。春天又悄悄地到了六鋪席子以外的東京，而且連我們也聞得了春天的氣息。

“你不是没有看見過櫻花麽?”她説，“不是没有看見過櫻花的海洋麽?”她説，“哦，哦，那狂歡的櫻花的節日!”她説……

一提起，就覺得隔年的懊悔的餘味還在心頭，着實似乎是一個缺陷。回國以後，自然是埋頭工作，誰還會想起櫻花，想起上野? 縱然想起，又是怎樣地遥遠囉!

“反正没有多少日子了，”她説。“過了櫻花節再回去吧。你不是説，”她説，“你不是説，没有讓你在櫻花節那一天，”她笑着説，“没有讓你到櫻花底下去發瘋麽? 今年倒要看你顯顯身手了。”唉唉，她在報復去年的玩笑的小節。“那天，到了那天，”她説，“約齊了我的朋友，到上野或者别處去野餐，我們去玩一整天。能够喝多少酒就喝多少酒吧。能够怎樣鬧就怎樣鬧吧。到了晚上，你忽然想起似地説，要回國了。自然先不告訴她們，於是，乘着酒興，一窠蜂，幾輛汽車，送你上車站去。”

“你想的一些什麽呀? 我説愛的，你把你獨自和我分手的時候的……”

“不是，”她説，“什麽都不是，完全是好玩。我以爲這樣很别致，很有趣，很美。你想，讓朋友們都莫名其妙……”

我説：“算了啊，你的那些男朋友，一個也不必勞駕。就是女的吧，也得讓我選擇一下，比如黄忠……”黄忠是一個女朋友的綽號。

“羞不羞?”她説，把指頭靠近着臉邊。

從那天起，我就寫信寄給國内的朋友，報告回國的日期，布置回國後的工作。没有事了，總是逛逛舊書店——東京的舊書店，是我最喜歡到的地方，衹要有工夫搜尋，差不多無論什麽書都可以買到而價錢又出奇的便宜，定價一塊錢的，有時一兩毛錢就買到手了，并且還有一些早已絶版了的書——隨便買幾本書回來。她呢，似乎改變了平常那什麽都不在乎的習慣，每天都打扮得很整齊。我們是自己燒飯吃的，爲的省一點錢，我們是靠她一個人分得的一點庚款維持的，以前是兩個人合作，但旅舍的老闆和下女都看不慣“旦那樣”下厨房的事，幾乎每頓都要嘲笑一番，其實也就是對於我們没有向他們包飯的一種報復；後來她就不要我幫忙，爽興獨力負擔了那工作。幾天以來的飯菜顯然好得多了，有時候還提議喝一點酒；酒喝得半醉了，我們就唱祖國的自由的歌，談論着祖國的戰鬥的春天，幻想着某一天會普遍地爆發的民族自衛的聖戰。“到了那時候……到了那時候……”我們説；然而那是太美麗了，誰都不敢用什麽話把它説出來，怕劣拙的言詞辱没了至美的聖迹。每到這時候，我們就擁抱，讓灼熱的嘴唇貼緊灼熱的面頰，静静地静静地聽我們自己的心的跳躍。

日子一天天過去，很快就到了櫻花節的前夜。晚飯後，我收拾書籍，她替我清理衣服，檢點一些零碎的小東西。和平常做着這種事一樣，每檢點一樣東西，都要告訴我它們被安放的地方：名片在箱蓋上左邊的袋子裏，鈕扣領帶在右邊，刮鬍刀，襪子，卡士卡拉……意思是要我記住，用的時候，隨手就可拿到。可惜我總記不住，常常爲了一點小東西，把箱子翻得亂七八糟。

“押入”裏還堆着一大堆油印刊物，那是我們自己寫，自己印，自己向同學和僑胞分發了之後，剩下來的。這刊物自然不是歌頌日本帝國主義侵略中國的盛德的，自然也没有履行大日本帝國的出版法上所規定的任何手續。我們深恨自己祇是文字國土的國民，離開了這國土，就成了百無一能的廢物；但用了文字，使祖國的敵人多少蒙點不利的意思，却隨時隨地都有的。這刊物，無論它所能發生的作用如何微小，在日本當局看來，總算無法無天。在嚴密的東京的警察網的監臨之下，既然已經分發不出去，是早就該毁掉滅迹的；無奈自己費了一回心血和體力，捨不得一點效果没有就讓它化爲灰燼，一天拖一天，一期押一期，竟然有一大堆了。

我説：“愛的，這些東西應該想法子纔好咧。”

“可不，”她説，“能够帶就帶一兩份，剩下的讓我來辦吧，以後我要大大地清除一下的。”

弄弄這樣，檢檢那樣，釘的釘，捆的捆，一收拾完，不覺十點多鐘了。她拿出毛巾，肥皂，汗衣，短褲什麽的；把我的一份也給我。這是在東京學會的一個好習慣，睡覺之前，總進一回澡堂。

“今天累了，”我說，“讓我休息休息吧？”

“那麽，”她躊躇了一回説，“你要等我回來了纔睡！”

她走後，我支持不住，鋪好了鋪蓋，一躺下就睡熟了。

不曉得過了多少時候，一點冷東西把我冰醒了。睁眼一看，她已經回來，臉上在澡堂裏蒸得紅通通，口裏在咀嚼着什麽；一片削好了的梨，被送到我的嘴邊。

“真是要分梨（分離）了。”我笑着説，我也咀嚼起來。接着她也睡了。

“不要挨我，不要挨我，”她説，“瞧，你没有洗澡！”

“偏要愛你，偏要……”我説，我……房裏的電燈熄了，街燈和月光水一樣映進紙窗，我們的笑聲在那水裏頭蕩漾。

第二天，第二天就是櫻花節呀！上野公園的櫻花，櫻花的海洋，女朋友，野餐，酒，美麗的别離……可是天剛剛亮，不知是恰好醒來呢還是被喊醒的，她和我一睁眼，屋子裏有人，五六個穿西裝的。你猜是誰？警察！

就這樣，我和她，連同我們自己印的刊物，連同朋友們來的信件和稿子，連同一些從舊書店買來的書籍，都被帶到早稻田警察局去了。在那裏我們吃了三個月的囚糧，也充了三個月的虱子，臭蟲，跳蚤和微菌的糧食。

六　水　邊

不知什麽時候飄落的楓葉，散布在水溝的兩旁。它們已經不是在秋風裏摇曳着的紅顔；憔悴，灰黄，隔遠一點，人就不能把它們和那没有草茵覆蓋了的泥土，那水溝邊的細沙，以及像巨人一樣站在激流中間，屹然不動的某些石塊分別出來。

水溝裏的水是清朗的，映着十二月的晴空，波紋上閃出少女的熱情的眼睛似的光亮。撥開這一道浮光，水底的細沙，碎石和別的什麽沉澱物，可以看得清清楚楚。水靜靜地緩緩地流着；像這山邊的人家一樣，幾乎没有什麽可以擾亂他們的寧静；到了下坡或者什麽東西擋住去路的時候，這纔咆哮起來，衝激起來，泛起銀色的浪花而且向四面飛濺着微沫的細雨。

山是静寂的。如果是夜間，應該可以聽見山腰的松濤鳴響。現在是午後，雖然不是没有微風拂着水面，但一種簡直什麽聲響也没有的煩囂，把山風送來的聲音都隔斷了。

我坐在水邊的一塊石頭上，眼底是瑩澈的流水，水裏現出我的一堆亂草似的頭髮壓蓋着的瘦臉。隔山十幾里路的地方，就有我們的部隊時常在襲擊敵寇的後方，也許這時候正在搏鬥生死。更遠一點，溯江而上，我的故鄉一帶，也許倭族的海盜正在焚掠我們的村莊，山林和原野；野獸似地吸取着少女們的青春和生命。感謝祖國的土地的廣大，感謝前綫戰士的英勇，感謝我的工作允許我有一時半刻的餘暇，我能在這水邊懷念遠人！

隨手把落葉幾片幾片地丢在水裏，讓它們順着水勢流去。許多落葉中間，有兩片銜接着的葉子，在同一的直綫上漂着，很久很久，没有離開；但到了下坡的時候——那裏横排着一列石塊，水就在那石塊上面和石塊與石塊之間的罅隙裏，變成激流，傾瀉下去，馬上起了幾乎毫無規律的變化，它們的銜接被衝散了，一片在左，一片在右，一片很快地從石隙中流過去，被激流衝到水底，半晌纔重新浮上；又似乎在眷戀它的伴侣，在經過水渦的時候，趁勢回來，向那失散的遲到的另一片打招呼。另一片被一塊大石頭擋着，經過了好久的努力，纔走下坡來。

這并不是什麽妙悟，這樣的事，我應該是早已理解了：人生的聚散離合，就像這水上的落葉，自己所能決定的，有時候幾乎等於没有。何况我們所遭遇的狂暴的浪潮，遠過於小小的山溪的流水。

孩子的平静的呼吸，訴説着她自己的睡夢的香甜。煤油燈照着她微笑着的雪玉似的小臉，她的媽媽用手輕輕地在她額上摸了一下，把那小被窩扯得向上了一些；接着就低着頭整理準備晚上用的尿布。做爸爸的我，這時候，簡直是個無能之輩，祇坐在床上抽香煙；看看孩子的帶着微笑的面龐，又看看媽媽的忙碌着的手；有時候還仰着頭，撮着嘴，吐出一個圓的煙圈，看那些接聯的煙圈在昏暗的房子裏的空際，逐漸擴大，疏淡，以至於消失，街巷裏傳來一聲聲的更鑼。

“一個女人，一個妻子，”媽媽説，她仍舊低着頭，并没有望我，“總不會願意丈夫離開自己的。不過，你不能就這樣在家裏住下去也是真的。好幾年來，我們就爲這戰争呼號奔走；費了許多精力，也受了許多苦難。好容易這戰争召致來了。現在正是我們……”

她很少和我講這樣的話，很少把一些有關天下國家的大道理，成片段地在這夫婦相對的夜晚講出來。我明天就要走了；老規矩，在我離開她之前，一定會找一個時間對我致一回“歡送詞”的。那些歡送詞，往往很簡單，大概是關於生活或感情之類，我也就很快地致了“答詞”，之後，和她同度那甜蜜的夜晚。請莫見笑，我們夫婦間最甜蜜的夜晚，常常是别離的前夕。

但是這一回，她一開口，我就感到了形勢的嚴重，好像她在表示她内心的重壓，自然，她并没有説什麼，我却正聽出了她没有説也不會説出的話，是什麼事情使她變得這樣了的呢？一個星期之前，武漢遭了一次大轟炸，據説炸死了一千多人。南鄉裏有一個叫劉××的朋友跟一個旅長到山西前綫去，在鄭州車站給敵人炸死了。她的一個同學，叫做“秀才”的，也是這城裏的青年，帶着太太和小姐在江蘇的某處養病，不知怎麽，没有來得及逃，鬼子就來了。以後是太太和小姐披着孝服和成千成萬的難民一道兒，歷盡千辛萬苦，奔回了故鄉……這都是這幾天之内聽到的，自然也還有些别的類似的消息，是不是這些消息使她變得軟弱，傷感起來了的呢？爲了想把這形勢轉變一下，我就油腔滑調地説：

“演説家！這裏不是講臺，聽衆也未免太少了。”

她扭轉頭來望了我一眼，背着燈光，臉上的表情不很清楚，衹覺得似笑非笑的，她説：

“在人家説正經話的時候……”

這時候，孩子翻了一個身，口裏伊伊亞亞地，似乎要醒過來。她連忙俯下去拍那小寶貝。并且：

“乖乖睡覺覺呀，唔唔唔！乖乖……我知道你不會……唔唔唔……可是我有一個預感，我的預感，常常是很靈的……哎呀！這小傢伙撒了尿，你把那床那頭的棉褥子遞給我……”

她一面替孩子换褥子，弄尿布，哄孩子睡，一面好像對孩子説着似地繼續她的話：

“臨汾失守之後，我很久没有接到你的信。雖然很擔心，雖然曾寫信到武漢，鄭州，西安，所有我知道的朋友們那裏去打聽下落；雖然頑皮的孩子們開口‘與臨汾共存亡’，閉口‘壯烈犧牲’，我却一點兒没有覺得你會怎樣。我想，一定過不得幾天，就會回來的。可是這一回……”

“這一回我一定會怎樣麽？”我開玩笑似地問。

“不是這意思。我感到：至少短時期内，我們會被隔斷。”

這時候，敵軍已占領了九江。

“我不是再三勸你一同出去麽？對不對，我們全家抗戰！”

“唉唉！”她吐了一口長氣，接着又“唔唔唔”，哄着孩子；過了一會兒，用一個指頭在孩子額上指了一下，低聲地：“你這小傢伙呀！爲什麽早不出世，遲不出世！”

這樣，我算又聽見了一切的答詞：“在孩子累着我的時候，在外面我很難安心工作，可又不能和她一齊成爲你的累贅……”這正是她平常説過許多回的。而且，在家裏，雖然没有我的適當的工作的機會；她却很快地在那些女孩子們，太太們，以及别的女人們當中成爲中心的人物。她們需要她，離不開她。這裏的所謂婦女運動，可以説完全是因爲有了她纔開始有的；如果她離開了，也就會因爲没有了她而没有。新的，足以代替她的人，在短短的幾個月中間，還没有被培養出來。她正站好了她的崗位，這崗位，在今天，和任何地方，任何其他崗位，正是同等的重要。

她沉默着，我也沉默着。我想説：現在是我們非選擇這樣或者那樣不可的時候。無論這樣或那樣，至少對於我們個人生活，都是悠長的黑夜。我們要用最大的耐性去度過。要用最大的努力把它縮短。可是等着我們的，自然也是説對於我們個人，也許正是無比的殘酷：飢餓，跋涉，死亡，離散，鰥，寡，孤，獨……她一定回答："我知道，我知道!"我也知道她知道，她早已選擇好了她的路，早已下了最大的决心，雖然没有正正經經地説出來過。但是她是一個女人，是我的妻子，而且，在這臨别的時候，她又有一種預感!

孩子又甜甜地睡着了。她坐起來望着我：

"我願意你在近些的地方工作，願意你常常來信，願意武漢，唉唉，武漢，願意武漢永遠在我們手裏。"

第一次，臨别的夜晚的甜蜜中間，摻合着另外的東西。

接到她報告故鄉被轟炸的信以後，我曾打電報勸她放棄死守的决心；同時寫信去説明武漢的形勢的不利。故鄉是漢宜公路的要衝。武漢失守後，敵人如果繼續西進，故鄉一定是往返争奪的戰場。與其到那時候離開，不如早到外面來，以免真被隔斷。就是她所不忍拋掉的那些婦女們，也都應該早想辦法，不能再在家裏等候野獸的蹂躪，如果來不及從武漢這邊出來，就帶着那些牽累較少的女孩子們向西移動，到宜昌重慶那方面去，沿途都可能找到熟朋友的幫助……電報不知收到没有；那信，照需要的時間計算，它没有能够在敵人之前到達武漢。

那時候，我衹剩下兩個希望：她自己或在上游的朋友有信來報告她的行踪；另外是敵人無力西進。不用説，這是百分之百的幻想：一直到現在，没有接到一封我所盼望的信，而"京皂路""京鍾路""皂市""三陽店""宋河""永隆河""多寶灣"……一些故鄉和它周圍的地名，平常外面的人，誰也不知道，誰也不會注意的地名，逐漸在報紙上的第一條新聞裏出現了。很長的一個時期，幾乎天天都有那些地名，我把那些新聞看了又看，祇少用顯微鏡在字裏頭，紙裏頭，乃至紙反面去搜索。我想發見一個奇迹，想從那些新聞中找到打仗之外的關於地方人民的報道，尤其是關於從事救亡工作的青年們的報道！我曾寫信到長沙，桂林，重慶的朋友們，托他們直接間接，間接而又間接地打聽，甚至説："生死存亡，早已置之度外，需要的是真實的消息。"我怕有什麼可怕的事，被朋友們瞞住了。

春天裏，她正寫信到各處打聽我的下落；冬天裏，却輪到我探聽她的！

我知道我的懷念的人是一個英雄，她有很多的智慧，很多的能力，保障她自己和周圍的人們；同時又有最大的决心與勇氣，縱然在槍林彈雨中，也不會放棄她的工作。這時候，她一定比我百倍地愉快，背着她的孩子，帶領着一般熱情的女青年，以英勇的姿態，在故鄉一帶的戰區裏活躍着，甚至把我也忘掉了。我知道，我深深知道，但是仍不能不想到另外可能的一切情景！

我躺在溪水旁邊，讓落葉托着我的軀體，我的胳膊給我枕着頭。放眼一看，裊裊的白雲在天上舒捲，它是那樣自由，那樣逸豫，好像人間仍是太平盛世，毫没有流離生死的痛苦！我却不禁想到遠方，想到什麼時候讀過的杜甫的詩句：

烽火連三月，家書抵萬金！
有弟皆分散，無家問死生！
寄書長不達，况乃未休兵！
風塵荏苒音書絶，關塞蕭條行路難！
生别展轉不相見，胡塵暗天道路長！

七 父 性

誰能告訴我，我的孩子現在在什麼地方以及是不是還活在這世界上呢？

在進醫院之前，挺着大肚子的妻對我説：如果是男的，他的名字應該叫“魯迅”，在肚子裏就參加過魯迅先生的葬儀，就用他來紀念一個人類良善的靈魂吧。如果是女的呢？……

我説：那就叫“海燕”。我并没有想到她真是暴風雨的象徵，衹是因爲春天裏和幾個朋友辦過一個刊物，那刊物的名字叫《海燕》。

生下來是一個女的。

上午出世，下午全上海都放爆仗，據説有些大商店簡直放了幾千塊錢的，因爲西安事變解决了。那天是聖誕節，傳説的“人之子”降世的日子；在中國則更有了新的意義，抗日民族自衛的聖戰，可以説是那天誕生的。

生下來的時候，哭的聲音特别宏亮，“怎麽這麽大勁?”醫生説，不過醫生又告訴，鼻子裏什麽地方有點小毛病，以後容易傷風，要小心，大了要行手術。

剛出生的那幾天，紅得像血人，比同在醫院裏生的孩子都紅，簡直像没有洗過。妻説：這樣的孩子會長得特别白的。妻從哪裏得到這知識，我不知道，滿月之後，果然，越長越白了。但她的媽媽和爸爸都黑。

同居了十年纔有這個孩子。年輕的時候，曾墮過胎。不是爲禮教的壓迫，不是爲生活負擔；就是爲年輕，爲要自己没有任何挂累。何等自私喲！妻把孩子抱在懷裏的時候，想起從前的孩子，如果也生下來，現在應該有八九歲。我們都後悔了。

我們的年紀都大了，身體也很弱，有時擔心孩子在正需要教養的時候，没有父母的照顧。我們嫌孩子來遲了，同時更加後悔從前的罪過。

妻是十來歲就離開了家的人，我碰着她的時候，我也已經流浪了五六年。她有父親，但從來不通音訊；有一個姐姐，也隔得很遠；我更是什麽都没有的人。我們有了一個孩子，就覺得世界上多了一個親人，我們和世界增加了牢固的聯係了。

自己有了孩子，就覺得别人的孩子也無不可愛。我曾在街上拉過要飯的孩子的髒手，曾給予抱着孩子的女乞丐較多的錢，也曾偷偷地在不認識的别人的孩子的身上摸一下。有時候，妻在旁邊發着會心的微笑。

妻也時常注意别人的孩子，但她是偏心的，她總覺得别人的孩子都没有自己的孩子長得好。别人的孩子無論怎樣好，她都能找出缺點來；自己的呢，明明有缺點，她也能够辯護。“瞧，寶貝的眼睛不算小哇，不過不特别大罷了，這樣，和鼻子，嘴……倒蠻相稱的；并且，你看，眼珠多亮啊！”雖然她是極願意孩子有一雙大眼睛的。

在孩子額上的皺紋逐漸減少，飢餓的小嘴會呀呀地叫了的時候，縱然是冬天吧，我們的心也是温暖的。“你在説什麽呀？多嘴多舌的！説清楚一點哪！聽不懂你的外國話呀！”妻常常匍匐在摇籃上面像煞有介事地和孩子談起話來。妻一説，孩子就無聲地開顔地笑。我呢？我有怎樣强烈的一種欲望啊，我想把她摟在懷裏，緊緊地夾住她，夾得她喘不出氣來，夾得她亂叫亂哭；而她那種白的小手和小腿，就像什麽可口的食物，撩着人的食欲，恨不得一塊塊放在口裏咀嚼。

幾個月之後，孩子就有點會爬了。熱天裏把她赤條條地放在床上；看她的艱難而又笨拙的動作，一時就覺得她并不像人，倒像什麽别的動物，像初生的小猫小狗；於是想起，以前看見過的一些小猫小狗，其實也是蠻可愛的。從這頭爬到那頭，有時候小膀子没有勁了，就撲一下子讓頭臉閃跌在床上。可是并不哭，也不灰心，馬上又撑起來，繼續地爬。“看囉，寶貝，看媽媽，這裏呀！”祇要有這樣的聲音送到耳邊，她總是努力的。從大人看來，孩子學會一件事情是怎樣艱難的一個過程囉，可是她自己倒毫不覺得，雖然一爬一身汗，也總是快快活活地叫着笑着。

吃，在孩子是一件大事。幾個月的時候，每天要睡二十來個鐘頭，可是要醒十來次。每回醒來總一面啞啞地哭；一面張着嘴向嘴的四面探索奶頭，探索不着就哭得格外厲害。她探索得這樣急迫，這樣無助，無論誰，衹要看見那情景，都會上天入地找東西來給她吃的吧。會抓了的時候，無論抓到什麽東西，首先就往嘴裏送；常常在大人不注意的時候，抓住了東西；常常從大人手裏搶去了東西。她抓得這樣緊，這樣固執，幾乎要奪回來都不可能，尤其是看見大人正在吃東西的時候。再大一點，曉得吃的東西是從什麽地方拿出來的，一吃完，就“唔唔”地叫，用手指那盛食品的罎罎罐罐。非到了大人把那盛食品的東西給她看，她確實看見裏面是空空如也了，總不滿足。因此，準備給孩子吃的東西，總是常常搬家，而讓她看見的那盛食品的東西總是裝得很少的。讓她吃得太多，當然不好；但看她那要吃的樣子，真想把所有的東西都給她吃了它。“孩子喲，你還吃不得呀，快快長大吧，長大了，爸爸買很多好東西給你吃！”自然，明知她是聽不懂的。

雖然飲食有節制，孩子還是會有不舒服的時候；爲了她的病，我們常常急得無法可想；有時候妻哭，我也哭，就像有什麽看不見的魔手，要把我們的孩子奪跑。我説：“孩子喲！你不來就不來吧，何必來騙騙我們呢！”這樣的事，以後在朋友中間還當作一種笑柄流傳。朋友哦，要笑就儘量笑吧，祝福你們在你們的孩子面前，一回也不感到自己的軟弱和衰老。

孩子有病，少不得給她吃點藥。雖然是孩子們吃的藥多少總有點糖汁，可也并不是怎樣可口的東西。孩子也伶俐，曉得什麽東西是吃的，什麽東西不是吃的，什麽是藥，什麽不是藥。一碰到藥就摇頭，緊緊地閉住小嘴，用手把調羹向外面推。這時候，妻總是説：“寶貝乖呀，媽媽喜歡小寶貝呀，吃了寶貝就舒服的呀；吃過這，寶貝就吃餅餅哪！……”説也奇怪，那小東西就像聽得懂這些話的全部意思似的——她是如何會觀察大人對她的顔色，分辨話裏頭的好或壞的意思喲！於是皺着眉頭，做着苦臉，張開嘴來把那難吃的東西一口口地吞下去。

孩子的病，正像醫生所預料，常常是咳嗽。厲害的時候，不但不笑不跳，連哭也不哭，一哭就要咳。并且不能睡，一躺也要咳。静静地坐在大人懷裏，無精打采地偏着頭，眼睛是遲滯的，睁開，但什麼地方也不望，像無論什麼都不能引起她的好奇心，雖然在她本來一切都是新奇的。臉蛋馬上消瘦了，顔色青青的，没有一點兒光彩……一這樣，就像過着梅雨的天氣，妻和我都深深地浸在陰鬱裏了。有時候在外面，自然心裏也會舒服一下子的，一回到家的門口，一定會想到：這時候孩子總會好了些吧。於是竪起耳朵聽，看有没有咳嗽的聲音，没有，就像眼前燦開着希望的花朵，覺得世界竟是如此的光明；一有，馬上又像亡命者受到了敵探的拘捕。那聲音是怎樣的一支支利箭射到人心上而且震動着全身嚄！如果世界上真是有神，神又真可以用血誠祈禱，我相信天下的父母，一定都願意讓一切的誅罰疾苦落到自己身上而祈求赦免那可憐的孩子的。

關於鍾愛孩子，恰恰是鍾愛女孩子，有一句老話叫做“如掌上明珠”。我們是窮人，不曾有過珍寶；而且也老實看不起它，不知道有明珠在掌上的時候是什麼滋味。因此覺得這句話，毫不足以表示我們對孩子的情感。孩子，明明是我們的主人，是我們在人生的旅途上一切無法實現的希望的寄托，是我們的生命以上的東西；什麼毫無道理的明珠之類，怎麼能够比擬呢？不過老話也有老話的道理，當“八一三”抗戰一開始，我們就知道我們的生活的平衡馬上會被破壞，首先的問題，就是怎樣安頓孩子。正像守財的富翁，聽説强盗要來，就要設法藏起自己的珍寶一樣。於是，我們就帶着孩子從上海跑回了闊别了差不多二十年的我的故鄉。那時候，我們對於戰爭的認識都很粗淺，以爲那樣僻遠的故鄉，總不會有什麼問題的。

回鄉後没有幾天，我又出來了。臨行的那天早晨，我還躺在床上，妻抱着孩子坐在床邊和我話别。她對孩子説：“和爸爸親親，和爸爸親親！”孩子笑着，把臉扭嚮一邊，躲避着。妻把孩子放着坐在枕頭上，“像這樣呵，像這樣呵！”一面説，一面和我做着動作給孩子看；坐在枕頭上望着的孩子就“嘿嘿嘿”地笑。妻看她笑得有趣，就説：“再來一個，再來一個。”她又望着“嘿嘿嘿”地笑，活像懂得什麼似的。

周歲的時候，妻大概受了故鄉的人們的指示，還叫孩子抓過周。似乎很多地方都有這樣的風俗，孩子周歲的那一天，要敬祖先，要請客，要擺各種各樣的東西在桌上叫孩子隨意地抓，名曰“抓周”。據説，抓到什麽，就可以預測孩子將來喜歡什麽，成爲怎樣的人物乃至得到一種怎樣的命運。妻寫信給我説：那一天孩子纔高興咧，她簡直被那些穿紅挂緑的女客們眩惑住了。一天到晚，跳着笑着叫着，要這個抱抱，要那個抱抱。敬神的時候，連放炮仗也不怕。匍在桌上，口裏伊亞伊亞地唱，兩隻小腿不住地拍打着桌面，手裏却抓抓這又抓抓那。結果你説怎樣，她真是你的女兒咧，抓的書本和筆墨。妻是在社會上流浪大的，完全是個社會的女性，舊式家庭的陋習，家庭婦女的迷信，她一點都不曉得。一切極其陳腐的事情，在有人告訴她的時候，她反而覺得新奇，有趣，而且充滿着人間味。所以不但在家裏叫孩子玩了一回把戲，并且還帶着愉快的心寫信給我了。在上海的時候，她還請瞎子替孩子算過命，用一兩毛錢，换取了一大堆的諛詞。最主要的是説：“一定養得大，根深一丈八。”後來她常常對我講，也常常對朋友們講，就像世界上真有先知，而且就是替孩子算命的那一個。這時候，她簡直像一個鄉下老太婆，什麽科學，什麽思想之類，對她都像没有一點兒影響。但是我却從她的談話時的忸怩和欣悦中，看出了一顆母親的心：雖然明知道“先知”説的是謊話，却極願意相信它。

没有等到孩子的兩周歲，我的故鄉就淪陷了，一直到現在，没有得到妻的消息。多病的孩子的藥物和食品，早就連同房子一齊被轟炸光了，她們現在究竟在什麽地方呢？如果還活着，究竟怎樣活着呢？唉唉，假如我能够知道啊！

去年，我在一個部隊裏工作，辦公室設在一個老百姓家裏。那家裏，不知什麽地方喂得有小羊，常常咪啊咪啊地叫。一叫，如果我手裏拿着筆，就放下筆，拿着書，就放下書，静静地聽着。爲的那聲音像嬰兒所發出的；最初我還真以爲是房東家的孩子。

許多人討厭孩子的哭聲，以爲太吵嚷；我不，我以爲孩子的哭聲是最動人的音樂，離開孩子之後，就渴慕着了。今年夏天，住在金華，同屋的有一對夫婦，帶着一個幾個月的孩子，白天裏還不覺得，一到夜晚，大家都睡了，屋裏是静寂的；没有睡或者還醒着的就衹有我一個。我常常最先聽見那孩子半夜裏醒來。哭聲開始了之後，接着是那母親伊伊亞亞没有字義的言語，以後就“哦哦寶寶肚肚餓了哇，莫哭哇，媽媽弄東西寶寶吃呀……”一面説一面就傳來調羹在瓷碗裏攪動，熱水瓶和洋鐵罐的被開開和蓋上，水從這個裏頭倒向那個裏頭等等交錯的聲音；末了就是孩子咕嚕咕嚕以及中途哈氣的聲音；這些聲音一來，我就覺得連我的房裏也充滿了幸福。

這回，我住在這鄉下的保長家裏，這家裏的堂屋就是我的卧室和辦公室。我説不清這房子的構造，衹曉得隔一層板壁，就是另外一家，出入着另外的大門，和我這邊是不相通的。雖然是另外一家，却和我隔得很近，從那有小指頭那麽寬的板壁縫裏，差不多可以聽清一切的聲音。一切聲音中間最牽動我的是每在清晨、黄昏，或者半夜，一個孩子的喊人。那孩子有多麽大，是什麽樣子，我不知道；他或她在什麽地方喊，爲什麽喊，喊誰，我也不知道。從那喊聲推測，孩子似乎還没有學會説話，衹是伊亞兩個簡單的音；大概是剛睡醒，喊他的媽媽。“伊亞”，喊一聲，停一停，看有没有人答應；没有就再喊，再没有，就在“伊亞”之後加上一個“阿阿阿”，似乎帶着哭；却也更多地帶着撒嬌恃愛的意味。“伊亞，阿阿阿！”“伊亞，阿阿阿！”如果仍舊没有人答應，就一直地喊；一定要媽媽答應了，或者鼻子裏“唔”一下子了纔不喊，大概又安静地睡着了。我不知道那幼小的柔弱的靈魂，能够感覺什麽，思考什麽以及需要什麽；我想象那夢之國土的小小的歸來者，睁眼一看，滿屋黑洞洞的，看不見任何的人物，像在漆黑的深夜迷途在無邊的曠野裏，人被孤獨、寂寞、恐怖，無所適從的心情襲擊着，於是漫無目標地發出求援的喊聲。一有了回應，馬上就覺得自己仍然是在人類的世界，仍然有着親昵者，愛憐者，而那親昵者愛憐者又正在自己的身邊！多麽安慰，多麽叫人增加勇氣哟！於是重新向那暗夜邁進，一直達到那夢之國土。

而我，這聽那喊聲的人，簡直就從那聲音感到了：天空的虹彩，地上的鮮花，人間的詩與戀愛，都是火一樣真實，鐵一樣牢固，酒一樣誘人，并且突然增加了無限的生的意志，戰鬥的意志。

今天，離開天明大概還有一個多鐘頭，我從夢中被一個同志喊醒了。他說："起來，戰鬥準備呀!"意思似乎是説有鬼子襲擊來了。我起來，睡意惺忪地收拾鋪蓋，一面用耳朵聽；那遠處是静寂的，没有槍聲，也没有狗叫；近處也是静寂的，保長家裏的人似乎連鼾聲也没有，隔壁的孩子和孩子的母親也没有任何聲息。我想，鬼子大概不會來，如果來，我們自然可以從容對付；可是這些還在夢中的老百姓們怎麽辦呢？那隔壁的孩子和孩子的母親怎麽辦呢？時間是這樣急迫，不容許我的腦子轉更多的念頭，但也很迅速地感到鬼子的殘酷，中國人民的戰鬥的必要和偉大了。

然而在這爲不相識的孩子和孩子的母親擔着心的時候，誰能告訴我，我的孩子和孩子的母親現在在什麽地方以及是不是還活在這世界上呢？一個女作家曾説，女性要參加社會活動，應該剋服妻性和母性；我大概是應該和社會活動絶緣的，爲了這難以剋服的"父性"。

八 天 界

天完全亮了；可是我還是看不見三幾尺以外的東西，滿天白霧籠罩在我的四周。

我正在爬一個陡峭的山，潮濕的石級，層出不窮地出現在我的眼底。石級兩旁是一綫蜿蜒的土路，被濃露浸潤着的雜草幾乎完全掩蓋了它的赭紅的顔色。遠一點的路邊，似乎有一些高高矮矮的樹，一些樹的模糊的影子，隱隱約約的影子。

我不知道山有多麽高，也許幾十里，也許一百里。我覺得已經上了許久許久，再上幾級，總該快到山頂上了，偏偏幾級完了，接着又是另外的幾級；另外的完了，新的又跟着出現，簡直没有止境。

抬頭看不見山頂，我頭上全是霧；回頭也看不見山脚和平地，脚下也是霧，左和右，都一樣，什麽都没有，衹有霧。整片的霧，就像是白浪滔天的大海，我就是海水裏的游魚，我的世界，就是霧的世界。

我曾看見過這樣一個奇景：一張五六個鋪面那麽大的低矮的案子，案上攤着一片白茫茫的耀眼的新棉，三四個人正在那裏彈它。彈它的人，背上長出一株彎曲的小樹，吊着那别致的大琴；左手扶琴，右手拿着一個啞鈴似的東西叩打那粗壯的琴弦。琴弦就歡樂地，低低昂昂地唱出宏大的聲音。唱着的地方，棉花們就振起月光一樣的舞衣，依着琴音的節奏，輕盈地、沉醉地，旋風似地跳起舞來。琴音從容，它們也舞得從容；琴音急促，它們也舞得急促；案上蠕動着一陣白的羊群，翻騰着一片活的雪海。細小的，輕微的絲絲縷縷，夢幻似地翱翔到空中，附着到人們的頭髮上，眉毛上，鬍子上，替人添加着歲月的痕迹。

那正被彈着的鬆軟的活躍着的棉花，就是我今天所遇見的霧，我幾乎可以把它捉住，要不是它總離我這麽一兩步遠。

雖然在霧裏頭看不見平地，也看不見别的一切；但是從山的陡峭，從我身上的汗，從我的腿的酸痛，我知道已經爬得很高很高了。幾聲鷄啼，從什麽地方穿過霧圍，送到我的耳邊，我知道地上的村舍已經遥遠地落在我的脚下。

二三十年前的夏夜，我一家人，這就是説母親和我，每每坐在院子裏乘凉。夜風替人滌去一天的煩熱，遠處的青蛙，近處的促織什麽的，不住地叫鳴，螢火蟲在屋檐邊飛閃，小小的吸血鬼，蚊蟲，在耳邊唱歌。我仰着頭，望那蔚藍的天宇，銀色的群星，使没有月亮的夜色也清朗得像山谷間的流泉。天河在夜空緩緩地流，牛郎和織女隔岸睁大着燃灼的眼睛，天鵝用寬闊的翅膀遮没着河心，姜太公釣到一個大魚，都舉不起竿子——天空的奥秘和關於那奥秘的一些荒誕附會，常常惑亂我童稚的心。

有一回母親一面躺在凉床上用大蒲扇拍着身邊的蚊蟲，一面告訴我：在荒遠的古代，天上是可以上去的，菩薩們也時常下來，正像我們從地下上到樓上，從樓上下到地下一樣。後來，因爲人們有時候偷走天上的寶物，菩薩躁了，就撤去上下的天梯，關閉了天門；從此人不能上去，菩薩也不輕易下來。聽了這話，再望望天空，覺得天宇果真是這樣低，群星果真是這樣近，在那城外的文風塔上，説不定就可以摸着，而有兩三個塔那麽高，一定就撞着天了。於是想到古代的人，既然可以上天去玩，當然生活得很有趣，爲什麽還要偷菩薩的東西，害得以後的人都不能上天呢？同時又想象天上的情景，曾經聽過神仙們騰雲駕霧的故事，又常常看見在天空幻化的雲彩；或者天上就是瀰漫的雲霧，雲霧的山峰，雲霧的河岸，雲霧的林木；宫殿床榻，桌椅板凳，無一不是雲霧，而被踩在脚下的雲霧的路，走起來一定比地下的石子路柔軟、舒服。什麽時候，有什麽法子告訴菩薩們説，那些偷東西的人都死了，現在不妨開開天門，放下天梯了呢？

幸福的童年早已捨我而去，母親的慈祥的臉也不知失落在什麽地方，祇有這“上天”的話，還依稀記得。今天在這山上的霧圍裏，忽然又想起來，而且一時回復了童年的心境，這眼前的境界莫非就是天上麽？

我站在天界向下面望，想看看那鷄聲所從來的村舍，和住在那村舍裏的人物，説不定那裏正駐扎着我們的部隊；那裏一定有竹木花草，白水青山，那些景物又一定小得像畫幅上的東西一樣，可惜現在是“不見長安見塵霧”，真有人天遠隔之感。

那遥遠的天邊，從東到西，應該有水光一綫，那是祖國的第一條大水，長江。千百年以來，它就像一條温馴的老牛，爲我們的祖先以及我們服役着。人們在它身上行走，把這個地方的東西運到别處，又把别處的東西運來這裏；用它的血液灌溉田畝，給人和畜牲作飲料。雖然有時候疏忽了對於它的飼養，它會用怒火來警告附近的居民，吞没田舍和人畜；但也很快地安静下來，不念舊惡地服役着。它的生命與祖國的生命一樣悠久；名字也與祖國的名字一樣響亮。我們都歌頌着它，愛戴着它，説它正象徵着源遠流長的祖國。

可是現在，在此地所能望見的那一綫，却行駛着敵人的戰艦；敵人在它上面運輸大炮機關槍，達姆達姆彈，毒瓦斯，轟炸機的零件以及無數的屠伯到祖國的內地來殘殺我們的同胞，淫污我們的妻女和姊妹，劫掠我們的一切辛勤的成果。長江，它所服役的已經不是它的祖國而是摧毀祖國的仇敵；它已不是我們的忠實朋友，不是那兩岸居民的恩人。我想撥開霧圍，看它如今是怎樣一副面孔，看它是不是還和往日一樣愉快。還想藉天風播送我的詰責，問它知不知道正驅策着它的是誰，如果不吞没敵人和他們的船艘，明天將用什麽面目和我們再見！

沿江向西，那對岸是我的故鄉，那裏有我小時候游過水的小河，有在夕陽下捉蟋蟀或紡織娘的無名的墳山，有曾在一塊兒扎營打擂而現在都成家立業了的朋友或同學，有曾摸我的頭，叫我好好讀書，説我將來一定會做大官大府的年老的尊長們；也有我的白髮的母親，消失了紅顔的妻子和還在呀呀學語的女兒。如今那地方落在敵人魔手裏了，同時也是英勇的同胞正在浴血争奪的戰場，就像這濃霧包圍着我一樣，戰煙瀰漫着我的故鄉。我的房舍和許多人的房舍一齊給敵人炸毁了，成千成萬的人死在敵人的屠殺之下，無數的少女被蒙上了最大的羞辱，或者還喪失了寶貴的生命。我不知道那小河裏的水是不是還照常地流，不知道那墳山上是不是還有人捉蟋蟀，不知道那些和善的老人們脱離了虎口没有，不知道這從前的游伴是不是在和敵人對壘，還像他們童年時的勇敢一樣；更不知道我的母親，妻子到什麽地方去了，以及是不是活在這世上。

我相信故鄉的弟兄們不會讓敵人平安地睡一個晚上，我相信故鄉會産生無數戰鬥的英雄，更相信故鄉會因爲這次聖戰而博得永遠的榮名。然而那地方是慘苦的，正像一切淪陷地區是慘苦的一樣。我想望望我的故鄉，可是霧幕給我遮斷了；就是不遮斷也還是不會望得見，我的故鄉是遥遠的。

想起故鄉，想起一切受難的土地，想起那些土地上的慘苦的情景，回念自己能够在這自由的天地裏走上從容的旅途，一面感謝祖國的土地的廣大，感謝前綫英雄的勇敢，使許多地方還没有印上敵人的足迹；一面也就覺得自己無異真正走上了天界。然而，那些遥遠的親人，那一切陷身地窟的同胞，如果不被拯救出來，如果祖國不回復到完全自由的祖國，即使真有天界，即使真正到了天界，又將怎樣打發靈魂上的負擔囉！“也無心上天，天上太孤單！”在滿山濃霧裏，我想起了胡適的詩句。

九　通訊員

我的卧室兼工作室，是一間書房式的小屋子。門外的小天井裏，栽着幾根窈窕的天竹，天天在冷風裏摇曳着，像八股先生念文章的姿勢。早晨醒來如果看見有蕭疏的影子映在紙窗上，我就曉得這一天是晴和的。

旁邊隔一個空屋就是收發室。那屋裏，一天到晚，住着一個矮小但是有點兒漂亮的少年人，我常常喊他“小鬼”。收發室樓上是幾個通訊員的寶榻。

請批評我吧，我實在不高興那幾個通訊員。

我是特許不上早操的，就是説，早晨正是我睡覺的時候——這正是有些同志用異樣的眼光看我的地方。可是天還没有亮，那幾個通訊員就像一群烏鴉一樣，在你耳邊聒噪起來，他們聒噪的是：“没有吃，没有穿，自有那敵人送上前……”或“大刀向鬼子們的頭上砍去……”之類。晚上呢，萬籟無聲，一塵不染，是最好寫幾句文章的時候；他們又偏要過了規定就寢的時間，還躺在床上“一以當十，百以當千”地唱。

雜務人員們的歌，往往是很難聽的，因爲缺乏規規矩矩的訓練。這幾位通訊員也并不例外，亂七八糟，各自爲政，就是他們的特色。不過最難聽的還是叫做“阿銀”的那位同志。母親或老媽子之流，常常會做一件事：刮鍋。鍋燒久了，鍋反面會積着很厚的煙煤，如果不除掉，就需要更大的火力；所以隔多少時候總要刮一回。那是怎樣難聽的一種聲音哪！簡直説不出：你聽了，就覺得那鏟子或刀刮着的并不是鍋底，一下一下都刮在你的心上。阿銀同志的歌聲，對於我也具有同樣的偉力，我雖然不是什麽泰山崩於前，麋鹿興於左，也不動聲色的人，但自信還有我的修養，我的鎮定；一兩個人在旁邊唱唱歌，并不至於十分影響我的思考。可是衹要阿銀同志一開口，無論他的聲音怎樣低，腦筋就完全變成了他的跑馬場。拍搭一下，拍搭一下，自己衹感覺到疼痛，想起的什麼山哪，水呀，人物啦，日本强盜哇，抗戰建國綱領哪，都從馬蹄下捲起一陣塵土的霧來。那時候，不期而然地倒想到魯迅寫的阿金。怪不怪，連名字也似乎有着關係。

最抱歉的是這位同志對於歌咏的興趣十分濃厚。他如果在場，如果别人唱歌，即使不是每次都是他的發起人，决没有一次肯放棄參加權的，而且他能唱的特别多。有時候别人不唱了，他還毫不疲倦地："正月裏，想四哥，梅花開放。"以至於不知從什麼地方來的極肉麻的小調。如果没有人呵斥，鬼纔知道他唱到什麼時候止。

有一回，我從收發室門口過，聽見裏頭在談話，話是關於兩性的，很有些低級的難聽的字眼。我好奇地進去一看，談話的是阿銀和另外一個雜務人員。那另一個人告訴我：阿銀在談他的老婆。

"你想老婆麽?"我笑着問。

"有什麼法子呢?"他忸怩地説。

"可以回去看看哪，怕請不動假，我可以幫你去試試。"

我知道他的家并不遠，所以這樣開開玩笑。同時也實在想讓我的耳根清静幾天。於是，他又忸怩地笑了。

一位戲劇裏的人物某大哥，不知是因爲近視呢，還是粗心，把他的夫人出發到前方的時候留給他的一條花手巾掉在我房裏了。這手巾大概是演戲用的，絲質，紫羅蘭色的底子，上面有好幾樣顔色的圖案，像蝴蝶翅膀。在我們這種生活裏，即使是女同志吧，平常也没有人用這樣花花緑緑的手巾的。

我拾到了，非常高興，準備藏起來，裝着不知道，逗他一下，然後勒索他用一兩包香煙來贖回去；不是正没有香煙吸了嗎?

不幸我正拿着看的時候，阿銀同志進來了：

"這是什麼？給我看看！哦真好看咧！哦是綢子的咧！喂，嘿嘿嘿，我説我説，嘿嘿，我説送給我好不好！"

這真是一個突如其來的襲擊！我怎樣也想不到，而且毫不懂得他怎會有這奇妙的想頭。

我不覺抬起頭來，驚奇地望望他，他的那天真的傻氣的臉，那孩子望着食物垂涎似的眼睛，着實有幾分滑稽。

“同志!”他説，“這在你們算什麽呢？可是我們……不就賣給我吧，在總務科扣錢……”

我告訴他：這是别人掉在這裏的。

“那麽，借給我玩玩也好，玩一天玩半天！……”

他百折不回，鍥而不捨，像和我很親密，或者我很喜歡他似的。我討厭他，可是不知爲什麽没有拒絶，祇約定第二天早晨送還。他一面諾諾連聲，一面拿起手巾要飛起來似地跳出去了。

第二天，我喊：“阿銀！阿銀!”没有人答應，收發室的“小鬼”告訴我：他出差去了，當天不回來。

等他回來的時候，我問：“手巾呢?”

“我我……寄給老婆去了!”

媽的，有這種混蛋麽？我告訴過他不是我的！我説：“你！……”可是我什麽都没有説；倒忽然想起，這傻瓜倒幹得蠻有趣的！而且何必掩飾呢，我不也正在想我的老婆麽？

唉唉！我就做一個擋箭牌，替他擋住某大哥的追索吧！

一九三九，三，一五，抄於金華

我與文學

我爲甚麽與文學發生關係呢？説起來并不是一件名譽的事。

十幾年前，我在緬甸當新聞記者，印度詩人泰戈爾到中國來，打南洋經過，有很多人歡迎，我却在報紙上拼命攻擊過他。那時，我正開始涉獵些自然科學方面的譯品以及五四時代關於社會改革的文章，頗有點趨嚮於實用；以爲一個人吃了飯甚麽事不好做，爲甚麽要做那與社會毫無裨益的詩呢？尤其是泰戈爾先生，自己是個亡國奴，放下許多有用的事不做，做詩——總之，我竭力證明詩之無用，我是個文學否定論者。

但是，過後一年光景，在我的抽屜裹，關滿了這樣的詩：

她眼泪汪汪地望着我，
説：你我的事全都壞了；
差不多盡人都已曉得，
前途更不知有幾多障礙了；
我屢次叫你别説，别説給别人。
現在——唉，你的嘴真太快了！

羞紅了我的臉，
悔痛了我的心，
我説：我累了你了，
給我一個兒毁了，
你我同創的一個甜蜜的夢境！

她説：你快别這樣説了，

我今天又有話要告訴你：
三兩天別再來了，
我們要裝得疏疏地，淡淡地；
候這狂風驟雨過去了，
晴麗的天空依舊是你我的。

我親了她一個嘴，
又起了一個誓：
我説：我依從你，
一切都依從你，
爲了幸福，未來的幸福，
你的同我的。

明早晨我又到了她的樓梢，
“怎麼你又來了？”
她似嗔又似在笑。
我説：我是個愚人，
剋制不住自己，
我不想甚麼未來的晴明，
祇想在這風雨中來看看你。

晚上又是無聊的人們在閑話，
我禁不住心上的壓迫，
我不能不説，我不能不説；
説盡一切的根源和枝葉，
連同她昨晚的泪花，
今晨的驚詫。

——《壓迫》

作這樣的詩作的時候，是一九二五年春夏之交。我已經不是南洋的華報編輯，而是在南中國濱海的一個著名的縣城裏做政治工作。我是以黄埔第二期學生的資格，東征徵到那裏的。

在那樣的時代，那樣的地方，做那樣的工作，竟使一個文學否定論者接近了文學，做出前面那樣的詩，不用你説，我自己也慚愧，不過，也就有補述一下那時我的思想也者的必要。

中國有個劉師復先生，他被現在的青年們忘記了麽？十幾年前，不知怎麽樣一來，我讀到了這位先生的書。我是個失學的孩子，五四以後，纔帶着一張高小畢業證書離開我的閉塞的故鄉，到一個軍隊裏面當録事。在那時候我知道了胡適之，知道了“白話文”，差不多同時也知道了劉師復先生。你讀過無政府主義的東西麽？那淺薄的理論，多麽適合那時的一個幼稚的孩子的口味！劉師復先生，就這樣，成爲在思想上，對於我發生影響的第一個人，他的影響支配着我，差不多有十年之久！

由於這種影響，我在無論什麽地方，都成爲一個孤獨者，感傷者，懷疑者，虚無者，有多少莊嚴的悲壯的史實，我不過報之以輕蔑的一瞥，我住的是我獨自的世界。不用説差不多有十年之久，我是到處在感受到現實的壓迫了。這裏讓我講一段故事：

在榕樹與大的仙人掌的叢緑之中，有一個五七家房子的村子。五七隻狗在狂叫，村子裏有些男人們從小路上向外面跑。村子前面正走進了一個二十來歲的青年軍官，帶着十來個武裝兵士。同時迎出來，有些女人，孩子，老頭子們。這軍官是個外鄉人，説的話村子裏全不懂，連同他一路的兵士——本地人——也不全懂。這軍官正在無法可想的時候，忽然看見有一家門口挂着一塊某某小學的牌子。正是下午兩三點鐘光景，小學一定正在上課吧。軍官就把兵士們帶到學校裏去。他想如果教員也不懂就寫字，但是教員是懂得普通話的。

“這村子有一個叫做陳阿九的吧，他住在哪一家？”

“有的，就在隔壁，那白粉墻，就是他的家。”

“他在家嗎?”軍官問。

教員回頭用土話問了問圍攏來看熱鬧的人纔答復:

“不在家，聽説到圩裏去了。”

“他家裏還有别的人嗎?”

“有的，老婆，孩子，做活的……”

“好，到他家裏去。”

軍官同教員在前，十來個兵士在後，末了跟着那些看熱鬧的村子裏的人們。

白粉墻的屋，黑漆的門開着，一直走進去，後面一層還是樓房。屋子空空的，不但没有人，連傢具都没有。

“怎麽一回事呢? 走了，都逃了!”

軍官半自言自語地問，教員跟别的人，都無話可答。軍官又問:

“不是説陳阿九到圩裏去了嗎? 叫人找他回來吧，他不回來，問他想不想要這房子。”

教員同别人咕嘍咕嘍了一陣，大家推定一個十幾歲的孩子到圩裏去找陳阿九或者他家裏的人馬上回來。

軍官望見孩子出了村子，對教員説:

“有人告陳阿九家裏藏有違禁東西。現在一看，像是真的，他全家不是都早跑了嗎? 我們要抄他的家。”

説着，軍官指揮一下，十來個兵士，除了一個在大門口守衛以外，就開始七手八脚地抄起家來。

家本來是空空的，抄了一個鐘頭以上，把那本來很凌亂的幾點破東西，弄得更凌亂了。壁子，樓板，也拆了些。可是什麽也没抄出來。軍官又自己一樣一樣地檢查了一回，一樣没有。

抄家已畢，大家閑着没事，軍官跟教員談閑天，兵士們也跟别的人們在夾七夾八。

過了好一會，到圩裏去的那孩子回來了。跟着的有一個三十來歲的農人。樣子長得怪難看，衣服什麽的也鑾不是回事。孩子説他是陳阿九。

軍官問了問别人，别人也説是。於是軍官説陳阿九家裏藏得有軍火，陳阿九説没有，當然，他們的對話，經過了教員的翻譯，兩人相持不下，結果，軍官叫兵士們把那陳阿九帶到城裏去了。

那個年青的軍官就是我。我帶兵士，把陳阿九帶回到農民自衛軍。我想，今天，纔深切地感到自己有一種權威。我能够帶人去抄人家的家，我能叫一個陌生的人跟我走，他不敢違抗。但是，這豈不明明是，我在壓迫别人麽？人壓迫人是不對的，我爲什麽要壓迫别人呢？於是，我又想，我并没有自動地去壓迫人，我這樣做，是受的另外的人的命令，是不得已。就是，我也是被别人壓迫着去壓迫别人！

我反對這種壓迫人的行爲，却被壓迫着幹這種行爲！這是，這是多麽苦痛的矛盾呀！

不但這樣。由於這苦惱而表現出來的種種情形，必然地會引起能够接近我的人對於我的無情的鬥争。這鬥争，并不是惡意；至少，不完全是惡意。但我是不能瞭解。我看見的，衹是人們對於我的攻擊，排擠，輕蔑，於是，我更感到孤獨，也就更苦惱了。不過，還有點小小的插曲。正在這苦惱的時候，我遇見了戀愛。

有什麽稀奇呢，雖然我在苦惱着，雖然别人正在和我鬥争，在表面上，我豈不儼然是一個黄埔生麽？從我用流浪生活所换來的一些不值錢的小技能上看起來，我的戀愛條件，衹有比别人够些的。你當然不會忘記《毁滅》上的美諦克。這時候，我想把從别方面得來的苦惱，都拿來向戀愛要求賠償。但是我失敗了。

如果我是别人，不會遭到許多意外的打擊，戀愛就可順當地進行的吧。如果我愛的對象，不是一個頂活躍，頂美好的青年，我也不會遭到許多意外的打擊的吧。正因爲不是這樣，我的苦惱，不但没有因戀愛而有絲毫減少，却因而增大，增大到不知多少倍了。

一個第一次接近異性的青年人，他的情緒是怎樣地蓬勃洶涌，不是用話可以表示出來的；何况我正從别方面煉出了一個苦惱的心！這時候，如果説一句“多情善感”，大約不算什麽過分吧。每天我還記得，在我胸前，好像有一種東西，緊緊地壓着在，纏着在，填着在。這東西，究竟是什麽呢，它像地心吸引力一樣：雖然别的力量也可使一種東西暫時離開地面，但那别的力量一消失，馬上又被它緊吸住了。我需要痛哭，我需要狂吼，一句話，我想叫我這被壓住纏住填住的心鬆一口氣。然而，在這萬目所視，萬手所指的地方，哪兒能讓我這麽幹？也許是偶然的，有一天，不知怎麽一來，我提起我的筆了。一提筆，啊哈，可不是玩的，千軍萬馬，都奔向我的筆來了。停住吧，停住吧，不可能！寫出來的東西，因爲是斷片的，勃發的，抒情的，我就不客氣地稱之爲詩。那時候，好像一天可以寫一百首詩，不，一千首一萬首詩，也不算什麽；可是，一天不知怎麽一下就過去了。而且，舊的情緒還没發抒痛快，新的情緒又涌起來了，簡直控制不住。不用説，那些方法，技巧什麽的，完全莫名其妙。

就這樣，我開始寫東西，讀文學書了，换言之，接近了文學。

然而，多麽慚愧喲，在那樣的時代，那樣的地方，我竟接近了文學；而且，這接近，是表示我對於艱苦戰綫的逃脱！一句老話："如入寶山空手回"，正是那時的我！

以上，算是我的"懺悔録"吧。

一九三四年某月於上海

記周穎

一　學生時代

在師範的時候，她是一個不用功的學生，許多功課都不自己做。“你跟我畫張圖畫吧!”“你跟我縫紉一下吧!”她都分配給同學們了。不考試，不拿書；考試一過，連先一晚上開夜車的成績也一齊忘掉了。國文教員是一位反對白話文的老先生，叫學生們都做文言文；可是她一個人却做白話，她到現在還不懂一句文言。發文卷是以好壞爲次序的，她的文卷總在前二三名。同學們以爲老師不一定反對白話，就交白話卷，可是老師退回來，叫改寫，他祇不要她寫文言，并且還稱贊她。同學們莫名其妙，説老師是她的“×伯伯”。

平常，在同學中，她并不太顯著；一有什麽事，無論對學校，或是對校外，不知怎麽一來，就祇顯着她了，跑路，講演，辦交涉，當代表，忙得不亦樂乎。這，在中央黨務學校（有人以爲是政校一期，其實不是，黨校從第二期起纔改爲政校，她在政校一期做過事）的時候還是如此。

十六年的冬天，南京有一個國民黨内部的大政争，叫做反對西山會議派，黨校是策動的大本營。派往上海迎蔣回京主政的學生代表，就是她。因爲她是女的，怕有不方便處，纔添了一位男同學。這次政争的最高潮是十一月廿二日，南京各團體在血花公園（這公園的名字非常多：又叫秀山公園，又叫第一公園，又叫中山公園，那時候叫血花公園）開群衆大會，舉行示威大游行。剛出公園，先頭部隊黨校隊伍剛走到復成橋，軍隊就開槍，打死了幾個人，内中有一個名叫袁大煦的男生；受傷的更多，她就是其中之一。由於這次慘案，倒西迎蔣的運動，馬上就成功了。

這次慘案，有人叫做“一一·二二”慘案，有人叫做“血花”慘案，也有人叫做“復成橋”慘案。現在相去已近二十年，連用這次慘案把地位墊高了的谷正綱先生、羅家倫先生、段錫朋先生們恐怕都不大記得了。但她是記得的，因爲她的創傷——從臀部穿過腿部，在天陰雨濕，她又被工作累乏了的時候，還隱隱作痛。

二　“河南女土匪”

抗戰第三年，她帶着三歲的女兒在鄂中的鄉下逃難，和地方上的一些太太小姐們一同住在一座大山脚下的農家裏，敵人來了，就跑上山，敵人走了就下來。和她們一路的還有一點點地方部隊，由區長什麼的帶着，一面自衛，一面也算打一點小游擊。因此敵人常以這地方爲目標，在説不定什麼時候的時候來搜索一下。有一次，那隊伍剛開到較遠一點的地方去了，突然來了另外一批隊伍二三十人。看見不是敵人，就没有躲。誰知他們一來，就吆喝：“不要動!”“不許跑!”“把錢交出來!”竟是來搶劫的。手脚快的一兩個男人跑掉了，剩下的是十幾個太太小姐和她們的孩子和嬰兒們。哭的哭，喊的喊，機警一點的，就把身上戴的首飾取下來丢在柴草或垃圾堆裏。終於一個個被逼到門口屋檐下排成隊，叫她們自己解開衣服讓他們搜尋，指揮着的竟是一個連排長模樣的軍官。她没有任何首飾，口袋裏祇有七塊零票子，心裏想，要怎麼就怎麼吧，反正是逃不了的了。忽然，她聽清了那軍官的口音，她説話了：

“同志：您是哪兒的人?”

那軍官愣住了，大概從來打劫婦女的時候，被搶劫者總是默默無言，没有人問過話的吧？但馬上就應了聲：

“河南。”

“哦！您是河南?”她説：“我也是河南啊！您是河南哪兒？開封？我也是開封啊！我們是老鄉。”她撒謊。

“你説的不是河南話。”

“對了，我在天津，北平，南京，待過很久。既是老鄉，咱們好講話，您瞧！我有什麽呢？一身藍布褲褂，裏面是汗衣！”她一面説，一面解開外褂給軍官看：“您知道，我們女人家的衣服没有什麽口袋的，我的衣服衹有一個口袋，這是我的口袋，這是我的錢！”她把錢掏出來數給他看。“還有什麽呢？空的！要不要看我的襪筒？瞧，連襪帶都没有的。”

“老鄉！你别……我不要看……”那軍官忸怩地説。

“你們來，没有先通知，我們不會早準備，裝窮給您看，别看她們都穿得好一點，她們年青，死愛漂亮，擺空架子，其實跟我一樣。瞧，她身上有什麽？”她摸旁邊一位太太給軍官看：“連一個口袋都没有？”

“我知道，我知道！我叫她們……”

“説老實話，我們還有點東西，在屋子裏，一些破爛的衣服，被窩，孩子們的尿布……”

“你怎麽在這兒？”

“有什麽法子呢？逃難哪！都不是日本人害的？”

這時候，有幾個“弟兄”已進屋搜索去了，軍官喊他們出來，一點東西也不許拿，婦女們的身上也没有搜，客客氣氣地一面揩額上的汗，一面説聲“再會”，走了。

但他們在路上吃了一點小虧，碰見那地方部隊回來，“誤會”了，開了一次火，死了兩個，被捉去了一個，但也捉來了一個。

那被捉的人被送到營部裏——也是鄉下的破屋，聽見那軍官報告，説是在某處碰見了“土匪”，裏面有一個“河南女土匪”，格外凶！接着是一番描繪。他想，“河南女土匪”是誰呢？想不起。等“誤會”解釋了，交换“俘虜”了，他回去，一看見周穎，立刻完全明白了。

三　魚肝油

近年來，她在××慈幼院做保育主任，但實際却是負全院的責任，院長則專門在外面跑關係，弄錢。人多，教職員的待遇非常菲薄，她的收入，趕不上一個城裏的老媽子。四月前離院時的月薪，還祇一萬元。現在她爲了勞協的事被法院羈押着，據説理由是賬目不清。我想，她做事，大概常常“賬目不清”的，因爲她爲公事用了她私人的錢，從來不報賬。慈幼院在鄉下，她很難到重慶一次，到重慶，總是有公事，有時候一住幾天。但從未領過或報過一次交通費，伙食費什麼的。有時候帶學生一路走，連學生的路費和伙食也歸她包。我有時説笑話：“你的行爲，是一種間接的貪污，因爲必須有别人在别方面貪污，纔能替你彌補賠累。”

爲公事而用私錢，“賬目不清”；爲私事而要涉及公家的時候，賬目却非常清。有時候，未免清得太過火了。慈幼院對於教職員的待遇雖然不得已而菲薄，但對於學生的一切設備，却非常完善。尤其是藥品之類，簡直豐富得很。學生生了病，無論怎樣貴的藥，無論需要多少，没有不供應的。她的女兒也是院裏的學生，身體本來弱，生過肺炎之後，更瘦得不像樣子。

我説：“孩子應該吃點魚肝油纔好。”

“是啊，”她説：“祇有吃點魚肝油。”

她的床底下就有像裝駛汽車的桐油的桶那麽大的一桶魚肝油，零星的不必説。我以爲她一定會給點給孩子吃的。

下次，我又到她那裏去了，孩子還是那麽瘦。我問孩子吃過魚肝油没有，孩子摇頭。我又説：

“孩子應該吃魚肝油啊！”

“是啊！”她説，“我忙，一下就忘記了，我就要給她吃的。”

但是第三次去，孩子還是没有吃過。

“你太忙了，”我説，“孩子的魚肝油……”

“唉唉！”她説，“要是她是别人的孩子，我早就給她吃了。但是她是我的呀！”

“但是她也是院裏的學生啊！”

“可不！因此，我很想趁有别的學生也需要吃的時候，一同給她們吃；可是偏偏没有一個需要吃的，都不吃，她一個人吃。唉唉！這，這太難了！”

我好冒火！我簡直想：多麽自私啊，爲了表示自己清白，爲了維護自己的聲譽或威信之類的無聊玩意兒，竟不惜虧負自己的孩子！表面上被諛爲待别人的孩子像自己的孩子一樣；實際倒待自己的孩子不如别人的孩子！有許多母親，爲了孩子，能够犧牲任何東西，和她比較起來，究竟誰是對的呢？

這意思，我没有説，因爲我慚愧，作爲孩子的父親，竟無力替她買魚肝油。

孩子一直到現在還是很瘦。

四　小小的幻滅

她的朋友蔡之彤女士前幾天在《大公晚報》上發表過一篇關於她的文章，裏面一段説：

> 她是個社會福利事業的志願者，許多年來，就夢想着辦婦女職業學校，婦女識字班，托兒所……自然她的志願決不限於這些，不過因爲我們自己是婦女，首先想到的，不期而然，就是和婦女有關的。同時，她又是一個對於政治的不熱心者。她是中央政治學校第一期畢業的，在政治上，有不少的人事關係。如果她要作一點政治活動，藉政治力量去達到她的志願，在她，也許不是一件難事。大概因爲中國的政治太不足以吸引人了吧，從開始，她就没有這種意思，倒是想靠自己的刻苦耐勞，不怕艱難困苦的恒心和毅力，去推動社會，用社會的力量來辦她的事業。回國後，從不放鬆一個機會，甚至逃難到鄂中的一個小縣城裏，還辦了一個婦女職業學校，半年之間，居然有了三十幾架縫紉機，織襪機，紡紗機，五六十個學生。但是，那地方不久就淪陷了。

這是事實，在上海辦過“藝術供應社”，在漢口辦過女子中學，都是憑一雙空手辦起來的；結果，也因爲衹有一雙空手而失敗了，進勞協的重慶的工人福利社，在她，倒是件省力的工作，她無須乎爲了找錢而奔走。但是她的工作却没有展開。剛進去，一個人不認識，及至熟一點，又苦於很多人都不合手：有的是混事的，有的又毫無工作經驗，她自己又成天爲了這個工人被捕，那個工人失業了，而在這兒那兒跑着。一天到晚忙得喘不過氣，又忙不出什麼名堂來。有一個朋友看見了她的工作情形，留一個字條給她：“休息一下吧！不會休息的人，也就不會做好工作的。”她看見了，聳了聳肩：“有什麼法子呢？我本來就不會做好工作的！”

但是她把診療所擴充爲醫院了，舉辦了“星期講座”，建立了“星期歌咏隊”，正在籌劃高級點的工人補習學校，以及别的種種事業。她説：“衹要内部的人事調整好了，一切瑣事不要我管了，我就認真地多做點工人服務的事。”她又説：“等醫院上了軌道，會增加一筆大收入，明年，專靠醫院和電影院，福利社自己就可維持，不必總會匯款來了。”她預計再有兩三個月，就一切都如法了。

她不知道，中國不是一個開展無論什麼事業的國土。到處都存在着任何事業的敵人。在中國，要摧殘事業，强奪事業，是極容易的；但要建立一種事業，就未免太難了！不是絶對没有成功者，但先要忍受各種各樣的失敗！因此，她在就事後四個月零五天就被捕了。

五　七月雪

末了，説一點小事：早年，她是一個戲迷，當學生的時候，常常從學校裏偷出去看戲。北京的“城南游藝場”，是個亂七八糟的所在，裏面的戲也不高明，可是她常常一個人從午飯後就進去，直到半夜十二點纔出來。她是個窮學生，門票有時都買不起。有了一張門票不看日夜兩場，未免對不起自己；至於吃不吃晚飯，消不消夜，她從不考慮，有戲看就心滿意足了，别的還管得着麽？

十七八年，南京夫子廟的清唱很熱鬧，有一個時期，一到夜分，如果麟鳳閣，天韻樓，大進步……這些茶館裏，有一個繫斜皮帶，佩着中央政治學校證章的女軍官在臺面前張着嘴，帶着滿足的微笑聽着的，决不會是别人，除了她。聽清唱，可以點戲，一塊錢一出，那是捧角的人們的玩意兒，醉翁之意原不在酒。有時候禁止點，點戲的還是偷偷地點，錢儘管出，戲却不唱。有時候解禁了，也是點許多出纔唱一出。被點戲的，唱的好不好是次要的，首先，一定有幾分姿色。有一次，大概看見被點戲的出出進進，總是那幾位，她不耐煩了，就自己點一出，被點的是那最先出場的那一位，又醜，又老，戲又唱得壞。這些她都不在乎，原不過覺得那些永不被人點戲的人值得同情或者還想氣氣那些捧角兒的。但是那被點的一得到通知——歌女們都坐在臺旁，就馬上搽脂抹粉，頻頻地向她看，一面因爲第一次有人點她的戲而奇異而興奮，一面看見她穿着軍服，誤會她是男子了罷，唱的時候，着實向她“巧笑倩兮，美目盼兮”了一陣，惹得聽衆都噓，都笑，都不望着唱戲的，倒望着她。

她雖然喜歡看戲，自己却總不唱，這回，算她被逼得唱起來了。唱的什麽呢？《六月雪》。

被送進看守所的第二天，我同幾個朋友去看過她，——那時候還許接見，人是消瘦了，態度倒很安閑的，她笑，她説：上午有兩個記者去探問她，問她在裏面幹什麽；她説在拉鞋底，那兩位都哭起來了。“哦哦，他們是多年輕啊！那麽熱情的！”

有人問問裏面怎麽樣，她説：“没有什麽不好，除了人太多。有一個女看守，也没有和我過不去，祇是我看她的樣子，就像《六月雪》裏面的那一位。”

我説：“現在是八月了。農曆則是七月，到處都在放焰火，是鬼季節呀！”

三十五年八月二十日晨

克利史馬史

今年的“克利史馬史”是女兒小燕的十歲生日，她出生於魯迅先生逝世的那年，比抗戰大半歲，年月日都很好記。

小燕十歲了，我作了十年爸爸，自己幾乎難以相信，果真是這樣的麽？我覺得我還很小，自己十歲生日的事，記得清清楚楚，像還没有過去幾天。孩子活到十歲，在大人看來，是一件大事，照例有一番慶祝，生日是除夕，家家都爲過年忙，不能在那天宴客，所以改在第二年正月十六舉行，堂屋正中的方桌上鋪着紅氈子，上面排列着十幾雙新鞋子，是姑媽、姨媽、舅媽們做得送給我的，我穿着新藍竹布罩袍，藍花太西緞馬褂，頭戴青緞瓜皮帽，脚踏青太西緞綉花“朝鞋”，是媽媽做的，每一個客來，在人家拱手爲禮之後，我就得跟人家磕頭。跟丈母娘（她又是隔房的舅媽）磕頭的時候，我不大好意思，我喊：

“舅媽，跟您老磕頭！”

“怎喊舅媽？”媽媽在旁糾正，“喊親媽！”親媽就是丈母娘。

“一樣，”親媽説，“喊舅媽還親熱些。”

兩個人的笑臉，仿佛還在眼前，怎麽我的孩子都十歲了呢？但孩子其實來得很遲，她的吴老師二十四歲了，却是比我小一個多月的老同學的女兒！

孩子讀書也許不算笨，可是又嬌又憨，什麽也不懂似的。這一點，我很快慰，因爲是跟着她的媽媽，生活過得太幸福了的結果。從前的媽媽似乎不像現在的媽媽疼孩子，我十歲的時候，自己覺得已懂了不少的世事，竟然像個小大人了！但這也許衹是四十多歲的爸爸的眼中的她，她説不定也自以爲并不嬌憨，世味的辛酸已經有些領略到了哩？

以前九年的生日，她都在媽媽跟前過的。今年，媽媽却離開她到遥遠的南國去了。她衹能和“三姆媽”（我的表妹）在一起過。她怎樣寫信給她的媽媽，不得而知；前幾天寫信給我説：

“爸爸，你怎麽還不來看我呢!”

接信的時候，我正買了一些小東小西，準備去看她，心裏想想多慚愧呀，從前大人跟我做十歲生日的那一番熱鬧，我現在是怎麽也不能給她的了！職業羈身，不能立刻飛到她那裏去，衹好先給她一個回信説：

“燕兒，爸爸就來了!”

一九四六

在西安

何人繪得蕭紅影
望斷青天一縷霞
——西青散記

飛吧，蕭紅！你要像一隻大鵬金翅鳥，飛得高，飛得遠，在天空翱翔，自在，誰也捉不住你。你不是人間籠子裏的食客，而且，你已經飛過了。當你在黄昏的雪的市街上，縮瑟地走着的時候，你的弟弟跟在後面喊：

“姊姊，回去吧，這外面多麽冷呵！”

“哦，你别送我了！”你説。

“是回去的時候了，家裏人都在盼望你的音訊咧！”

“弟弟，你的學校要關門了！”

不管弟弟，不管家人，你飛過了！今天，你還要飛，要飛得更高，更遠……

“你知道麽？我是個女性。女性的天空是低的，羽翼是稀薄的，而身邊的累贅又是笨重的！而且多麽討厭呵，女性有着過多的自我犧牲精神。這不是勇敢，倒是怯懦，是在長期的無助的犧牲狀態中養成的自甘犧牲的惰性。我知道；可是我還是免不了想：我算什麽呢？屈辱算什麽呢？灾難算什麽呢？甚至死算什麽呢？我不明白，我究竟是一個人還是兩個，是這樣想的我呢，還是那樣想的是。不錯，我要飛，但同時覺得……我會掉下來。”

朦朧的月色布滿着西安的正北路，蕭紅，穿着醬色的舊棉襖，外披黑色小外套，氈帽歪在一邊，夜風吹動帽外的長髮。她一面走，一面説，一面用手裏的小竹棍兒敲那路邊的電綫杆子和街樹。她心裏不寧静，説話似乎心不在焉的樣子，走路也一跳一跳地。臉白得跟月色一樣。她對我講了許多話，她説：

“我愛蕭軍，今天還愛。他是個優秀的小説家，在思想上是同志，又一同在患難中挣扎過來的！可是做他的妻子却太痛苦了！我不知你們男子爲什麼那樣大的脾氣，爲什麼要拿自己的妻子做出氣包，爲什麼要對妻子不忠實！忍受屈辱，已經太久了……”

接着又談一些和蕭軍共同生活的一些實況，談蕭軍在上海和别人戀愛的經過……這些，我雖一鱗片爪地早有所聞，却没有問過他們。今天她談起，在我，還大半是新聞。

在臨汾分手的時候，我不知道他們之間談過一些什麼話，表面上，都當作一種暫别，我們本來都説是到運城去玩玩的，蕭軍的興趣不高，就讓他留下了。一個夜晚，蕭軍送我，蕭紅，丁玲，塞克，D·M·到車站，快開車的時候，蕭軍和我單獨在月臺上踱了好一會。

“時局緊張得很，”他説，“臨汾是守不住的，你們這回一去，大概不會回來了。爽興就跟丁玲一道過河去吧！這學校（民大）太亂七八糟了，值不得留戀。”

“那麽你呢?”

“我不要緊。我的身體比你們好，苦也吃得，仗也打得。我要到五臺去。但是不要告訴蕭紅。”

“那麽蕭紅呢?”

“哦。蕭紅和你最好，你要照顧她，她在處世方面，簡直什麽也不懂，很容易吃虧上當的。”

“以後你們……”

“她單純、淳厚、倔强、有才能，我愛她。但她不是妻子，尤其不是我的!”

“怎麽，你們要……”

“别大驚小怪！我説過，我愛她；就是説我可以遷就。不過這是痛苦的，她也會痛苦，但是如果她不先説和我分手，我們還永遠是夫婦，我決不先拋棄她!”

我聽了爲之憮然了好久，我至少是希望他們的生活美滿的。當時，還以爲衹有蕭軍蓄有離意，今天聽見蕭紅訴述她的屈辱，纔知道她也跟蕭軍一樣，臨汾之别，大概彼此都明白是永久的了。

我們在馬路上來回地走，隨意地談。她説得多，我説得少。最後，她説：

“我有一件事要拜托你!”

隨即舉起手裏的小竹棍兒給我看：“這，你以爲好玩麽?”那是一根兩尺多長，二十幾節的軟棍兒，衹有小指頭那麽粗。她説過，是在杭州買的，帶着已經一兩年了。“今天，D・M・要我送給他，我答應明天再講。明天，我打算放在箱子裏，却對他説是送給你了，如果他問起，你就承認有這回事行麽?”

我不假思索地答應了她。我知道她是討厭D・M・的，她常説他是膽小鬼，勢利鬼，馬屁鬼，一天到晚在那裏裝腔作勢的。可是馬上想到，這幾天，D・M・似乎没有放鬆每一個接近她的機會，莫非他在向她進攻麽?我想起蕭軍的囑托。我説：

“飛吧，蕭紅!記得愛羅先珂童話裏的幾句話麽：‘不要往下看，下面是奴隸的死所!’……”

她的答話，似乎没有完全懂得我的意思。當然，也許是我没有完全懂得她的意思。

在西安過的日子太久了，什麽事都没有，完全是空白的日子!日寇占領了風陵渡，隨時有過河的可能，又經常隔河用炮轟潼關，隴海路的交通斷絶了，我們没有法子回武漢。這時候，丁玲約我同她到延安去打一轉。反正閑着無聊，就到延安去看看吧。一連幾天都和丁玲在一塊兒接洽關於車子的事情，没有機會與蕭紅談什麽。

臨行的先一天傍晚，在馬路上碰見蕭紅。

“你吃過晚飯没有?”她問。

“没有。正想去吃。你呢?”

“我吃過了。但是我請你。”

“那又何必呢?”

“我要請你，今晚，我一定要請!”

進飯館後，她替我要兩樣菜，都是我愛吃的，并且要了酒。她不吃，也不喝，隔着桌子望着我。

“蕭紅，一同到延安去吧!”

“我不想去。”

“爲什麽? 説不定會在那裏碰見蕭軍。”

“不會的。他的性格不會去，我猜他到别的什麽地方打游擊去了。”

吃飯的時候，我没有説話，她也不説話，衹默默地望着，目不轉睛地望着，好像窺伺她的久别了的兄弟姊妹是不是還是和舊時一樣健飯似的，在我的記憶裏，這是她最後一次和我衹有兩人坐在館子裏，最後一次含情地望着我。我記得清清楚楚，好像她現在還那樣望着我似的。我吃了滿滿的三碗飯。

“要是我有事情對不住你，你肯原諒我麽?”出了館子後，她説。

“你怎麽會有事對不住我呢?”

“我是説你肯麽?”

“没有你的事我不肯原諒的。”

“那小竹棍兒的事，D・M・没有問你吧?”

“没有。”

“剛纔，我已經送給他了。”

“怎麽，送給他了!”我感到一個不好的預兆，“你没有説已先送給我了麽?”

“説過，他壞，他曉得我説謊。”

沉默了一會兒，我説：

“那小棍兒衹是一根小棍兒，它不象徵着旁的什麽吧?”

“你想到哪裏去了?”她把頭望着别處，“早告訴過你，我怎樣討厭誰?”

“你説過，你有自我犧牲精神!”

“怎麽談得上呢? 那是在談蕭軍的時候。”

“蕭軍説你没有處世經驗。”

“在要緊的事上，我有!”

但是那聲音在發顫。

“蕭紅，你是《生死場》的作者，是《商市街》的作者，你要想到自己的文學上的地位，你要向上飛，飛得越高越遠越好……”

第二天啓行，在人叢中，我向蕭紅做着飛的姿勢，又用手指天空，她會心地笑着點頭。

半月後，我和丁玲從延安轉來，當中多了一個蕭軍。他在到五臺去的中途折到延安，我們碰着了。一到××女中（我們的住處）的院子裏，就有丁玲的團員喊:“主任回來了!”蕭紅和D·M·一同從丁玲的房裏出來，一看見蕭軍，兩人都愣住了一下。D·M·就趕來和蕭軍擁抱，但神色一望而知，含着畏懼、慚愧，“啊，這一下可糟了”等複雜的意義。我剛走進我的房，D·M·連忙趕過來，拿起刷子跟我刷衣服上的塵土。他低着頭説:“辛苦了!”我聽見的却是:“如果鬧什麽事，你要幫幫忙!”我知道，比看見一切還要清楚地知道:那大鵬金翅鳥，被她的自我犧牲精神所累，從天空，一個筋斗，栽到“奴隸的死所”上了!

一九四六，一，二〇，渝

懷曹白

——作爲《呼吸》的讀後感

"八一三"前不久的一個晚上，那時我在上海，不知爲什麽，我走到×先生的家裏了。客廳裏坐着兩個人，一個是×先生，另一個學生子模樣的二十來歲的年青人，中等身材，清瘦白晳，兩眼放着精明的光輝，蓬着頭，穿着淺色的布料的學生裝，有點兒拘謹似地在和×先生談話。

"哦哦，你們還不認識吧？"×先生介紹，"這位是紺弩先生，這位是曹白。"

"哦哦，"我想，這就是魯迅在《寫於深夜裏》裏面提到的那個學美術，刻木刻的青年。

我們似乎并没有握手；也很少交談，衹在×先生上樓去的那個空隙裏談過幾句話，大概因爲在這樣的時候也不談幾句話，未免太不禮貌，纔不得不發出一種類似語言的聲音，内容當然不會超過"今天天氣哈哈哈"的範圍，所以現在連一句也不記得了。

我和曹白的交往盡於此矣。"八一三"之後，我到内地來了，好些朋友也到内地來了，曹白却留在上海。但"曹白留在上海呀！"這樣的意思，老實説，在腦子裏連影子都没有。把凡見過一面的人都記住而且關懷，也許有這樣的人吧，却不是我。

唤起關於曹白的記憶的是《七月》在漢口的出版，那上面有一篇他的《這裏生命也在呼吸》，讀過之後，不禁有點小小的驚異：那個學美術刻木刻的青年原來也寫文章，并且寫得很好。這是一。抗戰一開始，心裏有一種直覺："現在要寫抗戰了！"所謂寫抗戰，不知爲什麽，總以爲是"殺！打！衝！"之類，而曹白寫的是難民和他自己，一點也没有殺打衝的字樣；這是不是抗戰呢？是的，非常之非常之抗戰的。這是二。離開上海的時候的想法，是打仗了，上海會無事可做；現在曹白留在上海，并且在做事，并且做的事如此之重要，爲什麽以前我們連想都没有想到呢？這是三。這一下可記住曹白了，以後又接連讀到他的《在明天……》，《上海通訊》等。

在山西的時候，蕭紅常常提起曹白。她説，我們有兩個天才的小弟弟，一個是田間，一個就是曹白。田間是很農民氣質的，曹白則完全是都市的青年。意思是説田間比較淳樸，曹白比較調皮。説這些的時候，我往往和蕭紅開點無意義的玩笑，我説曹白倒是應該和你相提并論，你瞧，光憑名字，你們就對得多麽工穩。蕭紅是新人物，不一定懂得對對子之類的事情，於是不求甚解地發出帶着一點傻氣的微笑——這樣的微笑，仿佛還在眼前，蕭紅自己却離開我們這人間一年多了！

雖然這樣，我對曹白的觀感，却反而没有初讀《七月》的時候好。我不喜歡靳以先生在紀念蕭紅的文章裏提到的“叫做D的”那個人。曹白却在《通訊》裏提到過他，并且提到過他的小説，似乎印象甚佳，我不高興。以後，我也不高興田間，因爲他曾寫了一首詩送給“叫做D的”。我想，在寫作方面，他們儘管是“天才的小弟弟”吧，但知人論事，却并不值得怎麽佩服，雖然也衹是比較純潔熱情的年青人的通病。再以後，自然是不高興蕭紅，因爲——哦哦，扯得太遠了！

一下子到了胡風發表以《楊可中》爲例的關於創作問題的感想。那是由於柏山以爲《楊可中》寫得太灰暗，勸曹白多讀新哲學書而引起的。讀新哲學書自然好，但在讀過《楊可中》之後來建議，那恐怕倒是柏山自己的舊哲學書讀得太多了的原故。《楊可中》寫得沉痛，真實，這就好。誰不擁護戰争呢？誰不歌頌戰争呢？“然而，”正如曹白所説，“戰争，是殘酷的。帝國主義對於中華，是殘酷的。”（《上海通訊·三》）補充一句吧：我們自己對於自己，有時候也是殘酷的。《楊可中》就寫的這。“有爲擺脱苦痛而尋求歡欣的人麽？……有撥開黑暗而覓取光明的人麽？……這些人，在他的道路上，一定會遇到古中國的，這古中國是這樣沉重和紛擾，人與人，事與事，道德與文章，恰如一個牛污潭……”

（《後記》）《楊可中》就寫的這。如果光明不是某一天突然從天降下，如果不是非通體光明，不許摻雜任何旁的東西不可，如果光明不是片面的静止的死物，倒是無時無刻都在和敵對的東西搏鬥的話，在抗戰初期寫的，寫初期抗戰的《楊可中》，就是活的歷史，真實的客觀現實，不但毫無和新哲學抵觸之處，而且正是新哲學的具體的解明。不但《楊可中》一篇，整部《呼吸》，無不如此，曹白自己就曾經再三解説。比如《從黑暗的海裏來》裏就有這樣的話：

> 所謂生活，這東西，它如一大塊未被磨琢的水晶，具有無數的面，各自照見，而且是動的。論者講到戰士，衹見到戰士的衝鋒肉搏；……講到戰鬥，便衹見到爲了那光明。自然，衝鋒肉搏是驚心動魄的，然而這衹是戰士生活的一面；……而戰鬥的别一面，也未始不是搗亂那黑暗。
>
> 僅將生活的一面砍下頭來，忘其所以地描着刻着，結果，僅僅是一個概念的東西，離開實際，没有生命，不會生動的。將戰士描寫得衹會衝鋒肉搏，正如京劇的戲子把奸賊曹操畫個白臉一樣。

在《寫在七月的一周年》裏又有這樣的話：

> 因爲《七月》，他在反抗外來的暴力之外，倒是“不由的”揭出自家的黑暗和污穢來。那目的，想把這些黑暗和污穢無情地推入這戰爭的烽火中，與大衆的鮮紅的血肉，同受洗禮。本意完全站在建設的這一面，并没有想到半點的破壞的。

這雖然是説《七月》，其實也正是説他自己。但在胡風發表感想的時候，我還没有讀到這些話，衹覺得柏山的那種自以爲獨得天下之秘，萬物皆備於我的態度，簡直不可嚮邇。胡風的文章還太矜持，太含蓄，想自己來寫點什麽，發抒一個痛快。不過没有等到寫出，我又離開漢口了。

後來在前方碰見柏山，曾當面質問過他，但他說他早已撤銷那意見了。於是我們就談曹白，也談《七月》。他問："《七月》的作者，你最喜歡誰呢?"我告訴他："我喜歡東平和S·M。""你拿到《七月》的時候，首先讀他們的文章麽?"我説："不一定，大概首先讀曹白的。""那麽，你不是更喜歡曹白麽?"這一問，倒把我問住了，莫非我真的是最喜歡曹白麽？但是他還追問："既然你并不自覺是最喜歡曹白，爲什麽首先讀他呢?"這不大容易回答，我説："東平和S·M都在寫小説，就稱之爲'報告'或者什麽吧，也仍舊是在寫小説。那寫小説的樣子，那一定要寫成一篇小説的意圖，幾乎讓我們看見了。曹白就隨便得很，似乎并没有想把他的文章寫成什麽，甚至於并没有想寫文章；碰見什麽寫什麽，想到哪裹寫到哪裹；大事情一篇，小事情一篇，没有事情也是一篇；'我忙啊，没有工夫寫文章啊，文章寫不出，急死人哪!'又是一篇。篇篇都畫出了他自己，畫出了他的周圍，也畫出了戰爭的一面。東平，S·M，曹白，都好，但對曹白却樂於先讀，也許因爲這樣吧?"柏山笑，他説："别這樣推重曹白吧！他可不這樣推重你，他説你的文章没有一篇好的。"我説："我知道，我碰見過他的。"我想起在上海時的那冷冰冰的會晤。"怎麽？悲觀了麽？還没有説完咧。下面一句是：除了《延安的虱子》。那篇文章是他提議給上海的刊物轉載了的。"這句話頗使我欣喜，我實在以爲他連一篇也看不起的。

和柏山分手後，很少和人談起曹白，因爲碰到的人都不認識他，并且似乎也没有怎麽留意，而《七月》也漸漸到手的時候少了。到桂林之後，有一次有人告訴我，曹白的《呼吸》出版了，某書店到了幾本。我連忙到那書店去看，果然，厚厚的，報紙本，擺在陳列檯上。於是欣喜地翻着，雖然幾乎都是讀過的，然而正如碰見故人一樣，自有一種説不出的高興。問問價錢纔知道我口袋的錢差得很遠；等備足够了再去的時候，書已經賣完了。這使我惘然了很久。這回胡風過桂林，很做了幾件大事，重印《呼吸》就是其中之一。因之我也無代價地得到一本——土紙本，印刷不清楚，錯字很多，比如烏"桕"樹就全是烏"柏"樹，比報紙本實在差得太遠，不過，我還是一口氣讀完了。

好久以來，批評家和創作界的老前輩都勸人不寫身邊瑣事，似乎歐陽山先生就説過S·M的《閘北打了起來》是身邊瑣事，没有教育意義云云。但我也讀過《閘北打了起來》，《從攻擊到防禦》等等，却一點兒也不覺得是身邊瑣事，就算是身邊瑣事吧，却也得到過最大的感動，酸過鼻子，爲之好久好久地不舒適。無論誰要説不是好作品，我是要反對的。惟有教育意義的有無，因爲自己没有學過教育學，不懂得，衹好讓他成爲一種神秘的東西。《呼吸》呢，不必批評家或創作家，恐怕一個起碼的讀者也會一望而知是道地的身邊瑣事。也就是作者自己説的“繁瑣的小節目”（《半個十月》）。但是這些身邊瑣事却魅惑過我，大概也魅惑過别人。這魅惑，據我看似乎并不在於作者創作了怎樣完美的作品，而在於他所展示的那生活内容。那麽，身邊瑣事雖屢屢爲人所詬病，是不是也要看是怎樣的東西呢？腐爛生活的身邊瑣事和戰鬥生活的身邊瑣事，兩者之間，是不是應該有一個很大的差别呢？如果照作者講：“一個戰鬥的部隊，即使是吃飯和小便，也和敵人息息相關。”（《訪江南義勇軍》）那就是戰鬥者的生活中無所謂身邊瑣事，身邊瑣事也正是生活。《閘北打了起來》和《呼吸》，尤其是《呼吸》，恐怕都應該這樣理解的吧。

歐陽山先生也直接非難過曹白，忘記在什麽地方了，仿佛説：《何日君再來》是靡靡之音不，曹白竟當作有了不得的意義（《喘息》），所以不對。《何日君再來》是靡靡之音，應該是常識以下的事情，説曹白連這點事情也不知道，自然非常便於立言。可惜的是，以爲寫作品一定能超過常識的範圍或者一定不能不够常識水準，都是拿起批評家的筆之後纔有的意見。作爲創作家的歐陽山先生平常就并不怎麽看重常識。何况説在淪陷了的上海南京等處，凡唱《何日君再來》的，一定都没有眷懷故國，盼望我軍早日收復失地的意思，也非常難以證明。至少，曹白就是不把它僅僅當作靡靡之音而已的。其實，曹白之可以非難的，豈僅止此，他很喜歡發議論，他的議論，往往有不成熟的地方，《呼吸》裏附有一篇池田幸子給他的信，裏面就提出過和他相反的見解。不過，由於他的生活内容的豐富，戰鬥熱情的豐富，以及文筆的生動清新，這些都變成無足挂齒的小節了。有人説，創作家一旦作了批評家，比一開始就是批評家的批評家的態度要平允，因爲他理解創作的艱辛。我不敢相信這句話，至少，從歐陽山先生那裏，我們没有得到何種可靠的消息。然而，請莫誤會，以爲我在此勸人寫身邊瑣事和不合常識的作品。我聲明：毫無此意。衹是説有些作者，不能用一定的規律去拘囿他，比如曹白。

抗戰開始的時候，大家被一種熱情所蒙蔽，都以爲，既然抗戰，便什麼都好了。於是對抗戰中的較爲複雜的情勢，不是根本視而不見，就是都作了稱心如意的解釋。回想起來，頭腦簡單得多麼可笑呵！接觸的方面較多，看得較爲清楚，理解得較爲正確，描寫得較爲真實的，據我所知，差不多衹有一個曹白：然而曹白却反而因之得到了朋友的非難，這是我們應該慚愧的。“太平洋戰争”爆發後，許多朋友從香港逃回；幾乎每個人都有聲有色地講過許多變亂和逃亡中的故事，使人聽得眉飛色舞。可是奇怪不，他們寫起文章來，幾乎誰都没有寫他們在口裏所津津樂道的那些故事；偶然有一鱗片爪，又寫得遠不如他們講的那麼生動。這是什麼道理呢？起初我不懂，現在重讀《呼吸》，我懂了。他們都愛經營大文章，或者也衹會經營大文章，口裏所講的那些故事，不過是一些“繁瑣的小節目”，根本就没有以之爲題材，或者以爲題材，又不長於此道。就衹好讓它們蟄伏在記憶裏，再過些時就連記憶裏也不存在。恕我有一個對朋友們不很有敬意的想法，我想：如果曹白從香港逃回，我們一定會有許多精彩文章可讀，比如再來一本《呼吸》。

然而曹白自己未必像我們這樣看重他的《呼吸》。這些零星的短文都是百忙中抽空寫的；他從來就没有以之爲滿足，爲驕傲。他常常想暫時離開他的血腥的戰鬥，比較從容地把那戰鬥寫成正正經經的作品，甚至曾經有一度實行。可惜他没有我們“幸福”，戰鬥需要他比他自己和我們的期待更迫切，雖然我們的期待决不比戰鬥的要求不重要；於是他衹好浩然長嘆，帶着他的稿紙和墨水瓶，又回到戰鬥去了。而且，這一去，由於交通受了“太平洋戰争”的影響，我們再也得不到他的片紙隻字了。

“戰争是殘酷的，帝國主義對於中華是殘酷的。”在戰鬥裏，我們自然希望他勇敢，同時也更默禱他的健在。因爲在他那裏蘊藏着我們時代的戰鬥的詩篇。

一九四三，四，二八，桂林

讀《在酒樓上》的時候

一千九百二十四年春天，我開始在仰光一家叫做《覺民日報》的報館當編輯。

編輯部在三層樓上，是兩間駢列的臨街的小屋，屋裏都擺滿了桌子椅子，是給編輯先生們用的。但編輯先生却衹有我一個，另外有時到這裏來一下的是一個翻譯，專翻從厦門來的電報。大概每隔一兩天，總有一條或者兩條來。另外一個算是訪員，不過并不真地訪，衹是買一張緬文報，來翻幾條緬甸人的消息，其實也應該説是翻譯的。他們不懂普通話，我也不懂福建廣東的任何一個地方的話，更不懂英文和緬文，我和他們之間，自然而然無話可説，他們來了，也至多個把鐘頭就走了。

似乎不須提起，仰光那地方，終年都是很熱的，編輯部的窗子正朝西，整個下午都有太陽曬進來，雖然有簾子擋住，也全不濟事。我剛到那地方，没有熟人，没有地方去，整天都在家裏，也就整天都在和我的桌子椅子們，剪刀漿糊們，鋼筆稿紙們一同“嚮太陽”。我覺得他們無論誰的身上都是滚熱的，大概他們挨着我的時候，也有同樣感覺。唯一的救命王菩薩是一臺電扇。電扇的風雖然也是熱的，但比起没有它來，就相差得很遠。電扇一開，不但我感覺得舒服，就是桌椅之類也無不感覺舒服，而稿紙，報紙，書頁們更是快樂得在桌上，地上，報架書架上飛舞起來。我就在這電扇下替報館編好四張正副刊（四號字排的），寫好“社論”，“短評”，“編輯餘談”等等。

書架上没有幾本書，裏面有一種是又大又厚的《新青年》合訂本，群益書局出版的。没有事的時候，我就翻翻它們。我雖然二十歲了，在知識上却還是個兒童。爲了要混飯吃，人家問起來，總是説什麽中學，什麽大學畢業，這是朋友們告訴我的乖巧；其實中學是什麽樣子，從來没有夢見過，更不要談大學。然而這并不使我苦悶，唯一的不敢告訴人的苦悶，是對於隨便什麽書都看不懂。那時候出版的什麽問題，什麽主義，什麽學之類的書非常多，我也未嘗不想偷偷地看幾本，并不是爲了造學問，學問之類，大概和我這個没有進過學校的人無緣的了；稍爲看一兩本，和人家談起來，也不至變成完全的白痴。我是怎樣地羡慕别人談話的時候，滿口“發見”，“發明”，“抽象”，“具體”，“馬克斯”，“達爾文”，“托爾斯泰”，“契訶甫”……呵！然而無論拿起什麽書，没有一本不是像天書一樣！我從前讀的是舊書：之乎者也之類，現在看的却是白話文。白話文不更好懂些麽？是的，每個字都認識，每句話都可以講解，衹是一到變成一段，一節，一章，一部的時候，我就完全茫然了。一頁書看完了，不懂得説的什麽；從頭再看，細心地想了一想，還是不懂得説的什麽；第三次再看，第三次不懂得説的什麽。不知聽見誰説，讀書要硬着頭皮，那麽，硬着頭皮看下去吧，不到兩頁，至多也不到三頁，書，書上的字，乃至我自己的神智都遠遠地離我而去，我再也不能支持地昏昏地睡熟了。這些話，現在的人看起來也許不肯相信，但却是剛從舊書改新書，從文言改白話的當時的實況，至少是我個人的實況。衹有一種書使我發生興趣，就是這《新青年》。世界上有没有鬼呢？舊戲應不應該存在呢？婚姻是應該由父母之命，媒妁之言，還是應該有自己的主張呢？寡婦應不應該守節呢？孔子的思想適不適合於現代呢？文章應該用文言文還是應該用白話文寫呢？這一連串的許多問題，雖然也并非我的貧弱的腦筋所能完全理解或接受，却無論如何，不是天書。發見了這看得懂的書的時候的狂喜的情景，就是現在幾乎還可以依稀仿佛一點。

在《新青年》上寫文章的人，最使我愛好的是吴又陵先生。他的文章，雖然也不全懂，但每篇都好好地讀過，後來買《吴虞文録》就買過三四次。爲什麽獨喜歡他呢？大概因爲他談的都是中國的玩意兒，比較什麽德先生，賽先生，易卜生等等都容易懂些。一直到現在，我對於吴又陵先生的印象還是很好。後來《晨報副刊》攻擊他的“教郎親自看紅潮”的艷詩（《贈嬌寓》），我却都私自反感着，以爲那是一般年輕人不理解中年人的理智與感情，意志與習性的不統一的苦痛的苛論。一九三四年，我到過成都，從他的“愛智廬”的門口經過了一下，還寫了一篇《愛智廬》，發表在《生活知識》上，表示我對他的懷念。最近一兩年，更覺像他那樣地談孔子，談禮與孝的人没有了，連容許像那樣大膽地談什麽問題的環境也没有了！一想到這些，同時就記起魯迅的《失掉的好地獄》來，不禁感慨係之。《吴虞文録》現在大概買不着了；然而在我看來，惟其是現在，它應該是“青年必讀書”，雖然他過分推崇李卓吾是不足爲訓的。

吴又陵有一篇《吃人與禮教》，起頭提到魯迅的《狂人日記》裹説，寫着仁義道德的書上，字縫裹却寫的是“吃人”。我既然喜歡吴又陵，他所推薦的或提到的東西，自然都要找得看看。魯迅的文章在《新青年》上大概也看過的，衹是没有什麽印象。什麽“我没有説桃花不及李花白，桃花氣得臉通紅。花有花道理，我不懂”之類的詩，看來看去，總覺得魯迅有魯迅道理，我不懂！這回經過吴又陵的介紹，特爲把《狂人日記》翻出來看，看也是不很懂的，但是什麽“古久先生的流水賬”啊！“吃人的人不能算是真的人”哪，有些話，頗投合那時的一種淺妄的心理。於是，把魯迅這個名字記住了。那幾本《新青年》合訂本大概不是全部，魯迅的另外的筆名又不曉得，翻來翻去，魯迅的文章似乎非常少。我不知道吴虞魯迅他們有些什麽書，什麽刊物有他們的文章，有時候到書店去找，書店裹擺滿都是林譯小説，没有吴虞魯迅以及在《新青年》露過面的别人的著作。我那時候因爲受了《新青年》的影響，痛恨文言文，林琴南又是新青年派手下的敗將，凡他所譯的書，一本都没有買，雖然以前曾看過他譯的《茶花女軼事》，并且很愛好。

第二年五六月間，我從仰光回國。一到檳榔，就去跑書店，居然讓我買到了一本《吴虞文録》；但魯迅的書還是没有買着。不過已經知道他出了一本書，叫做《吶喊》。到了廣州，我問一個朋友：“你看過《吶喊》麽?”他説没有看過，却在某書店的陳列檯上看見有這本書。我馬上到那書店去，可是不巧，説是先一天就賣完了。跑了幾家别的書店，也買不着。再過些時考進了一個軍事學校，一天到晚上課，站隊，點名，擦槍，整理内務，忙得不亦樂乎，也累得不亦樂乎，就想不起什麽吴虞、魯迅、《新青年》《吶喊》什麽的了。

我考進軍事學校，完全是件偶然的事。前不多時，曾有一個前輩先生問我："你是願意作個哲學家呢還是作個文學家呢?"我回答："且讓我知道什麽是哲學什麽又是文學了再講吧。"他説："也對，你現在或者真的還不知道自己應該作什麽咧。"那時候，廣州的革命空氣濃厚已極，許多青年爲革命投身到那個學校裏去。我可没有那樣使人欽敬的動機，因爲我還并不怎樣理解革命。不過既然這也不會，那也不懂，那就無論作什麽，於我都是一樣。進行的"工作"一時不見發表，多住一天的旅館就多要一天的開銷，説聲去考軍事學校吧，這樣就去報名了。不用説我是在一種極端慚愧與惶恐之下，被取録了的。

走上有名的"第一次東征"的戰場，是過了新年不多久的時候。戰事非常順利。簡直像摧枯拉朽的一樣，行軍了一個月，除了在淡水打過一次小仗，總預備隊的我們，連追敵人都追不上。到了汕尾，因爲一個偶然的機會，我和幾位同學，被留在後方辦事處，等船回廣州去。留下的那天，得到五塊毫洋，剃過頭，洗過澡，——已經許久没有幹這種事，身上早已發臭，并且遍身都是虱子了。買了幾件汗衫短褲和幾包香煙，吃了一頓較好的飯，就光光如也了。我很早就學會了抽香煙，在報館的時候，寫文章，編報，工作很繁重，需要刺激品，煙癮就更根深蒂固。買的香煙一兩天就抽完了，身上没有一個錢，連半支香煙也買不起。起初，還有幾個和我一道的同學身上還有香煙，有時候還能揩油一支半支，至少是一口兩口；後來，那些人也變得跟我一樣，簡直連揩油的機會也没有了。

離辦事處不遠，有一個荒場。老百姓真會尋快樂，這地方其實還是戰地，我們的隊伍没有過去幾天，荒場上就天天在唱戲，有時候簡直兩臺戲在一塊兒唱。我們反正没有事，看戲也可以消磨日子，所以就常常在戲場裏混。可恨的是那戲一句也聽不懂，我們最大的本事是懂得一兩句廣州話，這戲都是潮州戲，如果不靠每個戲裏頭的人物的腰裏都挂着一塊小牌子，寫着“關公”“張飛”，像我們的符號一樣，就簡直不曉得他們在攪什麽。戲場裏的人很多，這和我們不相干，足以刺激我們的是那些賣吃食的及賣香煙的和一些賭攤子。圍着賭攤子的其實都是些叫化子似的人物，但是站在旁邊一看，他們簡直五個，十個乃至二十個銅板一注地豪賭着，有的口邊還吊着一支香煙！這情形頗足使人憤怒，恨不得把他們一齊打倒，把那些錢搶過來。人是一種多麽可憐而又可笑的東西啊！僅僅因爲香煙之類的小事，簡直連犯罪的想頭都會有起來！

但也并非永久如此，隔個把星期，或十天，辦事處也發幾毛零用錢給我們，有一次甚至發了一塊，不過，一有錢，大概總是一天至多兩天就攪光了，自然大部分是買了煙的。

等的船還不見來，日子仍舊刻板似地過去，聽説前鋒已打到興寧、五華，快到汕頭了。有一天，走過一家雜貨店門口，那雜貨店也賣點筆墨抄本什麽的，最奇怪的，貨架上竟竪立着一本《小説月報》。封面白白的，印着一點淺色的圖案，横着寫的“小説月報”四個大字却紅得耀眼。《小説月報》是看過一兩期的，并不算有很高的興趣，翻譯的東西太多了，不大看得慣，但這時已好幾個月没有看過書，那《小説月報》又是新出的，又印得那麽漂亮。我一個錢都没有，却跑進去叫老闆拿下來看，厚厚的一大本，一翻目録，頭一篇就是《在酒樓上》，作者魯迅。馬上，我覺得一道喜悦的光影在我的心上掠過，這是幾個月以來所没有的：能够看見書已是萬幸，何况又碰到了魯迅的文章呢？魯迅的書，我不是搜求了一年多了麽？

“多少錢？”我問。

“六毛。”老闆懂一點普通話。

“六毛？定價不是四毛嗎？”我指那定價説。

“那是大洋，并且還加運費的。”

“可以少嗎？”

“不可以。”

我依依不捨地放下書去了。連一支香煙還正在苦惱着的人，六毛之多的書錢，有什麽辦法呢？但是對那本書却没有時候不想，一天要從那雜貨店門口過幾回，也一天望那書望幾回，越望越覺得它美麗可愛，并且還像站在那貨架上望着我笑，向我招手説：“把我買去呀，把我買去呀！”真是“人生識字憂患始”，爲了那本書，我似乎從那雜貨店門口走得更勤了，後來簡直有點怕從那裏過，怕望那本書，一面怕它向我招手，一面也怕别人買去了。

魯迅，這回可找到他一篇文章了。《在酒樓上》，題目就很新鮮，可是裏面講的是什麽呢？《在酒樓上》，自然是要講喝酒，那麽，大概也會講到抽煙吧？媽的，我們在前方拼命打仗，受了多少苦難，他却優游自在地談着喝酒抽煙之類的事情，那文章一定没有什麽好看的——但這，連自己也明知道是自己騙自己的話，因爲一面這樣想，一面又跑到那雜貨店的門口去了。

“你有什麽心事呢？這幾天，我看你好像……”一個在家裏就是朋友的C同學一天問我。

“没有，除了想抽煙以外。”

“不，”他説，“這是新的事，你在吊膀子嗎？看上哪個女人了吧！”

“胡説，我從來不看女人，况且没有錢，不懂話。”

“但是這是看得出的呀，總有點什麽。”

“大概，大概，那也是錢的事情，我想買一本書。”

“多少錢？六毛？這麽貴，唉……”

“世界上竟有自殺的人，”那是不可解的，“留得青山在，何愁没柴燒？”人衹要活着，總會有點辦法，奇迹也衹有活着纔碰得見。C君和我談過那回話之後的某一天，興致衝衝地從外面進來，一進來，向桌上丢出五個雙毛子，笑着説：

“書呆子，拿去買你的寶貝書去吧！”

誰曾碰到過這樣的可驚的事情呢？誰曾有過這樣神通廣大而又慷慨

的朋友呢？他，這并不是書呆子的傢伙，這時候竟能找到一塊錢而又全部給我了，馬上，我覺得這世界實在很光明，無論社會人生都没有可詛咒的地方，便興高采烈地向那雜貨店跑，生怕在我跑到之前，那本書被人買去了。真感激這地方没有一個書呆子，那本書依舊站在那貨架上。我叫老闆拿來，什麽話也没有説，拋出三個雙毛子，連包也不要包，就把書拿走了。一面走，一面自然翻開《在酒樓上》，從“我從北地向東南旅行……”一直看下去，看着，看着，不覺又到了戲場，身上還有四毛錢，就買了兩包香煙，吃了一碗豆腐花和一碗餛飩，走到賭攤邊，向那些賭鬼們瞥了一眼，覺得自己毫無憤怒之意了。

渾身通泰地回到辦事處，辦事處一個人都没有，我帽子也不取，皮帶也不解，額上的汗也不揩，就歪在鋪上看書。什麽人進來了，拿着什麽東西又出去了，什麽人上樓找處長去了，我都没有管。忽然一個人喊：

“誰？誰白天裏在睡覺！”

一聽，是處長，他正和他的客人準備出去，我連忙站起來敬了一個禮，“報告”我是在看書，并没有睡覺。其實他如果挑剔，還有很多的話可説，比如看書爲什麽要睡着看之類。可是他不過要在客人面前顯顯處長的威風，并没有存心和我打麻煩，看見我起來，就不説什麽地走了。你算什麽呢？我想：你知世界上有一個人名叫魯迅嗎？你知道他寫了一篇《在酒樓上》嗎？……但是阿Q氣也没有一發而不可收拾，他一出去，我又躺在我的鋪子上了，這時候，吕緯甫正在阿順家裏吃蕎麥粉，阿順站在遠遠的地方，目不轉睛地望着他咧。

不需要多少工夫，我把《在酒樓上》看完了，没有馬上去看别的文章，却丢開了書，坐起來，自己問自己：他説的什麽呢？這有什麽意思呢？原來我以爲他又要講古久先生的流水賬，禮教吃人，救救孩子之類的，他却没有講，衹講一個很頽唐的教書匠做了一些無聊的事而已，這算什麽呢？

我看看這屋裏，這是一棟洋房的客廳，當中放着一張方桌，是我們吃飯的地方，靠裏面的板壁那邊，放着一張狹長的條桌，放着茶壺茶杯和牙刷口杯之類，此外四面靠墻的地方，除了門和過道以外，都是我們臨時搭的鋪，這一切都和原來一樣，可是我覺得好像有什麽不同了，望望窗外的天，天空似乎也不同；望望大門外的街道，街道也似乎有些不同，剛纔不是覺得世界光明得很，什麽都用不着詛咒的嗎？現在又覺得世界并不那麽好了！

我不是吕緯甫：雖然很早就不信神，也不過偷偷地不信而已，决不曾到廟裏去扯神像的鬚子；我没有弟弟，他自然更不曾三歲的時候就死掉，母親還教我跟他遷葬；我不曾認識阿順那樣的女的，更不曾被她的爸爸約去吃蕎麥粉，如果約去，我倒是覺得蕎麥粉并不難吃，甜東西更是我所歡喜的；此外，我不懂得 ABCD；如果有人要我教書，我倒祇可教詩云子曰——我和吕緯甫不同，有鬼不，却覺得這篇文章處處都講的是我，我就是吕緯甫似的，於是我又把它拿起來看了第二遍。

第二遍看完之後，我幾乎有點憤怒了。這不是一篇好文章，悲觀、頽傷、陰鬱，無論是作者和作者所寫的人，都没有一點年輕人的發揚蹈厲的精神，吕緯甫那樣的人，簡直没有骨氣到教子曰詩云，馬馬虎虎，聽從没有智識的母親的一些愚妄的指使；無論怎樣他和我不同，我并不曾向環境屈服，母親的話，我又是向來不聽的。這樣想，我就丢了書，想驅除一點從看書得來不愉快的感覺，就出去，到戲場看戲，找同學胡聊去了。

以後的情形，不大記得：大概又回來翻書，看完了别的文章，却没有再看《在酒樓上》。可是别的文章，却連題目和作者也記不得一個，祇有這《在酒樓上》的印象，以後永遠保持着。自然，没有事的時候，狂歡痛飲的時候，從來不曾想起過它，但一到碰了什麽釘子，受了什麽冤屈，眼看着一些稀奇古怪的現象猖狂着，無法可施的時候，就無理地想起《在酒樓上》，而且自以爲就是吕緯甫。

没有過好些時，我離開汕尾了，但不是回廣州，倒是回到那縣城裏做事。《小説月報》呢！背在背包裏，後來大概是送給我的愛人了，因之，我也得到一本《婦女雜志》，看完了魯迅的《娜拉走後怎樣》。照在汕尾的情形，是應該不看他的文章的了，却不知怎的，還是首先就讀他的，并且以後也衹記得他的那一篇。“人生最痛苦的是夢醒了没有路可以走”，似乎就是那篇文章裏的話，我覺得和《在酒樓上》的情調很一致。

真正懷着高遠的理想和改革社會的壯志的青年，古今中外，恐怕不少，可是一碰到現實社會的壁上，那結果就會有種種的不同，成功的或者部分成功的自然會有，但最多的恐怕倒是失敗者；舊社會的力量太雄厚，他没有改造社會，倒讓社會改造了他，於是變節、退嬰、自殺或者别的事情，都會落在這曾經有理想有志嚮的人的頭上，如果有靈魂，他自己會感到自己的命運的悲劇；如果没有靈魂，客觀上更是一個悲劇，而有這樣悲劇的時代本身，自然是個更大的悲劇。魯迅實在是理解人，理解人的感情，理解他的時代，而他自己似乎就飽經傷難的，所以《在酒樓上》就這樣地吸住我了，——不用說，能够這樣想，那是不知多少時候以後，我已經作爲有理想有志嚮的人，在社會的壁上碰得滿頭滿腦的大疱小窟，僅僅没有變得教“詩云子曰”而已。

我實在願意忘記《在酒樓上》，無奈一直到現在，始終忘記不了。而這不能忘記的心情，像説過的一樣，却是很壞的，我願意這衹是我個人的悲劇，至於我們的時代，那不但没有悲劇，恐怕還衹有喜劇了，不是早已改革，早已進步，并且現在還正在抗戰麽？

一九四二，九，六，桂林

絶　叫

一　失去的海洋

黄金的頭髮披散在前面，你是正在洗頭麽？從頭髮縫裏用沉醉的眼睛，昏迷的眼睛望了我一下。爲什麽呢？我們是初見哪！

雪晴了，愛爾蘭的郊原是一片白色，你唱着我聽不懂的歌，我也唱着你聽不懂的歌。風吹散你的金髮，飄起你的火紅的領巾，你在雪地上奔跑。你忽然停住，脱下手套，整理跑脱了的襪帶。我藉以看見了你的肌膚，我説：“姑娘，你想跟雪比賽麽？”我没有想到一個吉卜西姑娘的肌膚可以跟雪比賽的。這時候，你又用沉醉的眼睛，昏迷的眼睛望了我一下。

我們東方人也跟你們一樣，有一些帶神秘性的趣事；而喜歡算命，又剛剛彼此相同。很小的時候，母親就警告我：“不要走到水邊去！”她替我算過命，説我將來會滅頂而死。因此，很多年之間，我没有行過船，一直到老都没有學會游泳；如果不是母親去世了，遠涉重洋，到西方游歷的志願，説不定會終身不遂，也就終身不會碰見我的有着沉醉的，昏迷的眼睛的姑娘！

我是個愚人，常常有些連自己也莫名其妙的幻想；當我一看見你的眼睛，那樣沉醉地昏迷地望着我的時候，我禁不住就想起我所看見過的海洋，恬静的，蔚藍的，有時激起一些白色的浪花，有些白色的海鳥在上面飛翔的海洋。從那海洋，我看見過比真實的天空更美麗的天空，看見過比真實的雲彩更詭譎的雲彩；日出時的朝暉，日落時的暮靄，秋夜的群星和皓月，映照在那海洋裏，無不比它們原有的形狀百倍地神奇。

海洋，它是比整個世界還要豐富的世界，比一切的美還要迷人的美。我覺得它時時向我這在炎夏的人生的長途上走得如此疲乏，如此乾渴，如此地汗流浹背了的旅人召誘：“來吧！這兒是你的最温柔，最清凉，最安適的休息之所呀！”人生多麽苦惱，多麽令人不能滿意，幾十年來，没有一件事情是如我所想的，然而我并不氣餒，我知道，我將有唯一的足以驕傲的事情，命運之神早已替我安排了一個理想的死地，假如滅頂之禍是無可逃避的話。當我這樣想的時候，不知道爲什麽我没有立刻跳到海裏去。

現在我又看見陸地上的海洋了！至美的姑娘，我從你的眼睛裏看見了比真實的海洋的天空還要美麗的天空，比真實的海洋裏的雲彩還要詭譎的雲彩；朝暉、暮靄、皓月和群星，無不比真實海洋裏的神奇還要神奇。而且它這樣殷勤地向我召誘：“來喲！來喲！”我不知道命運之神何以對我這樣恩厚，替我安排的死地原來比我以前所欣慕的還要美好！我真要縱身一躍了！真要縱身一躍了呵！然而，“母親！救救你的孩子吧！他真要碰到滅頂之禍了！”

這樣，姑娘，你應該明白我常常假藉這樣那樣的口實上你那兒去，使我們在一個月之内，變得那樣熟了的原故。

“帶些山胡桃糖來！”

我記住你的囑咐，冒了二十里路的風雪，跟你送山胡桃糖去的時候，你并不曾驚喜，也没有説聲謝謝，衹是坦然地大口大口地吃。你没有辨别出來麽，那糖裏面拌和着僅僅比你的媽媽小一歲的一個東方人的友情？

然而姑娘呵，智慧不如青春，德行不如財富，才能不如權力，靈魂的高潔不如肉體的美好，人生就是這樣一種無可補救的悲劇！足以隔絶我和别人的事情太多了，而你和你的家人對於東方的理解，又遠不如一個東方人對於你們的民族。我是知道我的結局的。果然，有一天，你用紙牌跟我算命，不知翻出了一張什麽牌，你忽然大笑，“你是個永久的單戀病者！”你説。這時候，你的眼睛是清醒的，明亮的！唉唉！東方人呵！你失去了你的海洋！

十年的隔絶，十年的人事變幻，我回到了這古老的民族，你離開愛爾蘭的雪的原野，流浪到什麽地方去了呢？

今天，在這寒冷的黄昏，偶然吃着友人送的山胡桃糖，不由地想起你來。推窗一望，外面正是一片積雪，和愛爾蘭的郊原一樣。我想發見那上面的金光璀璨的髮辮，火紅的領巾，和雪比賽的肌膚，燃燒的眼睛，然而……

我不爲你祝福——你的幸福裏會有太使我艷羡的東西。但是我相信幸福本來就和你分不開，尤其是比起一個眺望黄昏的積雪的老人，孤獨的老人。而且，你想不到，這十年來，我，一個異族孤獨的老人，爲了你，姑娘，竟偷偷地，偷偷地寫了許多詩篇。要是我知道你在什麽地方，一定早就寄給你了——説不定你讀了還會有若干程度的感動呢！然而我没有這樣幸運，我衹能自己寫，自己讀，自己以爲你已經看見，而又深深地愛着我了。你原説過，我是一個永久的單戀病者呀！

下面的幾篇，是隨意擷取出來的一小部分，我要用各種文字，刊載在各種報紙和雜志上，爲的萬一可以使你看見。

二　虹　橋

我的愛人是一座樂園。

從很小的時候起，我就知道樂園裏的草木，永遠是緑的，正像那裏面的人永遠年青；花永遠是妍艷的，像裏面的人永遠美麗……雀鳥不停地唱歌，跳躍，猶如人們的心地一樣真純……在樂園裏，没有飢餓的人，没有襤褸的人，没有疾病，殘廢，衰老的人，没有欺凌别人，妒嫉别人，依賴别人的人……在樂園裏，一切都是美好的。

我要到樂園裏去。因爲樂園就是我的愛人。可是人們都説到樂園去的路，是遥遠的，艱難的。到那裏去，一定要經過死谷，經過火焰山，經過弱水……

那死谷是一條悠長的，狹窄的小路，一條陰暗的，潮濕的小路。那小路上，到處都是荆棘與泥濘，到處都是蛇蟲虎豹，到處都是傳播病疫的微生物，人是怎樣也不能活着從那谷中走過的。

然而樂園在死谷的那邊。

那火焰山有一萬丈高的烈火，它把什麽都燒焦了，燒熟了，燒成灰了。人衹要朝着它走，哪怕還離幾十里路遠，就會被烤得像一隻挂爐鴨似的；一到跟前，就連骨灰都燒得没有了。

然而樂園在火焰山那邊。

那弱水有無數丈深，水面不能浮起任何東西，哪怕一縷毛羽，也會馬上沉下；而且那水是天下的一種最毒的水，任何有生命的東西，不能在裏面活到一秒鐘。

然而樂園正在弱水的當中！

然而我要到樂園去，因爲樂園就是我的愛人。

那麽請告訴我，死谷在哪裏？我要從死谷上走過去；請告訴我，火焰山在哪裏？我要從火焰山上走過去；并且請告訴我，弱水又在哪裏？我要從弱水上走過去。我要搭一座橋，一座美麗的，多彩的虹橋！這一頭就在我們脚下，另一頭直達樂園的大門，跨凌着死谷，跨凌着火焰山，也跨凌着弱水。我走在最高頭，全世界的人跟在後面，一齊從這橋上走過，一直走到樂園！

當我一走到橋的盡頭，我將怎樣地歡呼：

“親愛的喲，我終於看見你了！”

三　嚮太陽

我的愛人是太陽。她是那樣的熱，她是那樣的光亮，而且她是那樣的美麗。

我要到太陽上去。

我騎着地球，用力地鞭打！

“我説地球，嚮太陽！太陽是你的靶子，你像一支箭離開弓弦似地向它射去吧！你像一顆子彈離開槍膛似地向它射去吧！”

地球馱着我在太空中奔跑。天風梳着我的散髮，雲霧在我的身邊擦過，雷霆壯着我的聲威，我們走得迅速而且順利。但是跑來跑去，總是圍着太陽在兜圈子，一步也没有走近太陽！我抛棄了無用的地球。

我騎着火星，用力地鞭打！

“我説火星，嚮太陽！太陽是你的靶子，你像一支箭離開弓弦似地向它射去吧！你像一顆子彈離開槍膛似地向它射去吧！”

火星馱着我在太空中奔跑，但是跑來跑去，總是圍着太陽在兜圈子，一步也没有走近。我又抛棄了無用的火星。

我騎着天王星，鞭打天王星，但是天王星不能走近太陽！

我騎着海王星，鞭打海王星，但是海王星不能走近太陽！

我騎遍了九大行星，同樣地鞭打它們，它們也同樣圍繞着太陽，一步也不能走近。

有一個神人，他名叫后羿，曾射落過九個太陽；我要到他那裏去，叫他把我當作一支箭或者一顆子彈，向太陽射去。但是我不認識他，也不知道他在什麽地方，并且不知道他還肯射不肯。

我惆悵地望着太陽，她是那樣的燃燒，那樣的光亮，而且那樣的美麗！我却不能走近她！

不！我一定要向她走去，我不要任何憑藉，我要自己像一支箭，像一顆子彈似的射去。我要從肋下生出兩隻黄金的翅膀，變成一隻大鵬，足履浮雲，背負青天，從南溟，從北海，向我的愛人飛去。

然而風阻止我，雲阻止我，星球們也警告我，好像他們比我還理解我的愛人些。他們説：

“你不知道太陽是多麽熱呀，是怎麽樣的不可嚮邇的烈火呀！你一走近她，你就被她燒燬了，你連自己的生命也没有了！”

我不知道他們的話是對的還是不對的；但是我想：如果我不能投身在她的懷抱裏，這孤寂的生命，像山谷裏的一株快要枯萎的草一樣，有什麽意義與價值呢？而我和她結合了，縱然被燒燬，喪失了生命；却也被熔解在太陽裏面，變成她自己，變成和她不可分的一部分了。而且人們想得多麼迂遠哪，我的生命是短促的，到太陽的路是遥遠的，説不定不能走到半途或半途的半途，生命就會捨我而去，我還能顧到失去生命之後的我的被燒毁或者不被燒毁麽？

是的，我應該向太陽走去。一嚮太陽，瞧，我就如此地遍體光輝，如此地充滿了希望。

"親愛的喲，"我向太陽喊，"照臨我吧，我向你走來了！"

四　火的喬遷

我的愛人住在天上。那天的西北角有一個大的缺口，我可以從那缺口望見我的愛人的隱約的身影。我正在想法子從那缺口走上天去。可是一個老女巫把那缺口補好了！我不知道她用什麽補好的。

我碰見那個老女巫，就是人們稱之爲女媧的，她得意地對我説：

"要不是我，你們這些不信者會通同變成灰的。"

"爲什麽呢？"我冷冷地問。

她似乎并不真的認識我。

"前些時，"她説，"我正在忙着補天，精神都貫注在那一樁事情上，地下的事情就很少留心。當我在天的缺口嵌好最後的一塊石頭，看見它們和天色完全一樣，連我自己也看不出半點破綻來的時候，禁不住久久地抬起頭來賞玩、摸撫。可是當我一低頭，啊！可不得了，我看見地心的火，往外直衝，簡直要衝破地殼來了……"

"蠢物！要不是你忙着補什麽天，把地上的石頭都搬走了，火總衝不出來的呀！"但是我没有駡出來，衹是若無其事地説：

"地殼不是很厚的麽？"

"東南方，地殼本來就薄些，煉石頭的時候，隨手取材，又過多地取用了那裏的，那裏就格外薄了。地心的火，隨時都在找這樣的地方冒出來，現在被它找着了。要是遲一點發見，一衝出，一蔓延，恐怕……"

“於是你……”

“於是我就慌了，趕忙抓來一架山，填塞在那低窪的地方。不够，就又抓一架；不够又抓一架。總算把那個地方填得厚厚的。火不容易冒出來了。”

親愛的喲，那火就是我呀！我不但要燒毁地殼，并且要燒穿天幕，爲的可以上天去看你。

然而被那女巫擋住了。

“火多麽馴良啊!”我譏諷地說。

“不！它看見這個地方衝不出來，就折轉到别的地方去了，别的地方也有地殼比較薄的。”

“你將怎麽辦呢?”

“不要緊，地面上的山還多呵，比如泰山，華山，昆侖山，峨嵋山，喜馬拉雅山，阿爾貝斯山……”她背出全地球的山名。

“你不覺得那些山有限麽?”

“但是地面上還有水，火一見到水就會滅的。”

“如果滅不了，水就會被燒乾。”

“所以我現在正在製造水，讓整個地面都變成海洋。”

“即使這樣，火也不會就絶迹的。”

“爲什麽呢?”她似乎驚慌起來了。

“那是什麽?”我指着天空的西北角問，那裏正是晴天一碧，萬里無雲，其實什麽也没有，什麽也看不出。

“那麽……”她忸怩地説，她以爲我看出什麽破綻來了。“那是一些石頭。”

“却又來！在整個地面變成海洋之前，在全人類變成魚鱉之前，你早已把火搬到天上去了!”

“你耳朵有毛病，我説那是石頭，并不是火呀。”

“我没有聽錯，”我説，“倒是你的記性太壞了。你忘記了古代哲人的名言：‘石在，火種是不會絶的。’”

親愛的喲！石頭就是我的友人。我的友人已經上了天，總有一天，我會步上他們的後塵的。

五　虛幻的城

我需要把握一個真實的世界，我需要寄托在真實的世界裏，因爲我和我的愛人是真實的人，我們的愛是真實的愛。

城市的馬路上。是黄昏的時候。十字路口的街燈已經亮了。兩邊的商店門口的燈火也已經亮了。那些商店都是一些高大的，奇特的建築，窗橱裏陳列着五光十色的物品。每一件物品都向過客妖媚地笑着。但這時候，不是白天，却也不是黑夜，那些燈火并不顯得輝煌。這城市的顔色是暗淡的。

馬路上的人像潮水一樣涌着：從東到西，從南到北……不知從什麽地方來，也不知到什麽地方去。我看不清他們的面目，衹能覺得他們都穿戴得非常整齊，女性們更打扮得使人可以從她們的服飾上感覺到體態的嬌好，當她們從身邊擦過，似乎還可以聞到一點微微的香氣。這是冬天，草木都已經枯萎，但在城市裏，有了嬌好的女性的點綴，也就無異於萬花争放的春的庭園。

我在這人海裏彳亍，也不知從什麽地方來，更不知要到什麽地方去，衹是這樣彳亍着，彳亍着，被别人所擁擠，同時大概也擁擠着别人，我的愛人不在我的身邊。對這城市，我是陌生的；我自己又是孤獨的，我的愛人不在我的身邊。我忽發奇想，那人的潮水裏面，或者有我的朋友，或者有什麽熟識的人。於是，我留意從我身邊走過的人，留意不從身邊走過，但可以望得見的人，却找不出一個熟識的面孔，一個熟識的姿態，一個熟識的側影或背影；也許是因爲燈火既不輝煌，白晝又離開這城市而去了。

在這樣大的城市裏頭，在這樣多的人群中間，我不應該有一個朋友或熟人麽？我不可能有一個朋友或熟人麽？於是我向那些人們喊叫：“親愛的行人們，一個你們的朋友到這城市裏來了，一個你們的朋友在你們中間走着。無論誰，他都準備和他握手，誰要是願意伸出手來。那麼來吧，讓咱們爲咱們的友誼祝福吧！”我的聲音是微弱的麽？那些行人的耳朵都有毛病麽？没有一個迎面來的人望我一眼，没有一個走在我前面的人掉過頭來，似乎没有一個覺得這城市增加了一個陌生的客人。莫非在他們看來，我是不存在的麽？

高大而奇特的建築威脅着我，整齊、嬌好而且衆多的人們威脅着我，連我自己也覺得自己果真是如此的襤褸、醜陋、藐小、平凡，如此的不足輕重甚至於并不存在。也許我果真并不存在，我消失在這人群中了，消失在這城市裏了，我没有了，我死去了。

然而我没有死，或者説我又蘇生了。當我蘇生的時候，并不在這城市裏，并不在人群中間，倒是在那四無人煙，連草木鳥獸也没有的沙漠上。寥闊而荒凉的沙漠呀！然而我又看見了城市，看見了城市的建築，燈火和擁擠的行人。這不是沙漠麽？不，是的！這看見的一切不過是沙漠上的幻影，沙漠和海洋，據説，有時會有些虛幻的景象顯現的。不信，你試摸撫任何一個人吧，你將不會得到接觸任何物體的感覺；你走進任何一座建築吧，你將覺得那建築離得你更遠；你走着的街道并不是真實的街道，你看見的燈火并不是真實的燈火，而且這城市根本就不是真實的城市。我需要真實的人，我需要真實的物體，真實的世界。就是沙漠吧，我也要毫無虛幻的景物掩飾的真實的沙漠。因爲我和我的愛人是真實的人，我們的愛是真實的愛。

我詛咒這虛幻的城市，然而我在這城市裏彳亍。黄昏漸漸變成黑夜，燈火漸漸輝煌，來往的人影却更顯得模糊了。我覺得幸而我的愛人不在身邊，不然，我全不知道該將她怎樣安頓。

六　妒嫉的狗

“天下的人都妒嫉我，用異樣的眼光看我，因爲我有一個至美至聖的愛人。越是這樣，我越是在他們面前昂頭闊步，表示我的驕傲。”

像這樣想，我心裏充滿了幸福，摸索着郊外的黑路走回家去。

天上没有月亮，没有星星，路邊也没有一個螢火蟲。我看不見面前的路，衹聽見秋風捲着落葉颯颯地響。

“快走到趙家的高房子了，要提防那門口的狗咧。”

我自己這樣警戒自己。究竟是熟路。我知道正走到什麽地方了。趙家的狗真厲害，每回打那門口過，哪怕是大天白日，它也要釘住人汪汪地叫的。

我提心吊膽地摸索着路，隨時準備前面不遠的地方，那狗會嗥叫起來。出乎意外呀，正走到那門口的時候，我習慣地知道正到了那門口，那狗還没有叫。

“今晚，它睡覺了，給關在狗屋裏了，或者生病了……我可以安閑自在地走回家了。”

正這樣想，突然，在我的後面，甚至是我的脚後跟，一聲“汪汪!”把我嚇了一跳；我知道就是那匹狗，却還是嚇了一大跳。回頭一看，我仿佛看見它的白色的身軀正在跳踉，仿佛有兩道白綫似的眼光正注視着我。我不知道它什麽時候不聲不響地繞到我背後向我襲來，也不知道它爲什麽一定要這樣地向我襲來。

“去去!”

我説。我向它揮手。我看不見自己的手臂，但是它看見了，我覺得它有點兒後退，雖然仍然汪汪地叫。我想趕快離開這地方，不覺脚步走得快一點；可是它更快，一眨眼，就跳到前面，扭轉頭來迎着我叫。我向前走一步，它退後一兩步，馬上向前兩三步。我走着，它那迷糊的白影一進一退地跳着，離我這麽近，使我幾乎邁不開脚步。這時候，遠近的别的狗聽見它叫，也都跟着叫起來。

“去去!”

我又舉起手，手是空的，它并不怎麽害怕，還是迎着我叫，我蹲下去，做出在地上拾取石子的姿勢，它跳開了。我又起來走，它看見我并没有投出什麽，也就并没有什麽可怕，就又跑攏來，這回却不是在前面，而是在旁邊了，我又蹲下去，用手在地上摸索。恰巧有些磚頭瓦塊，隨手拾起兩塊，裝作什麽也没有地走。它果然又從後面趕來。我出其不意地一回身，向那迷糊的白影投出一塊磚頭去，不知投中了没有，衹聽見"汪汪!"地又大叫了幾聲，退後了好幾步；我也趁此邁開大步走了好幾步。等它再趕來的時候，我已經離趙家的門口相當遠了。狗是衹要一離開主人的門口，就没有威風了的。它站在後面遠遠地叫，别處的狗也跟着它叫，但我已經心平氣和，又聽見落葉在秋風裏颯颯地響了。

"這狗爲什麽要向我叫呢？如果趙家養狗是爲了防賊，我不是賊，不是很明顯的麽？我打那門口過了無數次，連那裏的一根草也没有損害過！誣賴不是賊的人是賊，算得正直麽？把不是賊當作賊報告給主人，算得忠實麽？狗的道理多麽難以理解呀！哦，我想起來了，一定是它因爲我有一個至美至聖的愛人。天下人不是正用異樣的眼光看我麽？趙家的人也在内。狗看見主人妒嫉我，也就跟着妒嫉了。這多可笑呵！人妒嫉我，因爲他們是人，也可以愛我的所愛；至於狗，算什麽呢！縱然我不愛我的愛人，我的愛人不愛我，於它似的畜生，豈不還是毫無什麽的嗎？然而它偏要妒嫉！

"在人面前，我曾經驕傲過來，在狗面前，更應該驕傲!"

這樣想，我又昂頭闊步起來，雖然誰也看不見，雖然遠近還有些零落的狗叫聲。

七　粽子的灾難

我是幸福的，我的愛人曾替我取過一個混名："粽子"。什麽意思呢？我也不曉得。取這混名的時候，大概被魔鬼聽見了，於是我得到詛咒，我真正變成粽子了。不過包裹着我的是鐵的草葉，纏着我的是鐵的繩索，使我的外形成爲一個生了銹的鐵球，又把我委棄在一堆廢鐵中間。人們看不出我是粽子，我也幾乎不能自以爲是粽子了。

然而我省視自己，我實在是白玉一樣的米糧，中間還摻合着美味的配料，并且剛剛煮熟了。我是應該令人垂涎的，因爲我自己就幾乎垂涎了；我是應該使人果腹的，因爲我自己就幾乎取以果腹了。

一個不幸的乞丐向我走來，他在城市裏乞討了一天，却什麽都没有討着。他的肚子裏不住地喧響，飢餓使他疲乏得不能行動，他衹得在我的旁邊坐下。“我餓極了!”他説。他信手把我拿到手裏，把我翻來覆去地看，“如果你不是一個鐵球哇，我就要把你吞下去了!”他説。他又信手把我丢在廢鐵堆上了。我想，我不能錯過這機會。於是大聲地説：“我是粽子啊！我是可口的食物啊!”可是他聽不見，我被包纏得太厚太緊，聲音透不出去。他坐了一會兒，就嘆着氣走了。

一個可憐的丫頭向我走來。她是挨了主婦的打駡，偷偷地到外面來哭泣的。她的主婦什麽都不肯給她吃，使她變得非常嘴饞，常常偷吃厨房裏的東西，却又因此而打她駡她。她坐在我的身邊哭泣，但不久又把什麽都忘記了，好玩地把我拿在手裏抛弄。我想，這回她可幸運了，衹要把我解開，她就可以得到一頓豐美的肴饌，并且誰也不會干涉。但是她認不出我是食物，聞不見我在裏面藴藏着的香氣，聽不出我喊叫的聲音，我被包纏得太厚太緊了。她坐了一會兒，抛掉我，就揩掉還未全乾的眼泪走了。

一個戰士向我走來。他在戰場上受了傷而且幾天没有進過飲食了。他又飢餓，又疲乏，一面呻吟，一面在我的旁邊坐下，接着就仰面朝天地躺在地上，枕着他的一支胳膊睡熟了。我想，我碰着一個最理想的顧客了，給乞丐或丫頭之類的人充飢，是遠不如給一個勞苦功高的戰鬥者果腹的呀。我又離他這麽近，他的手一動，就挨着我了。他睡了很久，以致我盼望了很久很久。但是他一醒來連挨也没有挨我一下，就站起來背上他的槍，又到戰場上去了。

以後又來過一些别的人，他們來了又走了，簡直像没有看見我一樣，這不能怪他們，如果我是他們，我走到我面前，我也不會認出我是粽子，也會像没有看見似地走開的。

我想，這不行，時間一久，我會腐壞的，我急於找尋一個食客，可是我不能動彈。我要挣脱這包纏着我的鐵的草葉和鐵的繩索，可是不能動彈；我要翻一翻身，不能動彈；我要吐一口氣，不能動彈！不能動彈，不能動彈，我被包纏得太厚而且太緊了！

不過無論怎樣爲魔鬼所乘，無論受得怎樣的灾難，我都是忻悦的。親愛的，一切都是爲了你，爲了你寵賜給我的這不知道是什麼意義的嘉名。

八　没有愛情的人

妒嫉我的人現在都非難我的愛情了。没有成年的兒童，以爲人生衹要有東西吃就够了，他們非難我的愛情！老年人的生命力正在凋謝，最適合的偉大事業是維持風化，擔起"世道人心"的擔子，他們非難我的愛情！肉體上和精神上的殘廢者，自己得不到幸福，也不願意别人幸福，他們非難我的愛情！憤世嫉俗而又不分青紅皂白的人，以爲任何男女間淫猥的行爲都是戀愛，或者以爲任何男女間的聖潔的戀愛都是淫猥，他們非難我的愛情！肉體崇拜者，任何配偶都能心滿意足的樂天主義者，自己正悄悄地戀愛，怕别人爲難，裝得比别人更反對戀愛的卑怯者，他們非難我的愛情！我厭棄他們！

我向世界走去，找尋同情我的愛情，尊重我的愛情的人，我相信一定有這種人存在，雖然我不知道他是誰以及在什麼地方。我從這個村莊到那個村莊，從這個城市到那個城市，從這個都會到那個都會，從這個國家到那個國家，碰見許許多多地方不同，國籍不同，種族不同，顔色不同的人類，我都向他們詢問：

"你贊成戀愛麽？你贊成我同我的愛人戀愛麽？"

他們不是裝着没有看見我，没有聽見我的話，從我的身邊走過，就是睁大着驚異的眼睛望着我；好像我是什麼奇怪的東西似的。再不然就一言不發，用超速度的步伐從我的身邊逃走，好像我要抓住他似的。我是個毒蟲麽？我是個猛獸麽？我是個傳染病菌麽？可笑而又可憐的人們啊！我厭棄他們！

我存心地離開這樣的人們，走到一個人迹少有的地方。那裏真是一個人也没有，祇有衰草，斜陽，古墓，荒碑！我要在這幽静的所在，忘情恣意地想念我的愛人。當我正在幻想有一天我能匍匐在我的愛人的面前的時候，忽然瞥見一個巨人在草叢裏出現了。他比尋常人大幾倍，面目却比尋常人模糊幾倍，豐草遮没他的脚脛，烏鴉栖息在他的頭上和肩上，夕陽照着他的全身，他屹然不動地站在那裏。我知道他的名字叫做“翁仲”，幾百年前就這樣站着了的石人。

“我説先生，你反對戀愛麽?”我擔心地問，凡是人或者像人的東西，我都提防他會非難我的愛情。

“不!”他説。

“那麽你贊成戀愛麽?”我説。我想我碰見一個同志了。

“不!”他説。

“你的態度是?”

“我不知道戀愛是什麽!”

“在這世界上，你不曾懷念過誰，不曾因爲誰的幸福而忻喜，不曾因爲誰的不幸而悲哀麽?”

“不曾。”

“不曾因爲一件榮行而想到，如果她在一塊兒就好了；不曾因爲一件羞辱而想到，幸喜她不在一塊兒麽?”

“不曾。”

“不曾因爲有了誰而覺得自己充實了，健旺了，聰明了，驕傲了；生命有了新的意義和價值，從此應該振奮，應該頑强地，烈烈轟轟地生活在這世界上麽?”

“不曾。”

“不曾因爲誰而不怕任何危險，願意忍受任何灾難，把赴湯蹈火，粉身碎骨，都當作等閑麽?”

“不曾。”

“不曾因爲誰喜歡你，你覺得世界光明了，不相干的人都可愛了，小猫小狗，一草一木各得其所，惹人憐惜了；而不喜歡你，你就覺得天昏地慘，走投無路，一切都是可憎可恨可詛可咒的麼？”

“不曾。”

“不曾感覺到靈魂與靈魂的擁合的快慰以及它們分割的痛苦麼？”

“不曾。”

“那麼先生，你爲什麼站在這兒，冒着風，冒着雨，冒着烈日和嚴霜；而且如此地倔强，倨傲和悠久？”

“誰知道呢？也許是看守着那墳墓裏的枯骨，也許是伴隨着陳死人的幽靈。”

“你多大年紀了？”

“記不清，大概五百多歲了。”

“不幸哪！”我説，“你是没有愛情的人。不過誰知道呢，也許你正是萬幸，因爲誰也没有你活得長久，假如你的存在也可以説是活的話。”

九　結　末

姑娘，就是這樣的一些詩篇，粗糙的，拙劣的，淺直的，在我都算是盡了至善的努力的詩篇。我希望你會看見：假如看見了，你會説，這莫名其妙的傢伙是誰呢？他究竟在發什麼瘋呢？我的生命的杯就爲幸福的醇酒所充溢了。假如萬一你記起這是一個熟識的人，因此而竟引起一縷輕微的哀愁，那麼那麼，你還是不要看見吧！

別了，姑娘！

一九四一，二，一，桂林

巨　像

朝暉透過清晨的薄霧，斜射在我的頭上，臉上和周身。我站在一個懸崖的邊沿，面前的大地像被一刀削去了似的没有了。百尺以下，是咆哮着的流泉，從那峭壁上横斜地伸出野草、雜樹和叢竹，它們帶着晶瑩的露珠在晨風裹徜徉。從野草、雜樹和叢竹的掩映中，流泉送來破碎的銀色的水光，和朝暉的黄金的光，和草樹的碧玉的光，錯雜，交綴，像狡黠的少女用誠言和謊語織成的情話擾亂你的心曲一樣地眩耀着眼睛。

一百種小鳥在樹叢裹歌唱、密語，那是司音的女神在愉快地撥弄靈巧的琴弦。它單純可又繁複，擾攘同時清幽，莊嚴而詭譎，平凡亦新奇；低訴裹突起一聲高歌，短曲中拖出無盡的長調。我想象着一群能言的稚子和學語的嬰兒睡醒後的那一片天機的嘵舌！

抬頭遠望，那天邊是迤邐的群山。繚繞的白雲，疏薄的宿霧，本來混淆了山影和長空的顔色，抹去了天和地的限界；多謝朝霞的襯映，那限界又重新清晰。從山脚一直到眼前，是一片廣闊的田野，菜花和豆麥的顔色裝飾着多彩的大地。高低起伏的田壠把地面畫成一面不規則的棋盤，蜿蜒的村路和溪流又粗率地把它劃破了。

三三五五的村落，隱蔽在葱蘢的樹陰裹；低矮的屋頂冒出縷縷的炊煙。村路上，農夫們挑着籮筐或糞桶走着；牧童趕着牛犢；一匹黄狗正在尾追一匹白狗；女人們蹲伏在水邊洗菜，搗衣服，幾個還離不開媽媽的孩子在她們背後玩耍；近一點的村子裹送來幾聲斷續的鷄啼……

這一切是多麼平凡囉！恐怕幾十年，幾百年，甚至更多的年辰以前，這地方就是這樣吧；以後多少年，恐怕也仍將這樣吧！廣大的祖國，多少土地上都有如此美好的春光；三十幾年的時間的洪流裹，登山涉水，更不知欣賞過多少日出的奇景。可是今天，這遠山，這田野，這村落，這從村落走出的人和牲畜，都使我感到分外新鮮，也分外親切。

我不是留連風景的人，我不喜歡游山玩水，我所出生、成長和生活過的城市和都會，也没有什麽山水好游玩。我不知道自然景色怎樣會有迷人的力量，走過許多地方，看見過許多名勝，常常發出一個稚氣的疑問：所謂風景也者，就是這麽一回事麽？如今，我在鄉村裏度過了差不多一年的時間，是我在鄉下住得最久的一個時期。從夏到冬，從秋到春，每天每天都有青山紅樹，板橋流水，送到我的眼前。我曾經看見過疏林的落日，踏過良夜的月光；玩賞過春初的山花，秋後的楓色。綠楊嫵媚，如青春少女；孤松傲岸，似百戰英雄。高峰奇詭，平嶺藴藉，各各給人一種無言的啓示。如果一個朋友，要交往越久，纔相知越深，生死患難中，纔有真實的情誼；自然的奥秘也應該不是浮慕淺嘗，所可領會，那麽，我對它們的低徊贊嘆，豈不是爲了我和它們有了較長的往還麽？

要這樣説也未嘗不可：可是朋友哦，我也到過遥遠的北荒，而且正是隆冬的時候。那裏没有一根草，也幾乎没有一根有葉子的樹，没有花，没有鳥，没有河水有碧綠的氣味；一望無垠，是黄色的塵土，是塵土的煙霧；不然就是白得耀眼的雪的山，雪的海，雪的一切。你能够想象那裏也有人煙麽？能够想象那裏的人也需要空氣麽？能够想象那裏的青春少女也像被扔棄了的塵芥，或者被拾荒的孩子們從垃圾箱揀選出來的寶物麽？就是這樣的一個北荒，當我第一眼看見它的時候，我就愛上它了。我的血爲它而沸騰，我的心爲它而跳躍，我的眼泪在眼眶外變成了黑色的泥土！爲什麽呢？它是我們祖國的土地呀！是真正的古老的祖國的土地呀！雖然我和它們是這樣生疏。

今天，倭族的海盗踏進了祖國的田園。祖國的禾苗被他們的戰馬嚙食了，車輪碾倒了，炮火燒焦了！祖國的森林房舍被焚燒了，牛羊鷄犬被宰殺了，没有成年的姑娘，也變成了婦人死或活在他們的淫虐之下了！祖國的大地整塊整塊地在魔手底下，鐵蹄底下，喘息，呻吟，顫抖，掙扎，憤怒！强盗所到的地方，縱然也是春天吧，我不相信太陽仍舊是温暖的，夜晚仍舊有星星和月亮；也不相信地上有綠的草，紅的花，樹林裏仍舊有黄鶯，麻雀，蚱蜢或毛毛蟲；更不相信屋頂能冒出炊煙，村路上還有頑皮的孩子和孩子們的夥伴：公牛、母牛、黄狗、白狗、老鷄或小鷄！

然而那些地方是我們的呀！昨天還是和我看見的這地方一樣的呀！一草一木，一石一水，都和這裏的一樣自由，一樣無憂無慮，一樣任意地發露自己的生的機能，賭賽着各各的美艶的呀！一想起那些受難的土地，自己的家鄉，脚印到過和没有到過的地方，一面爲它們擔憂，爲它們痛苦，後悔平常没有留心它們，没有和它們周旋繾綣，給與應該給與的熱愛，一面也就對這自由的天地，增加了無限的情感；正像懊悔冷漠了凋零了的故舊，就覺得殘存的眷屬都是可親的一樣。雖然明知失去的土地終會回來！

太陽漸漸升高了，長空顯得更爲明净，村路上的行人也更多了。農婦們從什麽地方抬來幾個擔架，那上面大概是傷病的戰士，向那水邊的一個村子裏走去；那村裏有一個大祠堂，是我們的戰地醫院的所在。她們一面走，一面唱着什麽歌；歌聲傳到我的耳邊，已經很微弱，但是還仿佛聽見了這樣的詞句："抬傷兵，做茶飯，我們有的是血和汗……"兩個女兵從那村子裏出來，手挽着手，脚步和着脚步，大踏步地從那橋上走過。她們和那些農婦們打招呼，詢問擔架上的病人，接着也唱着什麽歌走開了。她們也許是去治療了被虱子或者别的什麽小生物損傷了的皮膚，或者是去拿了金鷄納霜片——疥瘡和擺子是她們永久的友伴；不過也許是去慰問過什麽病人，現在又要出席民運會議去了。

另外的村子裏走出一隊學兵。他們背着槍彈背包和雜囊，每個人都提着一個蒲團，一望而知，是到山上上課去的。同時，戰士們也全副武裝，整隊地在路上走，不知是去上操還是去打野外。

突然，遠遠地傳來一陣鑼鼓聲，炮仗聲，一大群老百姓在那幾乎看不清楚的遠處顯現出來；走在頭上的似乎還高舉着旗幟之類的東西。他們也許是到部隊裏獻旗去的。但今天并不是什麽特殊的日子，這麽早也没有什麽大的集會；那麽，一定是送壯丁入伍了。這裏的壯丁，没有什麽花名册，用不着抽籤，更不需要繩子捆綁和軍警的押解；僅僅因爲我們的部隊没有徵發他們的財物，不少給做生意的人們的錢，没有調戲他們家裏的媳婦和姑娘，而女兵們到他們家裏去的時候，説話又那麽和藹。“我們不擴充部隊呀，我們的名額都滿了哇!”可是總是三個五個，十個八個，今天從那個村子，明天從那個村子，繼續不斷地送來。每回送來，又都像辦什麽喜事似的熱鬧。

三十幾年，我都過的一種個人生活，不知是什麽東西把我和别人隔絶着了。我不知道世界是什麽，人類是什麽，它們和我有什麽關係；它們也從來不曾感覺到我的存在。雖然每天在人海裏浮沉，雖然也學會了把“社會”“集體”這些字樣挂在口邊；其實衹是一個荒島上的魯濱遜；并且似乎一生下來就是這樣，并且連半個禮拜五也没有。

可是今天，我多麽高興呵，從那些農婦們，女兵們，學兵、戰士、壯丁們那裏，突然發見了我自己！我和他們在一塊兒工作，我是他們中間的一個；從他們身上，可以找到我的心和手的直接或間接的痕迹。我再不是一個孤獨的個體，我和世界，和人類是一起的；尤其是和這些爲祖國争生存争自由的人們，搶救着祖國的每一塊失去的土地的人們，創造新中國，新人類的人們是一起的！我多幸福哇，和他們一樣，我也有肉、有血、有汗、有體力、有智慧；我把我獻出來，而他們并不拒絶我，并不把我當作一個陌生人看待！我第一次感到自己生活在世界上，生活在人們中間，雖然我是這麽藐小，我的力量又這麽微弱！

我站在懸崖邊上，昂着頭，挺着胸，手插在腰裏，眼望着遠方；朝日從遥天用黄金的光箭裝潢着我，用母親似的手掌摸撫着我的頭，我的臉，我的周身；白雲在我頭上飄過，蒼鷹在我頭上盤旋，草、木、流泉和小鳥在我的脚下。晨風拂着崖邊的小樹的柔枝，却吹不動我的軍裝和披在身上的棉大衣。我一時覺得我是如此的偉大、崇高；幻想我是一尊人類英雄的巨像，昂然地聳立雲端，爲萬衆所瞻仰。過去的我，却匍匐在我的面前，用口唇吻我的脚趾，感激的熱淚滴在我的脚背上！

小號兵

太陽隱藏在稀薄的雲彩裏面，若隱若現地窺探着古城的市街。那雲彩，白而且亮，一縷一縷地展開，一層一層地叠起，鱗似地，疏簾似地，遮蔽着太陽，可又遮不嚴她，使她像一個至美的新娘，披着輕紗，却又可以從紗縫裏露出含情的慧眼，而顯得更其美麗。那紗，本身也是美麗的。如此的潔白，如此的細緻，輕柔地，妖嬈地，罩着新娘身上的華貴的服飾，徐徐而下。懸空的一段，在微風裏飄摇，拖在地毯上的則隨着新娘的款步而起着微微的波浪。好些時未看見太陽了，好些時未看見如此其白而且亮的雲彩了；而且，雲彩的那邊，太陽的那邊，那藍藍的天空，也好些時未看見了。現在是冬天，昨晚以前，還一直在落着雪咧。

太陽一出來，天氣就暖和多了，雖然連天疲勞，昨晚又幾乎整夜没有睡，也覺得精神十分朗爽，街上的積雪已在開始融解，滿街是烏黄的泥水，街心的石頭有的已經露出來了。我獨自沿着墻，靠着人家的檐邊，找尋乾燥一點的踏脚處。儘管這樣，皮鞋和褲管還是濺上了不少的泥漿，檐溝滴下的雪化的水，有時又冰凉地滴在後頸窩裏。

正走着，什麽地方的軍樂隊由遠而近地送來一陣嘹亮的號音。那號音在寂静的街上震顫、迴旋，仿佛石投入水時所引起的漣漪。我不自覺地放緩了脚步，側耳探索那號音的來處，我究竟愛軍隊的呀！

轉眼之間，軍樂隊從對過不遠的一條窄巷裏出來了。一個成年的指揮者後面，是十幾個打齊指揮者的肩膊的小號兵，都穿着長到快要打齊膝蓋的棉軍裝，細而長的腿上纏着一色的布裹腿。臉和手都凍腫了，紅紅的，像煮熟了的紅蘿蔔。他們四五個人一班，交替地，銜接地，吹着莊嚴而激越的行軍號。吹號的時候，嘴的兩邊的臉，都鼓起來，像膨脹的汽球，臉則因爲用力而更爲暈紅。在他們的手上，號角閃着燦爛的金光，金光和酡顔又交織成黎明時的霞光萬道；在這泥濘的街上，竟是不曾想到的奇美，招誘着寥落的行人。那些小號兵邁着堅實而齊一的脚步，踏着泥漿，踏着尚未融解的積雪，污濁的泥漿向四面飛濺，泥水把他們的膠底鞋都浸透而且吞没了，他們毫無感覺，毫無顧恤似地，踏着號音的節拍前進。

我站在街邊，側過身，凝視這新生的隊伍，望着他們在街上走了一截，望着他們在一個横街口形成一個直角的大轉彎走了。他們的背影消失了之後，我還在傾聽那漸遠漸小的號音，心裏和它起着共鳴的節奏，好像自己也正在那隊伍裏，和他們一齊，一二一二地走着。那走在最後的兩個最矮的小號兵，看起來不過剛過十歲，拖着一脚泥水，顢頇的，笨拙的，幾乎是跟不上的姿影，更是清晰地映入了我的腦中。我想："孩子們長大起來了！"不覺歡悦地點着頭，獨自在心裏發出無名的歡笑，仿佛看見那些小號兵，正在前綫吹着衝鋒號，驅遣着英勇的將士殺戮敵人！

更　夫

打更的，或者説更夫，你留意過没有？在這社會上是極其特别的一種人。首先，誰也不認識他。白天裏，即使碰見他，也不知道他就是更夫，衹當他是個普通的窮人。夜晚，你碰見他又知道他是更夫的時候，他對於你，衹是一個黑影一樣，誰也不會發生這種欲望：這打更的長着一副怎樣的面孔呢？而走上前去看個仔細，即使你手裏正拿着手電筒什麽的。

没有誰比更夫更不怕寂寞，也没有誰比更夫更會走夜路，至少也没有他走的時間長。他常常是一個，頂多也衹兩個人，誰看見過一連人，一排人，在一塊兒同時打更的麽？我相信，誰也没有見過。他出來的時候，最早，街頭巷尾的人們也開始少下去了；他永遠不帶煙火，衹有不中用的更夫纔帶煙火，但是所有的大街小巷他都熟悉，并且永遠不跌跤。雖然也許跌過而我們不曉得。他又知道許多别人不容易知道的秘密，比如説：在白天都是岸然道貌的正人君子，冰清玉潔的貞女節婦，一到夜間却變成剛剛相反的一種人的那一種人的秘密；他又能把這種秘密關在肚子裏，聽别人對那些正人君子，貞女節婦的贊頌，而一聲不響。

末了，更夫常爲詩人所贊嘆。有一個詩人咏更夫的詩句“不是愛好夜，而是夜的覺醒者”，把更夫説得簡直像聖哲一樣！就爲了這句詩，我幾乎想去當更夫，因爲我也不愛好夜，而夜晚常常睡不着。然而詩人不把那樣的警句拿來咏一個失眠症患者，却拿去咏更夫，就因爲我不會像更夫那樣打鑼敲梆子，把我的存在報告給詩人的原故。

我不是詩人，但我也曾寫過贊美更夫的詩，詩曰：

於沉黑中辨清自己的路，

於寂寥裏發出聲音，
在人們都睡着了的時候，
用更鑼
記述夜的脚步
一直到天明。

一九四六，一一，二三，重慶

上　山

是秋初的夜間，好幾天没有下雨，天氣有點悶燥。公園裏的花草發着濃郁的香氣，月亮把屋的影子，樹的影子，人的影子，投在地上，使路變成黑白相間的花路。走過了網球場，就開始上山了，幾十步坎坎之後，拐彎，是一道青石的斜坡，没有坎坎，本來就很滑，又不知什麽時候，幾塊大石頭崩在旁邊，路上現出一個黑洞洞的坑，祇有靠山的那邊有一道剛剛可以放一隻脚那麽寬的土路，而且有三四步遠。要用手杖拄穩了纔能慢慢地踏過去，過了這一節斜坡就上了公路，公路寬闊而平坦，月光照得白白地，好像鋪上了一層霜一樣，我解開襯衣，摸摸胸前，有點點汗，心跳得很急促。微風迎面吹來，又覺得有一點舒暢。

什麽地方有人講話，越聽越近，當走近二百四十五坎的時候，纔完全聽出他們談話的所在。二百四十五坎兩邊都是一些亂的小竹子，低矮而叢多，把那一帶的山坡全鋪滿了，除了露出二百四十五坎石階。石階左手一兩丈遠的地方，有一片長竹林，竹林深處，有一兩户人家，在二百四十五坎上下的時候，常常隱隱約約地聽見的，談話的聲音就從那竹林裏出來。聲音是四五個人的，都似乎很年青，當然，深夜了，還這麽高聲地在月下談話，這勁兒就很年青。他們顯然是在辯論什麽，幾個人在同時説，搶着説，都很急促而且激昂，似乎每個人都想用聲音把别人的聲音壓倒，却又壓不倒；每個人的聲音都妨害别人的而又爲别人的所妨害，不知他們自己能不能够聽清楚那些話裏面的意思，我却上完了二百四十五坎，幾乎什麽話也没有聽出來。祇聽見兩句——一個説：“存在就合理。”一個説：“合理纔存在。”雖然没有聽清楚他們究竟辯論的什麽，却一面聽，一面上，不知不覺上完了二百四十五坎。

過了二百四十五坎，又是一節較平的公路。這兒是山，很荒野的，却有一條公路，通到半山腰。聽説，這山頂上有一個政治和尚，和闊人們有交往，闊人們要上去看他，他要下山看闊人們，路局方面就特别開一條公路，讓他們的汽車可以上下。可惜山太高，開起來工程太浩大，衹完成了一半，就停頓了！繞彎太大的地方没有人走，雜草在公路上豐茂起來，公路就變成一節一節的了。中國的一切，直到現在，還都是爲特權者所有，幾千年家天下主義的思想，并没有經過什麼折扣。一方面是特權者自己，以爲中國就是他的家，要什麼就是什麼；一方面是特權者的伺候人，以爲中國是他的主子的家，體會主子要什麼就給辦到。在這荒山上開闢公路，就是一例。此外，特權者和他的伺候人還要儘量在老百姓面前顯得優越，比如從城裏到這山麓，要經過幾個鐘頭的公路車，車少人多，老百姓買票要排隊登記，往往從半夜兩三點鐘排起隊，到早晨六七點鐘纔衹有半數能登記得上；登記上了，又必定有四分之一乃至三分之一的人要到下午四點鐘纔搭得上車。但這不過老百姓如此，至於老爺們，則有許多辦法免除這一切麻煩。有不花錢的“换票”，有“半價换票”，有“特約”，有“公務車”。他們都不用排隊，隨到隨登記，每班車都規定在排隊登記的老百姓之前買票，首先上車，占據車上的幾乎全部座位。我不相信一個老爺的事情會重要過老百姓，急於老百姓的；不相信他們的腿或屁股尊貴於老百姓的；不相信他們和老百姓不是同等價值。老爺們啊，到了今天，你們還不把老百姓當作和你們一樣的人看待，還不覺悟你們的無論什麼，决不比任何一個老百姓高。告訴你們：你們永遠也不會得救的！想着想着，走到了松林。

松林裏有一個土坡，没有坎坎，如果修坎坎，大概至少是兩三百級。好幾百或一兩千棵不很高大的松樹排列在路的兩旁，松枝黑壓壓地把天空都遮住了，路有三四尺寬，和松林裏的别的地方的顔色都不一樣，從上頭到下頭，傾斜着，好像從人脚下展開着一匹布似的。路上由於樹列和樹蔭所形成的長拱，很像房屋裏面的走廊。抬頭一望，那頭的進口襯着天空，顯出一個彎門形來，那彎門使我感到一種無名的忻悦，好像我一向都在這樣狹窄而悠長的隧道裏走，現在望見了盡頭，要馬上置身於廣大的天地裏了。這路，在有些日子，就是不下雨，也常有濕滋滋的蘚苔，險峻處往往使人滑倒；現在却很乾燥，似乎連露水也没有，從松蔭的隙縫裏篩下的破碎的月影鋪在路上，不知是松枝在夜風裏動摇呢，還是我走累了，腦子有些摇摇晃晃，覺得那月影在地上動着。踏着動蕩的月影和一些鬆軟的松針，我一面上，一面喘氣，脚越來越拖不動，連身子也頗有些躐躐跌跌，一穿過松林，就在路邊的土埂上坐了下來。

這山，我上下過許多回，熟習得很，坐着的這一帶，是一片田野，但大部分是光秃秃的，長着一些野草，田埂上偶然有幾棵桐樹，有一塊，當中有一個屋頂形的低矮的守夜棚。上面不遠的路邊的村子，有三五户人家，想是這一帶的田地的墾殖者們的住處，在這夜間，雖然有月光，却連影子也看不見。

月夜，在山野，在郊原，不知什麽道理，總給人一種美感，比如這山上，除了路，除了田野，除了對山的黑影，幾乎什麽也看不見，看得見的，也無不朦朧，但人覺得舒適，覺得空曠，像在清流裏游泳；臨着汪洋大海，覺得新奇而浪漫，像這世界并不是存在的實體而衹是想象中的存在；覺得人的地位在被毫無限制地提高，人的靈魂，在無形中變得高邁起來，好像整個世界再没有别的人，不爲别人所有，衹有自己是這世界的唯一的君臨者了。在白天，在大城市裏，被無數的人擁擠着，被高大的建築威脅着，被權貴們的車水馬龍驅逐着，呵斥着，被搽脂抹粉，奇裝異服的浪子蕩婦們鄙視着，人，有時候連自己也覺得渺小得像一匹螞蟻，甚至并不存在！唯有置身於這種勝地良宵，這纔覺得不但存在，而且存在得如此地顯要，如此地昂長修偉，反是那大城市裏的種種，連輕蔑地一瞥，也值不得給予了。

但是抬頭望天，天空并不清朗。有一道微薄的霧瀰漫在空中，月亮還未到天中，形狀像蚌殼一樣，圓不圓，扁不扁，也不怎麽好看。天的正中，從南到北一條長的雲約略兩三丈長，像老樹那麽粗，從頭到尾，像一段經過繩墨刨削過的木頭，幾乎没有一個地方比較粗些或細些，起初還微微一點彎曲，有如弓形，但剛一這麽覺得，它就變得直挺挺的了，顏色是灰的，像死人的臉，好像月亮并没有照着它，或者縱然照着也不能把它變美，好像在故意跟月亮撇氣，説你能把什麼都照得好看麼？我偏要做出一個難看的樣子，看你有什麼辦法？我最喜歡看雲，日出日落前後的多彩多變的雲，可以難倒天下的圖工，那美不是言語可以形容的。夏日的午後，坐在清淺的河邊，近瞰蒼鷹的巨膀在沙灘上盤旋，遥望天邊的白雲起滅變幻，聚散流走，人的思想就會跟着豐富而且高遠起來，常以爲古代那些不朽的神話就是這麼一面握着筆，一面望着雲寫出來的。晴明的秋夜，月光如水，輕雲如羅，在高邈的藍空底下，給人怎樣的一種幽美而恬静的感覺啊！雲，無論什麼時候，無論什麼季節，除了布滿天空等於一無所有以外，幾乎没有不美的，然而今夜我却看見醜的雲，死的雲了。

一切的雲，無不自成一種形狀，不是像這就是像那，或者一時像這，一時像那，或者一面像這，一面像那。我坐在地上，仰望着那頭齊脚齊的呆木頭，看他還能够像什麼，注視了很久，終於讓我看出一點道理：像一隻膀了，一隻臃腫，痴肥，没有曲綫的膀子，膀子的一端，有幾個杈杈，像分開的手指。指縫裏透出兩顆小星，那星，像我坐牢的時候，每打女牢門口過，必定爬在小窗口，隔着窗口望我的，我的愛人的眼睛。當時我是怎樣痛恨那女牢的門，把我和我的愛人隔絶了呵；而現在，那隻大手，又隔在我和那些小星之間，我相信那些星决不僅兩顆。

我好像看見過那隻膀子。有一陣，有幾個畫家喜歡畫一種奇怪的畫，比如畫人吧，把人的頭和軀幹都畫得很小很瘦，却把肢體畫得很大很臃腫，一隻膀子可以遮住那人的全身，一個手掌可以遮住整個頭。不懂得那是什麼道理，也不知道是一種什麼畫派，總覺得這種畫在玩弄人的感覺，那膀子，手，或者腿和脚都非常醜惡而可恨，甚至想：自己如果有力量，這種畫家，非給點顏色他看不可，那横在天空的膀子，就跟那種畫家畫的一樣。

我又好像接觸過那隻手，若干年前，曾經碰到一個大人物，即後來有人説他是“一身猪熊狗”的。他并不高，却有一個幾乎比别人的大三倍的頭。他的臉也比別人大兩三倍，鐵青而又烏黑，分不出耳眼鼻口，真有點像猪或熊的樣子，但他的眼和口也是大的，眼裏還放出炯炯的光，口裏又露出着兩顆牙齒，使人不禁想起舊小説上的“頭如巴鬥，眼賽銅鈴，口若血盆，青臉獠牙”之類的句子來。“這位是……”介紹人説。“哦哦……”我們彼此都做出“久仰，如雷贯耳”的樣子，於是就握手。呵呵，他一伸出手來，把我嚇了一大跳，多麽大的一隻黑手呵！一個個指頭像蘿蔔一樣！當我的手藐乎其小地擺在他的掌心裏的時候，我不覺眼盯住手背上的黑毛而身上打起寒顫來。天空的手，就跟那隻大手一樣。哦，它在動，它要抓我呀！

我看着它幾乎有半個鐘頭之久，一點變化都没有，而且越看越難看。月亮漸漸向它走近，微風凉爽地吹來，唧唧的蟲聲，響遍了山林……這麽好的夜晚，却被一塊醜的雲破壞了！我不是唯美主義者，但相信一切醜的東西都不應該存在，誰高興鑒賞醜東西呢？醜東西對於人有什麽好處呢？二百四十五坎那兒的青年説“存在就合理”“合理纔存在”，試問：像這樣一塊醜的雲，它合什麽理呢？爲什麽存在呢？而且，它是誰的膀子？仗着誰的力量横亘在天空？人，有時對於天空的事情很留心的。當天狗吞蝕着太陽或月亮的時候，家家户户都敲鑼打鼓鳴鞭放炮來驅逐那貪饞的魔物。現在這横在天空的魔手，爲什麽没有人起來驅散它呢？難道天下人都睡熟了麽？

我憤激地站起，决心不再看它；提起上衣，拄着手杖，打算背着它，也背着月亮和那指縫裏的星星們，踏着自己的影子走上山去。突然，遠處有炮仗的聲音，斷斷續續的；這幾天，因爲日本投降了，這兒那兒常有人放炮仗，慶祝我們也跟着别國一同得到了勝利，舉目四顧，側耳傾聽，不知聲音從何處來，更不知是爲了慶祝呢，還是真有人起來驅散這醜的雲了！

一九四九，八，一六脱稿

過海記

香港那邊没有望，九龍這邊，那幾丈長的蕩漾在海裏面的霓虹燈影，已經看不見了。這就是説：輪渡快攏岸了。性急的人，正紛紛離開座位，站到上下口去，準備一靠攏，就搶先上岸。也許因爲船上的燈光太强，望見船外的海空是昏蒙蒙的。

“我們喝汽水去?”╳説。似乎怕我問“爲什麽?”就接着補一句：“天氣太熱了!”

“好。”我説。我也覺得口渴。但，船行在海上，却還凉快，我常想，什麽時候，船攏了也不上岸，坐在船上讓它過來過去，乘一回凉。

撲通！突然，海面響了一下，就在我們左邊的船外。船靠岸時，不是有船上和岸上的水手要隔水丢繩接繩的麽？那是一種好手藝，一丢一接，百發百中。但這回却走了手，繩子掉在水裏了，我正這樣想，左後方的欄杆邊一個人嚷：

“啊啊——”

回頭一看是一個穿白短衣的人，不知在嚷什麽，一面嚷，一面取了一個挂在欄杆上的救生圈丢到海裏去了。這纔明白：有人跳海！我一明白，╳也明白了，把我的手抓得緊緊的，好像那跳海的是我，她要救我似的口裏還幾乎叫了出來。幾個人跑到欄杆邊向下面望，已經走過去了的人又回轉來。許多聲音在詢問和嚷叫：“誰?”“丢救生圈!”“停船！趕快把船停住!”“有人跳下去啊!”“在哪裏?”“看不見！天太黑了!”“真可怕!”“又是一個!”“喝醉了吧?”“失戀吧?”“生活過不下去?”“唉唉，這樣的社會，還説什麽呢?” “香港就是這樣：一邊是窮奢極欲，一邊則……”

我没有留意！那人就在我的左手邊，祇隔三四尺遠，稍稍靠後一點點。我覺着那兒是有一個人，靠欄杆站着。但前前後後，靠欄杆站着的人很多。我没有看見他，高矮，肥瘦，老少，都不曉得，連他穿的什麽衣服，衣服的顔色，都不曉得！衹覺得他似乎是中國人，是男人，他跳得多快呀，跳的時候，連影子都没有覺着晃一下！他什麽時候站在那兒的呢？什麽時候決定跳海的呢？爲什麽要跳海呢？跳海之前，他想了一些什麽呢？臉上是什麽樣子呢？唉唉，爲什麽不早看他一眼哪！

我看見過殺人，没有看見自殺。自殺原來是這麽容易，簡單！這自殺者剛纔還在我的近旁站着，那時候他還活着；此刻呢？他一定活得很痛苦；此刻呢？有人跳下水去救了，船向後退了，該救得起來吧？他還没有死吧？我不曉得我在想什麽。我站起來，想到船邊去望望，一隻手還被╳牽着，她却還没有站起。我從人縫中向海上一望，黑洞洞的看不見什麽。對面是碼頭，鐵棚隔着候船的人們的臉，他們似乎也在嚷叫，在騷動。我没有動。我不知我在做什麽，應該做什麽，能够做什麽！如果我是個游泳家……

從人們的嚷叫中，從船外的一些什麽聲音中，知道岸上也有人下水救人去了，還有救生船也開動了。船在水中停了約莫二十多分鐘，結果，連那人的影子也未看見，其實這時候縱然把他撈起，大概也不中用了。

船重新靠了岸。走過跳板的時候，╳又緊緊地捏着我的手，好像怕我或者她自己會滑倒。我們没有説話。上了岸，回頭望了一下，海面還是那樣昏蒙；對岸的萬家燈火還是那樣閃耀着各種各樣的顔色，細長的燈影，和先看見過的九龍的一樣，在海裏蕩漾，像什麽事也不曾發生。

我覺得渾身是汗。我的心好像——好像什麽呢？説不出來！忽然想起徐志摩的詩句：

“海，海，你不再是我的乖乖！”

一九四八，七，二〇，香港。

上　岸

船慢慢地靠岸，岸上的像在一種香煙裏面的畫片上看見過的一排一排的高大的洋房子慢慢地攏來了，攏來了！

十三四歲的時候，在小學畢業不久，升學是個美幻的夢。有中學的地方，頂近都有一二百里，武漢是三百多里，没有鐵路，到通輪船的地方去，也有百把里。到武漢去要“盤程”，進學校要學錢伙食錢；打聽一下，在武漢讀書的，半年裏用一百幾十串！這數目嚇壞了我們全家人，爸爸，媽媽和我。爲了我，爸爸時常懷念科舉制度；有科舉的時候，可以在家裏讀書。現在讀書却一定要進學堂，學堂又衹有大地方纔有，一定要離開家纔能進！我呢，每當暑假，看見從前的同學從外面回來，穿着他們學堂裏的制服在街上走的那趾高氣揚的樣子，就覺得自己變成了一個酸秀才：不理他們，對他們説些莫名其妙的醋話，甚至以爲他們并没有讀書，不過在外面糟蹋錢罷了。心裏呢，其實倒是想什麽時候，也穿起他們那種衣服，在武漢那樣的大地方走走的。這心境還記得清清楚楚；但是人却不但到過武漢，還到過比武漢更遠的地方；并且漂洋過海，就要脚踏到外國的土地上了。新加坡！新加坡！這地方真的是你麽？

乘客們麇集在靠岸的這一邊，擠得密不通風地在向岸上揮手，每個人都發着想蓋過别人的聲音的喊聲。想是岸上也有許多人在向船上揮手和喊叫；我們站在人們背後，看不見，更聽不見聲音，那聲音都被船上的人的聲音壓倒了！

突然不知是從天上掉下，還是從海底涌出，船面上出現了十多個穿短袴褂，衣服没有扣好，渾身曬得黑紅的苦力，探頭探腦，慌慌張張地亂跳亂嚷，向乘客們兜生意。我的同伴鏡秋，用手招了一個來，指我們脚邊的一口箱子和鋪蓋捲給他看，問他要多少錢。他把兩樣東西提得試了一試，用手把嘴邊的一節半寸長的香煙頭取得丢了，然後伸出直楞楞的五個手指説：

“唔門!”

“唔門?”鏡秋像讀文章似的摇頭晃腦地學他的話，反問他；一面又轉過臉來向我伸了伸舌頭。我們雖不懂廣東話，“唔門”兩個字却懂得，豈不就是五塊錢麽？但我們兩個人合起來都衹有三塊新加坡錢，是在厦門换了特爲準備上岸的時候用的。其餘還剩下的兩三個雙毫子，這地方恐怕不通用了。那苦力口裏不知咕嚕了一些什麽，鏡秋用他慣用的北京腔，有板有眼地説：“兩角錢一件，兩件四角，給你四角錢。”他伸出四個指頭，“懂不懂，四角錢！歲毫集!”那苦力頭也不回地走掉了。

“不重。”鏡秋把兩樣東西提了一下説。

“不重。”我也試了一試，同意他的話。

他提起鋪蓋捲，我提起箱子，擠在許多人中間，準備上岸。這時候，船已經靠好了。

一走到從船上下到岸上去的扶梯口，就自然成了一個單行，轉了一個彎，踏在一級梯板上了。這扶梯恐怕有三四丈高；對岸上的人，像在山上或寶塔上看他們一樣。扶梯是活動的，下一步，閃一下，有點像浪橋；梯板是向後斜的，不能平穩地踏在它上面，衹能用脚心巴在它的邊上，像巴在棍子上一樣。一巴不緊，人就會卜龍東，跌倒，衝翻走在前面的所有的人，順着扶梯一級一級地滚下去。我覺得腿子是軟的，不住地在發抖。幸而左手邊有扶手，幸而箱子是用右手提着的，我可以扶它一下。但扶手是一根穿過許多根鐵柱的長鏈，也是不固定的，假如用力一拉或一按，它可以隨着你的手走尺把遠！它給的幫助是很小的。這麽高，又這麽難走，假如讓我先試一下，我會不敢下；現在可没有辦法了，不能停下來，更不能轉去，後面全是一個跟一個的人們！要下就趕快下完了事吧，可是前面的那些人們，走得這麽慢，這麽慢，好像在這扶梯上賞玩風景似的。

更糟糕的是，箱子越來越重了。不錯，這箱子本不重，提得起。但這是説自由自在，舒舒展展走平路的時候。没有想到下船要走過這麽高的扶梯，没有想到扶梯這麽難走，走得這麽慢，而走到了中途，連换一下手，連把它送到肩膊上，都没有法子：這時候纔覺得箱子并不輕，剛纔太小視它了！

突然，我發見那住頭等艙的穿紅衣服的洋婆子了，就在隔着七八個人的前面，還是穿着那紅衣服，那金頭髮還在太陽底下放光咧！衹顧下扶梯，没有敢注意看什麽，衹知道走在前面也是走在下面的行列中有幾個紅紅緑緑的女人，現在纔看出她也在裏面。我和鏡秋都是三等艙位裏的客，那艙是船的最下面一層，一個不透氣又充滿了一種由各種發臭的東西混合起來的臭氣的地方，住在裏面，鼻子，喉管時常會發癢，時常會打噴嚏，咳嗽。因此，我們大部分時間都是跑上船面上來玩。這船面上，可以看海，可以乘風凉，可以散步，而最感興趣的，是看那從頭等艙下來的洋婆子打棒棒。她，從那彩色的畫圖雕樓似的地方走下來，火紅的綢衣和金黄的頭髮在海風裏飄動，雪白的膚色，大而多睫毛的眼，淺褐色的眼珠，聳起的柔軟的胸部，裸露的豐滿的腿，加上那青春的微笑，對於我和鏡秋，兩個都不到二十歲的男子，真有着無比的吸引力。她和一個穿白襯衫、灰短褲，長着一滿腿淺黑色的毛的西洋男子在一塊兒，交替地把幾根像驚嘆號的木棒棒從這頭丢到那頭，又從那頭丢到這頭，似乎在賭着勝負。她們有時説，有時笑，似乎很快樂。我們看得出神了，有時跟着她的笑而笑起來，好像她正在跟我們一塊兒玩。至於那男的，對於我們，簡直可以説并不存在，連他的面孔，我們都没有看清楚。

在上海，也看見過洋婆子，大都是在馬路上，一般地，高鼻子，凹眼睛，好像没有眼珠，好像眼珠不會看人。看不慣，分不出美醜，甚至分不出老少，不喜歡看。但那都隔得遠，看見一眼，就彼此匆匆地走過了。現在，這紅衣女郎——其實有時也穿白的或緑的衣服，不過穿紅的時候多，隔我們這麽近，相差不過幾尺，我們能看得這麽久，甚至目不轉睛地注視她，這纔第一次解悟：洋婆子，至少這紅衣女郎，是美的，甚至比中國女人美，船走了十天，不知是哪一天，就發見她在打棒棒了。她似乎没有一天間斷過。我們呢，我們在旁邊看，也没有一天間斷過。

今天早晨，説是船快到了，三等艙的客人都被叫到船面上去種痘，不種痘是不准上岸的。這是對三等客的特別優待。我和鏡秋上來的時候，上百的客人已在往天紅衣女郎玩棒棒的地方排成一列不很整齊的隊伍了。多數脱光了上身，衹有幾個年紀大的纔把那髒而且破的汗褂披在背上，或者衹解開扣子，等醫生來了再脱。女的則衹把一隻袖子捲齊肩膀。他們吸煙的吸煙，説話的説話，若無事然地站在甲板上等醫生來。這些人，都是廣東或福建人，因爲語言隔膜，我們不知道他們是幹什麽的；隨意推測，大概做小生意，趕工的多；除了我們兩個，恐怕就很少讀過幾年書的了，以前都穿着衣服，雖然覺得那些年紀大的都有點腰弓背駝，鳩形鵠面的樣子；年輕人們，看起來，身體總還健康的。現在衣服一脱，這纔看出也不過如此！許多竟是聳起兩個肩頭，肋骨一條條地凸出，像百葉窗一樣。身上還有着各種各樣的斑紋，有的像九紋龍史進，有的像花和尚魯智深，有的像錦豹子楊林，顯然都是由生瘡，捱打，受傷等等而來的。我正和鏡秋在欣賞同胞們身上的藝術，猛一抬頭，看見那頭等艙，從船面望上去，應該説是三樓的畫閣雕樓上，在那朝日的照耀下，遍體光輝，美麗得像天仙一般的紅衣女郎，正和幾個西洋人一起，正和那每天陪她玩棒棒的男的一起，憑着危欄，俯視着我們。衣裙在晨風裏飄，似乎她的人在晨風裏飄，那樣子，比往天玩棒棒的時候，還要美麗，還要高貴。

現在又看見她了，雖然隔得遠遠的，雖然衹是一個背影，雖然留意脚下的扶梯，不能仔細地看，但一望見，馬上就想到她的面容，想到她的玩棒棒和笑樂時候的活潑的姿態，想到她憑欄俯視的高貴的姿態，不覺有這麽一刹那的時間，忘記了手裏的箱子的沉重。但衹是一刹那而已，差不多剛一意識到這個，那箱子又立刻沉重起來了，却變得至少有一千斤，像一個大力士捉住我的手，竭盡平生之力在往下拉，要拉脱我的膀子，要拉翻我的人！箱子的提手，是兩個細銅環，自然是圓的，這時候，我覺得它變成開了口的刀鋒，它一定已經陷進我的手指的肉裹面去了！箱子裹面雖然裝着我和鏡秋兩個人的東西，但一點不值錢，幾本書和幾件衣服，從無論怎樣高的地方摔下去都摔不破，摔破了也毫不可惜的，我真想向底下摔下去。那底下盡是人，我心裹在向他們喊："跑開！我要摔東西了！"不知是什麼神力，使我一百次要摔下去，甚至連自己也摔下去，終於還是提着走盡扶梯了。一走到岸上，還没有離開梯口兩步，就把箱子訇的一聲摔在地上了！我渾身像剛從游泳池上來一樣，手裹更是捏着一把水，不，滿手通紅，簡直像捏着一把血！我在路邊，一面喘氣，一面在短褂上擦乾了手，又用手，用袖子揩額上臉上的汗，我的手巾，不曉得什麼時候掉了。

人們從我身邊擠過，有人踢我的箱子，有人推我，我簡直站不住。可是没有看見鏡秋，他似乎是在後頭的。人多，望不遠，也看不清；人聲像海浪一樣地沸騰着，喊也不會聽見；喊出來的聲音衹可喊應自己。無法，衹得提起箱子找一個較爲空闊的地方等他一等，這回自然是用左手提，輕得很。走了幾步，無意之中，又看見那紅衣女郎的背影了。怎麼地還衹走到這兒呢？異性真有這麼一點莫名其妙的吸引力，明知這女郎和我遠哉遥遥，却還是不由自主地擠上前去，跟着那背影走。這回，她似乎衹一個人，連那陪她玩棒棒的男的也不在一起；她似乎没有行李，衹提着一個小皮包。我趕在她的背後，幾乎和她并着肩。似乎聞見從她身上發出來的氣息了。走着走着，走出了碼頭，那外面停着各種各樣的車，汽車，馬車，人力車；車夫們走攏來兜生意，許多人上車去了。一輛閃亮的新汽車旁邊，有人向我這邊招手，一看，就是那個陪紅衣女郎玩的外國人。自然是向我前面的紅衣女郎招手。紅衣女郎向他走去，他把車門一開，讓她進去，接着就碰地一聲，把他自己也關在裹面了。我向前面走了幾步，那汽車就從我身邊駛過，我還從那車後的玻璃窗看到一點點金黄的頭髮。再一會兒，就連哪一輛車子是她的，都分不出了。

走了一陣，忽然自己也覺得好笑起來，究竟走到哪裹去呢？我們一上岸就要去的那人家是鏡秋的關係，介紹信在他身上，僅有的三塊錢也在他身上，但是他却不知到哪裏去了。向四裏張望了一回，向人叢中搜索了一回，没有看見他。準是還在後頭。我又回頭走到碼頭上，碼頭上的人漸漸少了，船上已經空了，也没有看見他。我茫然無計地又向外面走。箱子又漸漸重起來，不過現在可以换手，可以放到肩上，也可以放在地上休息了。碼頭外面的人也不多了，幾個没有兜着生意的人力車夫來向我招呼，要替我接箱子。我一面摇頭，一面找尋鏡秋。打算真找不着了，纔叫一部人力車到那一上岸就要去的那人家去；介紹信雖然放在鏡秋那裏，地址我還記得。

一輛馬車的門開了，一個人從裏面跳出來，向我喊着招手，跟我説話，用手指那車，意思是叫我上去；但我不認識他，也不懂他説的什麼。我以爲他在招呼别人，回頭一望，前後左右，除了人力車夫們，再没有人。大概是馬車夫，來向我兜生意；我向他摇頭，表示不要車。他却向我走來，身上穿着一身雪白的制服即以後回國纔曉得它叫“中山裝”的那種，樣子又不像馬車夫。他跟我説了許多話，我聽不懂，衹聽見那裏面有“朋友”“朋友”幾個字。我想，大概是説我的朋友在那車上，就跟他走；他幾次要跟我接箱子，就把箱子也交給他了。及至走到跟前，向車裏面一望，車是空的，衹有一個像字紙簍似的約莫一兩尺高的圓篾簍。這時候，這人已經跟我把箱子放在車上，站在車門口，讓我進去。我遲疑不決。我説：“你不是説我的朋友在車上的麼?”不知他聽懂了没有，他又跟我講了幾句話，我還是不懂。好像是説不要錢什麼的。反正没有辦法，總不能永遠站在這裏，就上去，看他把我怎麼辦！坐在車上，那人坐在我旁邊，我們中間隔着那簍子，裏面像裝的水果什麼的。我一面向窗外探望，想找着鏡秋；一面想，這人是幹什麼的呢？看他的衣着，好像是船上的茶房，不是我們三等艙的，是大餐間招呼開西餐的，那樣的茶房，我也偶然看見過，那麼，他大概是上岸看朋友玩耍去的。但爲什麼要我坐他的車呢？爲了省車錢跟我平均負擔麼？到了什麼地方，他下去，要我一個人負擔麼？那可糟了，我一個錢都没有！或者他是騙子，賣“猪仔”的……

别的車都没有了，祇有我們的馬車在小跑，跑了一陣，停在一座亭子模樣的建築的面前了。一個高大的印度人，頭上裹着紅頭巾，滿臉滿下巴絡腮鬍子，背着一支槍，悠閑地走攏來，我明白來檢查的，連忙從口袋裏把鑰匙掏出來。印度人站在窗外向車裏望，我的同車的跟他講話，大概講的英國話，不知講什麽，看他的手勢，指指東西，又指指我，好像説那些東西是我的，連他的那簍子。印度人對我的箱子看也没有看，祇伸手進來提了提簍子，隨即把手伸進簍子裏去，拿了一個像拳頭那麽大的雪梨出來，含着笑，向我晃了一晃，就打算去了。茶房——我一直想着他是茶房——自己又拿出一個遞給他，他接着，點了點頭，又向車夫做了一個手勢；祇聽見鞭子一響，車動起來，一會兒工夫，就從那亭子當中穿過了。

馬車一駛進街口，立刻覺得熱了許多，假如帶得有寒暑表，定會看見它“嗤嗤嗤”一下子就升高了。從下船的那時候起，一直浸在一種無情的暑熱之中，身上的汗就没有乾過。但那時候，正忙於下扶梯，忙於提箱子，忙於找鏡秋，忙於跟洋婆子走，心有專注，倒把熱這事忘記了。坐上馬車了，纔有工夫體會到熱，覺得反而比曬在太陽下，擠在人叢中，要熱得多。好容易忙碌了一陣的熱鬧潮漸漸平静，連汗也似乎要乾下來了，而街市的熱又突然襲來，没有扇子，就用草帽不停地揮着。街上，所有的行人，幾乎都穿着白衣服，我覺得他們身上射出一道强烈的反光；不但是人，連路，連房子，祇要是太陽底下的，無不白閃閃地發光；街樹，明明看見它是緑的，但那緑的之上，也發着一道白光。這纔經意到，這地方的太陽底下和陰處，有着比别的地方的更大的差别，太陽底下更亮，白得像雪一樣。行人幾乎全是中國人，而最奇怪的是，太陽這麽大，光着頭的人却很多，而戴帽子的，幾乎都是戴的呢帽。在國内，呢帽是冷天纔戴的，熱天總是戴草帽。這地方戴草帽的爲什麽這麽少呢？我想看那些人們頭上究竟有幾頂草帽，一頂，兩頂……

我的膀子被撞了一下。一回頭，同車朋友正遞一個大梨子給我，他自己也拿着一個，啃了一口。

“謝謝!”我説，我正口渴得很。剛纔，我的手竟無意中碰到他的簍子一下，他連忙用手把簍口罩住，好像裏面裝的“琉璃硼波”，撞不得似的。我想：這個人好小氣，以爲我要吃他的梨。現在知道是錯怪他了。

這人，約莫二十五歲，微黑的容色，一雙大得使眼珠可以上下左右轉動的眼睛和兩條黑的長眉，使他整個面貌顯得非常有氣概。頭髮梳得整齊而光亮；制服燙得雪平，顯然是剛穿上身的；淺黄皮鞋也很新很亮。要不是在船上曾看見茶房們也穿的跟他一樣的衣服，我會以爲他是大學生，中學教員，洋行職員之類。斷定他是茶房了之後，這纔覺得果真像是没有什麽知識的樣子。

“貴姓?”我一面啃梨子，一面問他。我想跟他講點交情，讓他在下車的時候，我没有錢給，或者不至和我爲難。不，我還根本不知他爲什麽找我跟他同車，想探一點口風，萬一真於我不利，也好想法應付。

“唔唔?”他丢了梨核，一面從口袋裏掏出一條雪白的手巾出來揩嘴揩額，一面唔唔地睁着大眼睛問我。

“你貴姓?”

“唔唔? 嘰哩咕嘍。”顯然，他没有聽懂我的話；而他的話，我也聽不懂!

無法，又掉轉頭去望車外，突然，我發見一丈多遠的前面，有一頂平頂草帽，跟我的一樣，戴在一個坐在人力車上的人的頭上。再看那人的背影，啊啊，可不就是鏡秋!

“鏡秋!”我喊，把頭伸到車窗外去，把没有吃完的小半個梨子也丢了。“鏡秋! 鏡秋!”

“你你!”同車的那人，一手把我拉住，好像我要從車窗裏跳出去似的；另一隻手捏住那梨簍子的提手，又好像我要搶它。口裏咕嘍咕嘍，不知在説什麽。

“我有一個朋友，”我告訴他，“就在前面不遠，你叫車夫把馬趕快一點! 説呀! 快一點!”我急迫地説，一面又伸頭出去喊鏡秋。

出乎意外的是，他的樣子，比我更慌張，用捏簍子的那隻手開車門，拉我的這隻手又連忙捏住梨簍子了。我以爲他要跟車夫講話，叫車夫把車開快；但他雖然口裏在不斷地説着什麽，却没有喊車夫，衹望了望路，那路在不斷地朝後面飛跑，好像車夫知道我要快，已自動地把馬趕快了。他又把車門關好，用原先拉我的那隻手拍我的肩，口裏不住地咕嘍，看那神情，那央求的眼色，似乎是在向我講好話。我一面又喊鏡秋，一面又捉摸他的話裏的字句。他的話自然照舊一句不懂，但裏面似乎也有“鏡秋”的字樣，雖然發音跟我的不完全一致。他爲什麽也知道鏡秋呢？爲什麽我喊鏡秋，他就變了樣子呢？想着想着，若有神助——真是若有神助，我聽出他説的“鏡秋”的音，有點像“警察”。這一下，我恍然大悟：我喊“鏡秋”，他誤會成喊“警察”了！他怕警察，剛纔開車門，倒是想逃走。奇怪，我爲什麽要喊警察呢？他爲什麽又那樣怕警察呢？一個人在外面跑，像鄉巴佬一樣，怕警察！這時候，車子已趕上了那輛人力車，車上的人，不是鏡秋。我大失所望。剛纔兩個人白緊張一陣。

他看見我不再喊“警察”，也就平静下來了。一面揩額上的汗，一面用手掠那剛纔因慌亂而弄得披散下來了的頭髮。揩了又揩，掠了又掠，并不一定真有那麽多的汗，頭髮更没有再披散了，而是因爲手没有放處。低着頭，望也不望我，好像對於皮鞋的樣式突然感了興趣。我暗自抱歉，是我把他弄得這麽拘謹、無助了的。我想向他解釋；但要是他能聽得懂，早就不會有這誤會了。

車從門口有一個大草坪的高房子門口走過，那房子，比在上海看見過的先施、永安公司還要高，比剛纔在碼頭上看見的像畫一樣的房子，在馬車上一路看來的房子都高，重重叠叠，恐怕有一二十層，無數的窗子的玻璃都閃着光，就像無數的眼睛望着你一樣。這是什麽地方呢？没有中國字，英文我又不認識，眼前又無人可問，衹見門口停着許多輛閃亮的汽車，許多人正在那像城門或還比城門大的門樓裏出進，裏面正有一個穿紅衣的女郎的姿影，閃了一下，不見了。莫非就是那同船的女郎麽？莫非那女郎就住在裏面麽？是的，像她那樣美麗，高貴的人，正應該住在這樣的大屋裏！

我是在小城市裏長大的，在那裏，人煙少，街上走的人是數得清的，差不多全都認得，至少也熟悉彼此的面孔，多數住的祖先傳下來的東倒西歪的房子，連衣服也有從祖先傳下來的。穿得不好，也很少人見笑，既然誰都清楚誰的祖傳三代，生庚年月，人們就不從穿着上看人，也用不着用穿着去唬人。至於吃喝，青菜蘿蔔是主要的菜蔬，講究的是做時菜的手段：豆腐煎得黄不黄，加了蒜苗没有，霉豆渣是不是霉出鮮味來了。再就是腌菜、葅菜、醬菜……衹要有個能幹的主婦，一家人一年到頭都會有可口的飲食。我本是被注定了在那裏過一輩子的，是什麼召誘着我呢？是什麼驅使着我呢？是什麼幫助着我呢？不很明白，至少是不能説得很明白，總之，離開了那不知多少代在那兒生活過來的地方，改變了不知多少人那樣過着的生活方式，我到外面來了。“母親呵，饒恕你的兒子吧，他永遠不再回來了！”這是我離家時心裏的唯一的意念。及至到了外面，到了一個大地方，看見那麼寬的馬路，那麼高大的洋樓，那麼多的熙來攘往的人，我完全茫然了。那些洋樓比故鄉的文風塔高許多倍，甚至比隔河的惠亭山還要高！比城裏的縣衙門、文廟還大！建築，真是一種神奇的東西，越是高大，越是神奇。它表示人的心智的雄偉麼？表示着人類的學術——科學——的進度無可限量麼？但它一經建造出來了之後，反而立刻威脅人，甚至威脅設計者和建造者自己。它是崇高，偉大，莊嚴，壯麗，堅强，一切使人敬仰的字眼的化身。它使人站在它前面，感到自己的藐小，脆弱，無足重輕。它使人不敢相信它是人力造成的，因之，也不相信它是人力所能摧毁的。至於那些行人，他們的身體多麼健壯，面容多麼喜悦，脚步多麼愉快，衣服多麼整齊。尤其是女人們，打扮得那麼花枝招展，香風四溢，比小地方的新娘子們還要華麗美好到一百倍，好像她們自己就是幸福，幸運本身。哦，這些都會的寵兒們，該是以怎樣的學問，思想，道德，才能，加上怎樣的努力，使他們擁有今天的地位，和那些富麗堂皇的洋樓如此地調和統一了的呀！我，一個年齡，知識，都可以説是孩子的年輕人，從財富，經驗説，一個十足的窮小子；對這都會，又是一個完全的鄉巴佬；現在竟貿然地跑到這陌生的地方來了，出現在大建築物的面前，雜在如此衆多的人們中間了！我能做什麽呢？能給這地方的人們以什麽呢？將怎樣在這地方滯留呢？我茫然了，茫然了呵！初到武漢的時候，這樣感覺；初到上海的時候，也這樣感覺；現在説是，到了新加坡，更是這樣感覺。這地方，真是一個人也不認識，除了帶着一兩封介紹信以外，什麽關係也没有。

車轉到一條小的街道上來了。一進街口，吃了一驚，我以爲回到國内，甚至是回到故鄉了。兩邊的房屋都矮了下來，完全中國式的房子也出現了，商店門口涌出極其醒目的中國字："添丁甜醋""廣東臘味""上海醬園""湖筆徽墨""特别减價""一律八折"……連香燭店，鞭炮店，紙馬店都出現了。街邊盡是零食攤子擔子，每個擔子跟前都有人圍着，人空裏夾着幾個扎小辮的女孩子。我注意到這裏的人，全是我們的同胞，一個洋鬼子都没有；也没有本地土人。我，走了這麽遠，還没有看見一個土人咧！他們是什麽樣子呢？

街窄，人多，路又高高低低的，車就不能像原先那樣跑了。東彎西轉像牛車一樣地緩步了幾條街，車在一個窄門口停下了。同車的，那茶房，那怕警察的，有好半天，我没有注意他了，這時候，對我講了一句什麽話。就提着梨簍子從那邊車門下車了，我也不知所措地提着箱子跟他下了車；可真擔心要我出車錢！幸而他衹望了我一眼，什麽也没有説，就從口袋裏掏出一張票子，當然是新加坡錢給得車夫了。接着又轉頭來跟我講話，好像説，"你怎麽辦呢?"或者"你走啊!"他望着那窄門裏的樓梯，打算就上去了。

"喂!"我跟在後面喊："跟我叫一部人力車到××街!"

他没有聽懂，口裏又不知在説什麽。我把話縮簡單了："叫車子到××街!"他似乎懂了一點，但没有懂那街名。我手勢，問他有筆没有，我要寫給他看，他摇了摇頭，躊躇了一下，向樓梯一指，好像説："樓上有，上樓去寫吧!"接着他就上樓，手裏一直提着那梨簍子；我也提起剛纔放到地上了的箱子跟着。上一段樓梯，轉彎，又上一節，轉彎，又上一節；這裏是黑洞洞的，他却上得非常快，好像要撇下我，故意兩步一跨，三步一跨似地，我也祇得在後頭拼命地趕，生怕他突然鑽進哪一層的門裏去了，没有法子再找着他。這樓梯是木料做的，顯然年紀已經大了，每一段都有幾級是腐朽了的，踏在上面像踏在沙發上一樣；没有腐朽的，也軋軋地響，但也許是我們踏得太重。不知轉了多少彎，上了多少段，我以爲永遠都上不完的，突然，轉最後一個彎的時候，没有梯子樣的東西了。媽的，這人家爲什麽住得這麽高呢？——後來下樓的時候，計算了一下樓梯的段數，六段，兩段一層樓，三層樓，習慣説法是四樓；似乎還不算太高，這一帶街上就没有太高的房子。上完了樓梯，我前面的人似乎略爲停了一下，不知是讓呼吸平静一點呢，還是想了一下什麽。這一停，我剛好趕上。之後，他推開一扇門，門一開，一陣强烈的特别氣味和許多人説話的聲音一同衝出來了。還没有來得及辨出那是什麽氣味以及猜到裏面爲什麽有這麽多人説話，我已經跟着走進屋裏去了。

剛進去，我還以爲是澡堂。一個大統樓裏，熱霧蒸騰：中央有幾個炕位，四周靠墻都是連接的炕位，每個炕位上都有或坐或躺的赤身裸體的人。立即明白，不是澡堂；是鴉片煙館。每個炕位都擺着煙燈，煙盤；顧客們并未完全裸體，至少都是穿有短褲，不用説，都是有了一點年紀，骨瘦如柴，面目如鬼的人物。躺着的是在燒煙或吸煙，坐着的或在興奮地講着什麽，或是捧着和唱道情的漁鼓筒差不多樣子的水煙筒，這種水煙筒厦門也有。水煙氣和大煙氣和人的汗氣，氤氲一團，使人不能在裏面呼吸，比船上的三等艙裏的氣味還難聞，雖然臨街的兩三行窗户都大開着。我禁不住一連打了三個噴嚏，把眼泪鼻涕都打出來了。

剛纔走進來的門，在這統樓左邊的正中，正對着這門，統樓的右邊，還有一道門。不過是没有門扇的，或者有而没有關着的。穿過統樓——繞過中央的煙炕，我跟着我的同伴，又進了這一門。還没有進門，同伴就大聲喊，不知喊的什麽，裏面有人答應。進來之後，看見這邊是一個較暗的小房，它同外面是用板壁隔着的，另有一道横的板壁，一頭接連這邊的板壁，另一頭挨着那邊的墻，表示裏面還有一個更小的房。這房裏給我的印象是像厨房一樣，誰知板壁都被煙子熏黄得漆黑。許多煙塵，在房頂，在屋角落，在墻上吊着或巴着。一個五十來歲的男人，高高大大，有一撇濃濃的鬍子，頗有點像北方人：吸着一根三尺來長的旱煙管，穿着一條香雲紗褲子，上身披着一件不知用什麼編的像魚網樣的背心，赤脚，拽着木屐，向門這邊走來，迎接我的同伴。兩個人都用極其愉快的聲音打招呼，説話，可惜我不能從他們的話裏聽出他們是什麼關係來。這時候，從裏房裏走出來一個四十多歲的瘦小女人，披頭散髮，滿面病容，腫眼泡，一對跟男人一樣的聳起的顴骨，一口裏黄黑的牙齒，長頸子，頸上還有一個也跟男人一樣的喉疱，腦後拖着一條鬆鬆的長辮。也穿的香雲紗褲，但是穿的反的；上身則是一件又舊又髒的藍洋布衫。雖然那樣無精打采，幾乎要倒下去的樣子，却也用愉快的聲音來款待我的同伴，并向他點頭爲禮。那男的，大概先也向他點頭爲禮過，我没有看見。從這一點看，他們三個人决不是父母和兒子，不是一家人。

兩個人看見我了，略略表露了一點驚訝的神色，同時望望同伴，似乎是要他介紹。但同伴并没有介紹，却走到靠窗那邊的一張書桌或賬桌那兒去，把梨簍子放在上面，打開簍口，把梨子一個個拿出來放在桌上，約莫有十幾個。兩個人則眼巴巴地望着他的手，一個梨子滚到地上了，也没有一個人彎腰去拾起來。這時候，我看見桌子上有筆硯，就放下箱子，在地上胡亂地拾起一點紙條，也走攏去，準備寫街名給同伴看，好叫他替我叫車，剛走到桌邊，我的同伴已從簍底掏出一個用暗黄的粗紙包着的幾乎像要落山的太陽那麼大，約莫兩三寸厚的圓巴巴，交給那鬍子了。鬍子左手捏着煙管，用右手托着那東西，一上一下地掂了幾掂，仿佛看它有多麼重；接着又放到鼻子跟前聞了一聞，然後交給那女的。女的捧着向内房門旁邊的角落走去，角落裏放着一個三角架，架上有一個天平。

我的字已寫好了，還是門口説的那句話。同伴接過去，看了一眼，不知是我的字太潦草呢，還是他根本不認識字，似乎没有怎麼看就交給鬍子了。鬍子定睛地，一個一個字地，看了好一會，這纔“哦!”地一聲，恍然大悟。對同伴講了幾句什麼話之後，就向那統樓裏喊；統樓裏正有人大笑，有人咳嗽，喊了幾聲，纔聽見答應。跟着那應聲進來的是一個十二三歲的男孩子，和尚頭，赤膊赤脚，矮矮胖胖的。鬍子跟他講了幾句話，這回我聽出他的話裏面有“車”字，“××街”幾個字。那孩子望了我一眼，一面跟我説話，一面向我做了一個手勢，他的手勢很好懂，叫我跟他出去。我就跟那幾個人點了一下頭——那女的正在用天平稱那紙包的東西，提起箱子，跟在孩子的背後，走出了那房子，并且走出了那煙霧騰騰的統樓。我的天，現在可以呼吸了！

那孩子長着一雙單眼皮的眼睛，濃黑的長睫毛，好像不是眼睛，而是塗的兩點墨，胸部挺出，顯得他的身體非常厚，厚得像一段圓木頭。出來後他跟我説話，看見我不懂，就望着我笑，帶着好奇的神色，似乎從來没有看見過我這樣的人。他笑得那樣傻，那樣可愛，使我覺得非跟他講幾句話不可。我想問他的姓名，是不是那鬍子的兒子，但一想到他聽不懂，衹好把話撇住！他跳跳蹦蹦地下着樓梯，口裏吹着哨子，似乎蠻高興。不知一直就這樣高興着呢，還是在那統樓受香煙受得太久了，有機會出來呼吸一下新鮮空氣呢，還是爲看見我這個陌生的不會講話的人——這恐怕永遠都無法知道了！

到了門口，他替我叫了一部人力車，并且講好了車錢，然後回頭來，伸出兩個指頭，告訴我“兩毫集”。我的口袋裏還有一兩個雙毫子，那是中國錢，車夫當然不會要，管它呢，要是真没有辦法了，就用那跟他扯去！我上了車，車已經走了好遠，回頭去看，那孩子站在那兒望着我傻笑！——好久以後，我還有時記起，一個不相識的孩子，曾怎樣望着我傻笑，那笑容似乎還在眼前。

坐在人力車上想想人在外面跑，常常碰到些奇事，從泉州坐長途汽車到厦門，中間要在安海停下過一夜。一下車，我不知旅館在什麽地方，更不知哪個旅館好，就跟着車上的别人進了一家旅館，開了一間相當講究的單人房；其實并不是我要開的，是茶房引我進去的。我問多少錢，問有没有便宜一點的房間，茶房都聽不懂，無法，明知一定很貴，也衹好忍痛住下。剛洗過臉，茶房來請 Jiabung，就是吃飯，是在泉州過了幾個月，唯一聽懂了的閩南話。一到客廳，幾個人跟我讓坐，坐定了，菜一端出來，把我嚇了一跳，頭一碗竟是魚翅！不能問價錢，就是能問，又問誰，誰懂我的話呢？又不好意思退席，於是吃了一桌豐盛的筵席。這天是端陽，我想，旅館老闆找着敲竹杠的機會了！第二天上車，茶房跟我把行李搬上車，没有送賬單給我，也没有問我要錢。我一直不懂是什麼道理。唯一的可能是那同進旅館的人們中有什麼闊人，旅館以爲我同他是一路的，根本都不要錢，或者把我的費用上在那闊人的賬上了。這回和鏡秋脱了伴，正在不知怎樣纔好的時候，碰見這麼一個人，請我坐了一回馬車，還吃了一個梨子，要不是他，我恐怕連叫一部車到什麼地方都辦不到，至少，多許多麻煩。這個人同我一面不相識，爲什麼要幫我這一個大忙呢？想來想去想不通。

車慢慢地走，我慢慢地想着，把這件事的整個經過重温了一遍，唔，想出一點道理來了。那茶房交給那鬍子的是什麼呢？鬍子和那瘦女人，是夫婦吧，不會不是那煙館的老闆；那麽，那東西就作興是大煙土。對了，一定是大煙土，那包包的形式，許多年前，在家裏也看過的。包包既是大煙土，茶房就是帶運煙土的，或者衹是和煙館有親戚關係而偶然帶一兩次。煙土，在這地方，大概是禁物，不然就是捐税很重，那包東西，至少都是漏税的私貨。一想到這裏，全部豁然貫通了。那傢伙，那茶房，私運煙土，怕關上查出了，不但没收，還要帶人去罰款，坐牢；就找我一路，説那東西是我的，他是這樣説過。關員當然跟我打麻煩，他就找機會溜之大吉。即使我能分辯清楚，反正已與他無關了。查不出，落的做人情，請坐一回車不算什麼。無可改越，就是這意思，瞧，不是在車上，誤會我喊警察，他就慌慌張張，想跳車逃走麽？這傢伙好毒！早知如此，倒應該真的喊喊警察的。幸而，“無娘的娃兒天照應”，我們的車子落在最後，關員們已經走了，衹剩下一個好吃的印度鬼，没有出事，我落了一點小便宜，要是出了事，我可——哦哦，不能想象那究竟！像我這樣穿着一身中國式的短褂褲，一雙皮的布鞋，一看就是初到此地的鄉巴佬，語言不通，又是單身獨自，纔真是他最理想的犧牲者！

車轉了兩三個彎，我已經看見“××街”的字樣了。接着聽見有人喊我，鏡秋和一個拖木屐的什麽人，在路邊出現了。他對我講的第一句話是：

“你到哪裏去了！”

哼哼！我正要這樣問他咧！

1948年8月13日，九龍

東南西北的年關

一

東南西北的我，不覺在外面過了四個年關了！四個年關，除了前年在黄埔度過外，其餘都不在中國境内。

我是不大有懷鄉病的，但每當人們熱烈地過着佳節時，却不知不覺地感到寂寞了！——尤其是年關，尤其是除夕！

天涯的漂泊者們喲，大家是否同樣感到？

不但寂寞而且有時憎恨的，那就是所謂“陰曆”的年關了，那就是中國人過的年關了。

有一年，我在赤道近旁的一個小國度裏一間也説是報館的編輯室裏做事。那裏，雖不是中國，然中國人比什麽人都多。因爲似乎也當有一個報館，所以也就有一個報館了；因爲報館似乎也當有一個編輯，所以我就在那編輯室住着了。住着不久，不幸就碰到我們中國人的過年！

是除夕罷，滿街燈火都紅了。每家各式各樣的燈籠上都寫着紅的或藍的字，那就是各家的“香聲”，那是些翰林進士狀元探花什麽大夫什麽使司之類的“國朝”榮銜。門是關着的，他們都在“内宅”談年去了。門外，除了燈火還有一幅“□□世澤，□□家聲”（例如姓陳的，就是太邱世澤，潁水家聲”之類。）的“春聯”，表示他們府上是“世族”。

夜深了。編輯室裏衹有我一個人。雖説是過年，却也還要做工。“世界大事”“祖國政聞”“本埠”“各地”的稿，白天裏已有一點把握了，現在衹需要剪刀與膠水。這之後，就是第一張上署着我的大名的一篇“時論”要草就了。時論，好壞也許很少人懂；但是少年好勝，以爲總該比

《申報》上“冷”先生之流要寫得關痛癢一點。所以，在遲鈍與貧乏的我也就不容易急就。

但終於開始寫了。不寫是不成的。

但又寫不出，比平時更寫不出了。外面的爆竹在響，告訴我現在是在過年。

過年，是啊，是過年！家裏也在過年罷？我的母親，我的妻！是啊，我記起了，我還有一個妻，即使——然而也是妻呀！

我一面寫文章，一面想起家來了。

——不想這，我應當寫下去：

“親愛的僑胞！……”

啪啪啪，劈啪啪……

爆竹聲進來了！

他們“敬竈”了罷。去年今夕，我也在家敬竈咧。神前燒着大燭，滿堂幾乎同白天一樣了……母親，妻！

——滾開！

“我們的祖國……”我又寫。

劈啪啪，啪啪劈劈啪啪，欺……

更長的爆竹聲。

怕是“出行”吧？出行，我端着香盤，盤内一個蘿蔔，插着三炷香，燒着一對“發寶”，還有錢紙黄表等等。我在前面走，母親穿了裙子，手裏拿着一把香，提着燈的妻，身上洗得很乾净，也穿了裙子（平常不穿的），臉上搽了很多粉，甚至還點胭脂，雖也并不因之而漂亮，也握香提燈，跟在我後面走。大家不説話。走到門口，住屋的人將大門打開讓我出去，——他們也穿得很齊整，——於是也跟在我後面，我成了這屋裏所有的人的領導。將香盤放在街心，向“喜神方”，住屋的人（小商人）朝着財神方，燒香，化紙，作揖。這之後，我提着我預備的“千子頭”的爆竹，住屋的也提着他的“五百頭”點燃，放起來。我們要使這一串長爆竹，不斷，不息，并且將爆殼炸滿一階。這樣，纔一年都吉利，而且，别人一見就知道我們放的爆竹多，知道我們至少不窮。

——去年今夕……

——討厭我要寫文章。

劈啪的爆聲，更多了，更長了。遠的近的都響了。這裏剛止，那裏又響了；那裏未止，别處又起了。

——我要寫。不寫怎麽辦?

“軍閥……帝國主義……親愛的僑胞!”

——他們真“出行”了。一樣的，也是這時候。天還没有亮。我提着燈，住屋的男人們也提着燈跟着，在夜之市上走，大家不説話。

先拜“城隍老爺”再到準提閣，到火神廟，關岳廟，土地堂。這之後，回家拍拍門，高叫：“開財門!”

“啊，來了!”

“……看我們的祖國成了什麽樣子了……”

啪啪啪啪欺……

外面還在“啪”!

我給母親拜年。

“好了，不磕頭吧，一樣的。啊！恭賀你們——‘一年小，兩年大’，今天要和和氣氣，早生貴子，我衹有你們可望了!”

我聽見母親給我祝福。

“大姑，不要先給我拜年……還要給他拜年啦！喂，紺弩，她給你拜年了，你要回禮！哦！笑話，過了‘什麽’一年多了，你們什麽事都做了。來呀，别小孩子氣，祖宗菩薩保佑你們早生貴子……哦，端酒來喝，少喝點啦，熬了夜的人……”

劈啪劈啪……

——唉！文章是做不成的了，睡吧，明天早晨寫。

電燈熄了，我在床上躺着。

母親，過年，爆竹，親愛的僑胞，祖國……

睡不着。翻身還睡不着！剛要睡好，爆聲又響起來了。又翻身，又睡不着。再將睡好，爆聲又擾亂了！

曙光，投進昏黑的卧室。

“過你媽的年。”最後我悲哀地，悲哀地咒了！

第一個漂泊的年關是這樣過的。第二個年可别是一番風味了。

二

黄埔，當珠江入海口，四面都是汪汪的水，天氣比廣州冷得多。居民，是零零落落地點綴着水濱的有一間軍校。

我在那裏住了幾個月。最初是在本校，後來又搬到分校，即本校隔壁。最後又搬到北校場。

但當過年時，我又從北校場到了黄埔了，因爲要演戲給“弟兄”們看看，那時我是血花劇社的一個“角”。

除夕，我們——當然不止我一個，——在長洲要塞司令部吃酒。要塞司令就是我們的校長。要塞司令部可説就是校長的家，他的夫人公子及一位家庭教師某女士（或某夫人）住着。其餘還有馬弁，勤務兵，老媽子之流，也許還有别的人。

這一天的校長忽然和藹起來了。穿的長袍馬褂，很客氣地招待我們。平常都凛乎其不可犯也的像煞有介事不知道到哪裏去了。“喂，你們要怎麽玩就怎麽玩，玩到什麽時候都成。總之，隨便！這是用不着客氣的。”

電燈在天花板上閃耀，桌上堆滿的桔子，洋桃，糖果，瓜子，司令牌的香煙，幾毛錢一支的雪茄，儘吃，儘抽，没辦法時，還可以偷偷地向荷包裏放，祇要你的荷包多。

酒後，天氣還早，大家都很高興。但是都有不少的酒意。

“怎麽玩呢？唱戲，要不要胡琴？哦，演雙簧，滑稽跳舞，好好，要師娘出來看。”

出來兩個女人。服裝很隨便，年紀差不多在二十四五以内，有一個是小脚。

“祝校長健康！”大家喊着，“校長夫人健康！”

校長含笑點了一點頭，夫人也點頭，但小脚没有動。

“這位是先生。”校長説，“是我的小孩的先生。”

“祝先生健康！”大家祇得加一句。先生於是點頭回禮。

“大家同志健康！”校長喊，“努力，明年到北京去過年！”

“到北京去過年！”大家喊，“中國國民黨萬歲！總理萬歲！國民革命領導者萬歲！校長夫人……先生……”

回來時，夜已深了！疏疏落落的燈火，在夜幕下閃着。

回到分校一個朋友處睡覺。他是先一期的學生，已經當了官了。

“回來了，吃酒吃得高興吧。什麼雪茄，司令牌，好極，久違了！曉得你是有東西帶回來的。讓我去叫日平來。”他説着就走。

日平來了。“怎麼，剛回來，等了好久了。演的什麼戲，操也不上，課也不上，伙食也不扣，又吃酒！吃了幾回了！老子倒霉，幹不上，哦，雪茄，起碼三毛錢，我要一支！”“不行，寒巴郎[①]兩支；他一支，我一支。”房主人説。

“我不要，我不要，你們分，我今天吸了兩三支了。”我説。

“好的，我們開始談年吧，想不到我們今年都在這裏過年。更想不到你能够來。”“是呀，真想不到。”“我要去看‘太爺’們睡好没有。”房主人拿着電筒出去了。

“你們真是當了官了。”我笑望着日平説。

“唉，要命！早晨先起，晚上後睡，白天喊操，又都比牛還笨！還是當學生好。”

“呸！排長老爺對我們丘八發牢騷了！”

“别得意，你的也來了。再三個月，我看你這懶鬼怎麽辦！”

“你以爲我畢業後也當排長的嗎?”

“怎麽，你自信靠得住當黨代表?”

---

① “寒巴郎”，廣州話“總共”之意。

“不是，我不幹了，我要回家。”

“誰准你?”

“不准我就走不動了?”

“自然也可以走，但是回家幹嗎? 討老婆?”

“回家看母親，老婆也許討，也許不討。”

“你的老婆死了好久，半年?”

“怎麽，你可以介紹一個女子嗎?”

“可是可以，但我怕人家駡我，你的脾氣太壞。”

“但我對女人是再好没有的。我的女人，就是想我想死的啦。”

“那真笑話，伊一定是恨你恨死的! 但是我問你，你再有老婆了還是把伊放在家裏嗎?”

“自然不，從前因爲我的女人不能出世，又是小脚。”

“好，我可以介紹一個。是我族裏的侄女兒，十七歲，在中學讀書，明年可以畢業。漂亮得很。但是你要送伊進大學呀。”

“哈哈! 進大學! 一個月二元八角小洋，送老婆進大學? 我自己吸煙還不够咧。”

“你一生都當丘八嗎? 那你就不用想老婆!”

“若是有錢，還要你説，我又不是守財奴!”

“好的，三月間我同你回去，包你一説就成。我是前輩，都很相信我，而且又是跑世界的人。你有幾歲，二十三? 我可以説衹有二十一。我要幫你吹咧。説你當過編輯，有學問，在廣州很闊……”

“你還應説蔣介石請吃飯! 而且，在吴排長床上睡過!”

“哈哈! 真滑稽! 哈哈!”

“睡吧!”吴排長（房主人）回來了，“明早去吃酒，我剛纔敲了五元轉來了，在連長那裏。”

“連長是誰，這樣好敲?”

“同隊的，他不肯，我説有客。他要樣東西抵押，我將夜明錶放在那裏。鬼還他的錢。明天我就可將錶搶回來了，搶不回也罷了。那衹買成三元錢。哈哈！”“哈哈！你真會做生意！”

“睡覺，日平，睡覺去。你還有錢没有？”

“不多。”

“好的！”

第二天我醒來時，已經不是早晨了。吴排長同日平早餐用過很久，在床前催我起來。我們同到平間——一個小小的市集，有幾十家人家，有兩三家小館子。果然是過年了。家家都“關門閉户掩柴扉”。門前挂着燈，貼的紅的或藍的或白的春聯：“生意興隆通四海，財源茂盛達三江。”而且“大發横財”“横財必到”“對我生財”——卑劣的人們呀，多可笑可恨而又可憐喲！

敲一家館子的門。“乒個？作味野？——莫野賣。”[①]

再敲一家。“作味野，新桑[②]？莫野賣。”

到處的回音一樣。“到新洲去。”日平提議説。新洲是對岸的一個小島。

“不一樣‘莫野’嗎？”“不要緊，我有一家很熟，那老闆祇二十來歲，很不錯，所以我去了幾十回了，他們同我很熟。

我們祇説去拜年。開門了，我們可以勉强要他們燒。”

“還是有女朋友的好——女朋友萬歲！”我喊。

三

現在輪到説第三個年關了。但是没有話説。那時我在西北利亞車中，没有看見誰過年，自己也不記得幾時是“年”。陽曆的，是記得的，在黄海舟中。看見的是同伴們在波濤汹涌裏嘔着病着，没有一絲兒年的影像，——一個所謂年關就這麽糊裏糊塗地度過了。

---

① “乒個”即“誰”之意。“作味野”即“干嗎”。“莫野”即“没有東西”。

② “新桑”即“先生”。

説在莫斯科的罷。這是我第一次在歐洲過年。自然説的“陽曆”。

一説起，又是去年的事了。雖是衹隔了一天，却也已是去年。

天晚了。寒風捲起未曾冰凍的積雪，在電燈光中舞蹈。温度零下二十。電車的玻璃窗結成厚的雪塊，將車中人與車外的世界隔絶了。車中人衹得將雪塊挖成一個小孔，用一隻眼（或左或右，却是隨便。）探望自己的目的地。

我同幾個同學，手裏各拿着一張晚會參加券，下了電車，就走進一家電影院。這電影院叫什麼名，在哪一條街，這都没有關係，反正是莫斯科的一家電影院就是了。

一進門，就照例要挂大氅，挂費二十戈貝。然而好些同學却愣着了。我們都是無産者，即使有幾文的也定不多，誰願挂什麼大氅！兩毛錢，在校中不是可飲七杯茶嗎？如果儉省一點，一天衹喝一杯，足够喝一星期。

然而不挂是不成的。交涉了一會，纔從權將大氅放在一間辦事室裏；椅上，床上，地上，什麼地方亂放一回。其結果，别人不知有什麼損失没有，我呢，却不見了一雙套鞋。這套鞋價值三盧布；不過已經舊了。

我們不是來看電影的，但電影却讓我看了；我們是來參加晚會的，而晚會的消息却很渺茫。

晚會是跳舞。已經來了許多穿燕尾服的紳士及穿着各種不同的漂亮衣服的年青的婦女。他們，據説都是“戲子”，不過我還未得着證明，也許是吧。

電影完後，馬上搭起一座臺。奏了一回樂，出來了一個非洲女人唱了一闋歌，音調是很蒼凉的。接着一個高加索人出來跳高加索的舞。他穿的一身白長衣，腰帶間挂着一柄短劍。跳時，極顯出一種慓悍，粗豪，急促而靈活的情味。他又將短劍抽出舞了一回之後，將劍放在掌心旋轉，或插入口中，劍柄頂在他的帽子上，仰首而舞。這樣，他做出種種姿勢，有點像中國耍把戲的。高加索人進去後，這晚會就中止了。因爲他們的夜宴已經擺好了。

會場左旁出來，是一個很大的休息處，面積比會場大三分之一。休息處之一隅，設十幾張桌子，幾十張椅子，很是潔净整飭。那是預備休息的人們用點飲食的。因休息處有一個販賣處，賣着各種凉飲料及水果點心之類的東西。價錢可不低廉。此外，各方靠墻處有長的連椅，不用飲食的人們，也可以坐一部分下去，其餘，衹得在這裏打轉轉，談談話，吸吸煙。這個國度裏，不像咱們貴國那麽“自由（!)”，無論什麽會場，戲院，似乎吸煙談話都隨便得很。

休息處再左進，是一個更寬敞的大廳。尊貴的來賓們就在那裏宴會。那大廳上，宴席是設滿了的。

燈光亮得很，剛離開暗室的人不敢張目。潔白的檯面上擺着一條花瓶。酒色或如琥珀，或如碧玉；水色或如水晶，或如絳石。

我們的來賓們都坐下了。各各將酒向自己面前的玻璃杯内傾，或并向鄰座的杯内傾。這之後，就談話了。男的同女的，女的同男的，男的同男的，女的同女的；一個同一個，兩個同一個，一個同兩個；左座同右座，隔座同隔座，對座同對座。輕輕地談，細細地談，深深地談，密密地談；粗粗地談，略略地談，淺淺地談，匆匆地談，有的滑稽，有的歡欣，有的虚浮，有的纏綿。聽呀於是來了第一個菜。

嘈聲停止了。大家站起來，將各自的酒杯高舉。“祝大家新年健康！”有一個人這樣喊了。“祝大家新年健康！”大家也都喊了。“哦哦！……”“哦哦！……”

於是他們碰杯，他們乾杯。

於是他們坐下，他們又談。

手巾，桔皮，紙團，酒瓶蓋在燈光裏飛舞。“哦哦！……”“哦哦！……”他們重新立起，重新碰杯，重新乾杯。

他們重新坐下，重新交談，重新嘻笑。

手巾，桔皮，紙團，酒瓶蓋，小東西們重新飛舞。這宴會一直繼續了三個多鐘頭。

苦的是盼待着的我們了。

第一，腹内似乎空虚起來了，何況又在這盛筵之旁！

第二，我們不知道他們的宴會會延擱這多時間的，要是知道，早就走了。可恨的是，我們越望他們早點完事，他們越是故意遲延。在他們眼中，我們是没有存在的。

但是我個人還好。荷包裹還有幾塊錢，可以買一點東西吃，暫時尚不至流饞涎。再呢，我有一本書看，我在看杜思妥耶夫斯基的處女作——《窮人》。

我完全在另一個世界。我看見一個九品官，靴子掉了底，在路旁拖着無底靴回家；我看見他的愛神送了兩筆巨款，那是伊苦心的蓄積，一筆是三十個銅子兒，一筆是二十個銅子兒；我看見另一個窮人，哭喪着臉向這九品官乞求十個銅子兒買東西（什麽東西?）去喂他的兒女同老婆；我看見這九品官的破扣子在大人面前滚；看見他很歡欣（歡欣嗎!）地幫他的愛神買嫁奩嫁給一個有錢的闊人；看見那愛神因爲没有麵包，撇了自己所愛（那個九品官，我發誓，伊愛他得厲害。）終於做了一具“活尸”，走進“華美的監牢”去；看見那愛神在新婚床上將自己最珍貴的，最聖潔的，未曾給過伊所愛的那處女貞操獻給伊毫不愛而且是蹂躪伊的闊人蹂躪；我看見九品官寫那悲憤的，不能完篇的最後的信，預備給他的愛神的信，然而，他寫到愛神芳名時，這書就完了！我們的九品官呢？誰知道！富人進天國，難於駱駝穿過針眼，我們的九品官，那麽，進天國是没有留難的，大約他是進去了！

“哦哦！……”大廳裹又在“哦”，大約碰杯又乾杯了。

——難道你們中没有因爲麵包而進華美的監牢的嗎？你們中就没有所擁着的衹是活尸的嗎？——這“哦”聲中不知有多少可憐蟲哩！

——也許都是没有靈魂的吧。然而没有靈魂就幸福了，——我憎恨他們幸福。

然而，我又憎恨杜思妥耶夫斯基。這心理是同那九品官憎恨《外套》的作者郭戈爾是一樣的。

假使他將那愛神寫坏一點，或是將那闊人寫好一點，再不能，就説那嫁奩是旁人去買的，這，在他毫不費力；而讀者的我們（至少是我）豈不安慰許多，永遠感激這不朽的文豪！

然而，他不！可咒的殘酷呀！滚開！

“哦哦！……”

可咒的活尸呀！滚開！

四

已經不是去年了。不知不覺地在此度過了年關。

時間約二時半，尊貴的來賓們，用完了他們的華筵。有的來這休息處散步，剔牙齒；有的還依依不捨地在餐室聚談。嘈雜，散漫地占領了全屋。我也湮没在嘈雜裏，《窮人》的餘感，還在腦際迴旋。

“同志!”這聲音在我耳際出現。一隻手，接着伸入我的腋下。

回頭，一個紳士似的中年男子。衣服整潔，下巴剃得光光的，鬚毛所在地，作淺碧色；上唇上的時髦短鬍子，是濃黑的，像搽的一撇油墨。這顯出他是“幽默”而精明的角色。兩頰微微泛紅，兩眼炯炯發光。分明是有幾分酒意了。“你好!”“你好!”我同他周旋，手是挽着了。“你來讀書的?”“是。”“什麼學校，幾年級，第幾班?”我都告訴他了。“好，我是教授，在你校擔任的有一點課，但是不久。”“難怪我未看見你。”“是呀，我也未看見你，我教的第一年級——來，這裏有我的同志。”他引我到一條長凳面前：“我介紹，這位是孫大學生；這兩位是……”一男一女都是中年人，比起他來，衣服神態都少整飭，但是很和藹。女人臉上未搽粉（俄國女人，即使有了年紀，也都搽很多粉的），所以不白；伊身上，没有美，衹有脱俗，絲毫不討厭。

“你好!”“你好!”我們握手。他們的手很熱，都是酒後了。

沉默一會。較欠整飭的先生説：“喝汽水去。”於是我們都站起來走了。教授挽着那個女先生在前，我同要喝的先生并肩隨後。四旁都是人。伴我的目指着一群年青的女性問：“漂亮嗎?”“漂亮。”“愛嗎?”“哈哈!”

我的答詞。“親嘴!”他撅嘴做kiss的姿勢，兩眼笑成火了。“她漂亮嗎?”他挑嘴嚮教授身旁的女先生。“當然漂亮。”“怎麼‘當然’?”“因爲没有問題。”“没有問題? 哈哈，她是我的夫人，哈哈!”

女先生回過頭來，柔媚的眼望着我一笑，她的眼還很年青。但又嚮着説話的人問:“誰?”“你。”“她是你的夫人?”教授説，“我吻她!”他倆的臉挨着了。“哈哈!”四個人都笑起來。

預備室，很多人抱着在舞。我們站在旁邊。“你肯同我舞嗎?”一個二十來歲的女人問我。我愣着了。伊，是這樣年青，華麗，怎麼找到我這隻醜小鴨? 自然伊是爲好奇心所驅，因我是個中國人;而我，從未經過少女們的枉顧的，真有一點受寵若驚了。“對不起，我不會!”我不知我説的什麼。“不會?”她似乎吃驚。以爲我的話不誠實;而且以她那樣一個美人來請我，而我會公然拒絶，或者她以爲是意表而且之外的事。她説:“不要緊，我可以教你!”“真是一點也不懂，尊貴的同志!”“他不會,”教授説，“何必一定要他? 我同你來!”她不得已似的同教授舞去了。

——唉，我真倒霉呀，爲什麼未學跳舞的! 那豐腴而細嫩的面頰，那兩座墳起的柔乳，那香肩，那身子，衹要偎一下，哪怕衹一秒鐘，也多麼幸福，多麼快慰呀! 等她再請時，一定同伊胡亂來一回。即使惹得大家笑，又有什麼相干!

“我請求你,”她真的又來了，“第二次請求!”“真是抱歉之至! 我極願陪你，尊貴的，争奈我不曉得動脚!”不知怎麼我又謝絶了。我不是望她來嗎? 不是無論如何，也要同她舞一會的嗎? 爲什麼説的同想的這樣不同! 怯懦! 矛盾!

她好一會未做聲。最後她説:“你真不會嗎? 好，你知道你們同伴誰會吧，請你代找一個。”“我幫你找，辦得到。”我走出了人叢。

然而糟糕，一個人也不見。難道都回去了? 跑到放衣服的地方一看，衹有一個學校職員拿着我的大氅也預備走。他見我來了，將衣服交給我，問有没有套鞋。我説有的。可是兩個找了一回，衹有兩隻都是左脚的，又大小不一。倒霉，大年初一就不吉利！不要了——雖是他勸我拿着。

我叫他在門口等我，我去回復那位渴慕同中國人跳舞的同志。她還勸我玩到天明。我因爲第一次來，又是坐電車來的，怕不容易尋回去；叫聲“多士威達利呀!”之後，終於走了。——“失去的擁抱呀”——同志的倩影，不容易離開心頭，我此時衹記得“活尸”，而忘却了《窮人》。

雪色滿街，燈光相映。我在寒風裏，堅冰上滑着。——活尸，失去的擁抱——我是恨，是悔？是矛盾，是融洽？不管，總算熱鬧地度過了年關，雖是也衹是看別人過，雖是我們并未看見他們正式跳舞。

1925年1月，某日於南京

中山故事

一 暗 淡

一千九百二十五年的春天，北京——你當然知道就是現在的北平——的天氣尚帶着微寒，同江南的初冬一樣。

有一個傍晚，太陽漸漸地西沉了。最後的和光，尚在天空留戀。天空白雲飛馳，有如百千萬衆的戰馬長驅，似忙着傳遞這太陽將沉的消息；天際的彩霞，紅得同花一般嬌艷，火一般蓬勃，以如是的赤忱，表示他們對於太陽的眷愛，想將垂暮的太陽，永遠留存於天空。

你可聽見過古代的傳説，有一個名叫魯陽的戰士，同他的敵人戰鬥方酣的時候，太陽也似這一天般地要西沉了；那魯陽，看見太陽將沉，一場好戰，將不能繼續下去，於是怒從心上起，惡向膽邊生，將自己手中的長戈，向太陽一揮，我們的太陽——雖是地球的那一面，老早就盼望她過去——便身不由主地回到她日午的中天。

這是一種神話，没有誰相信真有這麽一回事；即使真有，而魯陽不曾在現代重生，誰能將太陽揮轉？

於是，太陽終於西沉了！

看喲，太陽沉後的天空，衹是無邊的暗淡！

這時候，人間也像天空一樣地忙碌着，因爲有一個偉大的人，人間的太陽，也同天空的太陽一樣要西沉了！而且，天空的太陽，西沉之後，還有東升的日子；人間的太陽一沉，人間便將十足[①]地暗淡，你想，人

① 編者注："十足"原刊爲"古立"（竪排），不文，據義及字形改。

間是如何地不幸啊!

現在，這個偉大的人，在他的行轅病卧着，已經很久的時間了。醫生證明他是一種潛伏已久的風疾。他們投過種種的藥石，也施過種種的手術，總之，凡他們的力量所能做的都做了。最後，宣告了絶望!

病人躺在他臨終的床上，兩手覆在薄而軟的被上，面容是灰暗而且瘦削的，已不似平日的慈祥與和藹了；疲乏的兩眼尚閃耀着最後的光輝。

霞光映入病室，一種淺淺的幾至於無的微紅，浮現於淡緑的窗簾，於潔白的枕席，於室内一切的陳設上，病人的面上也似乎有了不少的顔色。榻前，清新的時卉，欣欣嚮榮，磁缸中金紅色的小生物，在碧緑的水藻裏游泳。這室内的一切，都好像已與大自然同化，彼此之間，又悠然地調協。窗外，那春天的園林的馨香，隨着微風蕩動，適應着室内的無限生意，真好一個春天的傍晚呵。可是這些，却都不能使這病人從沉痾中再起!

“好啊，這天色。”我們的病人，望着榻邊默坐着他的夫人説，面上表露着一絲兒的微笑。

“這會兒的精神好點嗎?”夫人，鉛華不御，茹悲欲泣，腦中也許正迴旋着許多問題，現在聽見病人的語聲，馬上用似乎極自然，極欣慰的笑容（她最近已慣於這樣一種工作了）回答，慰問，“是的，應該好了!要喝吧？看，天氣多好，窗外的斜陽美得很呢!”

“不，不要喝，天氣果然很好，祇是快黑了，你吃過晚飯嗎?”接着低吟的是“夕陽無限好，可惜……”以下的聲音便沉抑得不能聽見。

“别這樣啊，大夫説你會慢慢好的呢。”

“我知道，我，也是大夫呀。”聲音是細微，語句斷斷續續地説，“其實，你，也知道，今天，我的遺囑，都簽了字啦。”輕輕地咳了一聲嗽之後，“我想，不説，免得，你，難過，然而……今晚，或者，明天……!”

夫人，努力噙着眼眶中的泪珠，不使病人看見，可是病人也許已經看見了；他眼角一滴晶瑩的泪，正向耳鬢邊流去呢。

當夫人俯身爲病人擦泪的時候，她自己的眼泪，禁不住滚在潔白的被褥上了。

室内，暫時地沉寂。

誠然的，病人的遺囑，今天都簽了字了。好幾天，這遺囑就由他的親眷、朋友、同志們準備着。然而直到今天纔簽。

在先，病人的夙疾初發的時候，當然有許多的人們來探望，他的親眷、朋友、同志們都常常來這裏聚會，爲他請醫生，買藥餌，并且料理其他較大的事務。大家都抱着一個絶大的熱望，以爲不久便會痊可的。及至絶望的消息一傳出來，南南北北的遠道的人們，更是來了許多。較親近的，都天天在病室裏守候，守候着一個奇迹，就是，依着他們的願望，他們的血忱，是這已經絶望了的病人，能够霍然地擺脱這不可避免的運命。另一方面，他們又誠惶誠恐地懷慮着，每一天，每一個早晨或晚上，以至於每一刻每一秒鐘，都怕這不幸的事件實現了。每一個晚上，他們想，天啦，今天已經過去了，要這一夜没有什麽事纔好呢！到了早晨又説，又過了一晚了，今天該不會有事吧！

你想，他們是如何地皇皇然。

病人是已經年過六十的了；死，也并不算是短壽，人生了總是要死的，用得着旁觀的人這樣置念嗎？然而我們的病人，他是太偉大了，他的生與死，不是關係着他個人，也不是他的一家族、朋友或同志們；而是關係着全國家、全民族，以至於全世界的。他是個革命領袖，他是人類的導師，他做了許多驚天動地的事業，立下了永古不磨的自由的基石，我們的國家，我們的民族，幾乎是因爲有了他，始感到存在的光榮，可是他却因此而樹立了無數的敵人，這些敵人無時無刻不在想毁滅他的事功，肅清他的黨徒，想將我們的國家與民族回復到他出生的前夜，那暗黑的前夜。他在一天，敵人們懾於他的聲威，還不能毫無忌憚，公然盡情地倒行逆施；他死後，就誰也不能擔保前途將呈如何的險象了。自然，他還有許多能够承繼他的遺志的戰士，而這些戰士失掉了自己的導師時，勇氣與信心，誰又能擔保不被這至大的損失所侵蝕而糜爛？於是，那許多人們的皇皇然，就并不算怎樣值得驚異的事了。

這些時以來，病人的病是一天一天地沉重，守候的人們的悲抑，也一天一天地沉重起來了。有時，病人比較地清醒，精神，他們便都覺寬慰，愉快，好像前途尚有無限的光明！有時，病人頹唐，昏沉，大家便重返於陰鬱。當他們陰鬱的時候，照例是大家沉默着，你望我，我望你，各各從别人的臉上，看出自已的愁容。坐着的便不想起立，而站着的似乎連舉步的動作都忘記了。即使有人打破這可怕的沉寂，而語聲是僅僅祇能較近的人聽見，而且往往不敢談到病人的未來，而且往往得不到聽衆的回聲。這沉寂，越顯示形勢的嚴重，各人的陰鬱就越是猖獗。軟弱的，禁不住泪河挂在臉上，再也不能矜持，於是悄悄地退出，跑到别的屋子裏啜泣。

這時候，他們便覺得不可挽回的事已在目前，想到病人死後所給予社會的關係，想到我們民族與國家的前途，想到死者所遺留的未完的工作，於是便體會病人的意旨，參酌大家的意見而給預備了應有的遺囑。這遺囑，雖經過幾次的躊躇而延擱，但終於取得了病人的同意。在病人，早就想在上面簽上自己的名字，然而他想：這簽字是表示死神的光臨在即，實給予守候的人們一個巨大的摧創，尤其是自己的夫人未必不因此而粉碎了芳心。這雖是不可避免的事，而不可避免的事，往往是祇要能俄延得一秒的時間也是要俄延的呀。這樣，已奉到手邊的囑文，終於退回而放下，一直到今天，他覺得已經是最後的一天了，纔在衆人的泪花飛濺裏，將他的名字簽上。

“你們出去吧，我要安静地睡一會兒哩。”簽字後，他這樣吩咐，於是大家都退出了，除了他的夫人。

天氣漸漸地黯淡下來，西沉的太陽，終於西沉了，晚霞失掉她美好的光輝，飛馳着的白雲，也漸見停滯，織成暗淡的夜幕。黑夜統治着整個的宇宙。

人間呢，一樣，太陽西沉在即，眼前就是暗淡！

果然，當天空的太陽再升時，人間的太陽便西沉了，永遠地，永遠地！

不幸的事，終於實現了！許許多多的青年志士因此而嚎哭，許許多多的勞苦的，被壓迫的民衆因此而哀叫，全世界的人們，都爲了這個偉大的人之死而惋惜；除了人類的魔鬼，除了一切無知的，蒙昧的，像是住在另一世界的愚人——他們是比不幸的人更不幸的人。

我們的偉大的人死了！像這樣一個偉大的人，我們從前不會有過；將來呢，有不有或什麼時候纔有，誰也不能知道。現在，他死了；他光榮地結束了他的性命，然而他的光榮，决不是偶然的；他畢生的歷史，無一不焕發着偉大的光輝。不信，我可將他所有的故事，盡我所知的向你講述。雖是我所能運用的語言，决不足表現他的偉大。

朋友喲，悠長的故事，我們就此開始了。在開始之先，我試問你一個問題：我所説的這個人究竟是誰？對啦，别説了，我已經從你的表情上看出了你的答案——

孫中山！

（原載 1931 年 64、65 期《蒙藏周報》）

記一個朋友的談話

上海抗戰開始後，約莫四個月光景，日寇進逼首都，我前綫英勇將士正以血肉和敵人的最新式的飛機大炮相搏鬥的時候，京滬和江浙各地逃難的人民，都順着長江向西移動，同時西戰場北戰場一帶的居民，也因爲戰爭的影響，好多都遷到武漢來，武漢一時成爲一種悲慘的“繁榮”，滿街滿巷，翻翻滾滾的盡是人，好像連一根針都落不到地下去。如果不是原來住在武漢的人很多疏散到別處去了，真不曉得會有什麽方法能够容納這些突然增加的人口。

因爲人多，因爲多是從別處來的，所以我在馬路上都意外地碰見了好幾個久已不知下落了的朋友。裏頭有一個就是小學時候的同學老王，大概總有七八年没有會見了。

“你不是老王麽?”我説。

“你不是……?”他説。

當我們在人叢裏碰見的時候，我覺得涌起了一種欣悦的情感，拉着他的手向自己的寓所走。

他穿着軍服，顯得比從前神氣些，衹是臉上似乎多了些時間在那裏爬過的痕迹。

“怎麽，你現在在軍隊裏做事麽?”我知道他并不是個軍人，所以這樣問。

“可不是，好久了；在第××師當秘書，有什麽法子呢?”

“很好。這回從哪裏來的呢? 南京? 平漢綫，津浦綫?”雖然他説了那部隊的番號，可是我并不知道是誰的隊伍和平常駐扎在什麽地方。

“都不是，”他説，“是從高頭下來的（高頭指上游的地方），我們的部隊開到前方去了，我在這裏留守。”

從路上回到寓所，走了很長的一段路，我們的話却説得很少。尤其是他，除了回答我的問話以外，幾乎没有開口過，這在他可説完全是一種變態，他向來是高談雄辯，口若懸河，不説話喉嚨就像要發癢的角色。我有點驚奇，略略留心一下他的神態，發見他的頭時常低着，眉毛總是皺着，不知道有什麽苦悶抓住了他。

到了寓所，他把帽子一摘，武裝帶一解，向我的老婆説：

“嫂子，請你煨點肉吃吃，要多要爛，吃了去死的。”

説了，就坐着低着頭，不住地抽煙。

“我説老王你的情緒似乎太怎麽的了，你留守不上前綫何至於説到……”他不做聲。

吃晚飯的時候，老婆果真弄了好多肉。可是他并不怎麽吃。

“吃呀，老王!”老婆把肉推在他的面前。

“嚇嚇!”他喝了杯酒，略略苦笑了一下：“你們上當了，我不是真的要吃肉哇，不過看見嫂子，觸景生情，想起别人的話來了。”

“那麽是……”我問。

“等等吧，等我喝幾杯酒。”

喝了幾杯酒之後，他抬起頭來望了我們一下，然後説：“你們不曉得，我做了一樁極其錯誤的事。”

“什麽!”我嚇了一跳，莫非……莫非……我想。實在對不起，朋友在這時候，所謂極其錯誤，自然衹有當漢奸，莫非我朋友……不過我没有説出來。

“你們還記得我的老四麽?”他説。

“老四?”

我想起來了，是他的一個弟弟，也是我小時候的同學，不過那時候年紀和班次都差得很遠，對於他，除了知道是個很好玩的小孩子以外，一向是很隔膜的。

“老四，”老王説，“是個很聰明的苗子。你曉得我們家裏景况向來不好，他在小學畢業以後就没有升學，起初在家學生意，後來又在外頭混小事。父親走得早，我又常常不跟他在一塊兒，自然誰也没有管他。不知怎樣，他却讀了很多書，筆下也鬧得還不錯了。”

“這是真的，”老婆説，“我看過他寫的一封信，雖然是普通托人找差事的信，却寫得很委婉誠摯，似乎很能寫文章的樣子。我以爲總讀過好幾年書，現在説起來，不過是個小學生，真難爲他了。”

“這豈不很好麽?”我説，“爲什麽……”

“唉唉!”老王嘆氣説，“他打仗去了，在湯山那邊，這幾天……”

“哦，他也在軍隊裏麽? 在什麽軍隊?”我問。

“還在别的什麽軍隊呢? 就在我那一師，當排長，是我把他弄進去的，所以我説極其錯誤，他進去還不到一個月咧!”

弟弟打仗去了，敵人的炮火是很猛烈的，幾個月以來，不知多少勇敢的將士犧牲了；做哥哥的心裏惦念，本來也是人之常情。可是這一次是民族自救的抗戰，是以個人的生命换取民族生命的抗戰，在不懂得這意義的不必説，像老王這樣人，似乎不必因此而自認爲錯誤，苦悶得像這個樣子。何况打仗也未必一定就死呢。

我心裏有點不滿，雖説一面在找話安慰他，却也微微透露了一點這種意思。

“怎麽?”他説，“你以爲我是涼血動物麽? 以爲不懂得民族抗戰的意義麽? 你以爲我太看重了一個弟弟的生命麽? 假如這樣，我根本不會弄他進去；他進軍隊的時候，戰争已經開始了兩三個月，我們已經有部隊抽調到前綫去了。我所難過的决不在這裏，也决不僅爲了他一個人，我覺得我們一開上去，一定會吃敗仗，很慘的敗仗，老四和整個隊伍都會當炮灰。然而他們是冤枉的!”

“爲什麽呢?”

我不懂得他何以知道一定會敗，更不懂得何以謂之冤枉。

“爲什麽呢?”他説，“他們都是新兵呵，老四自己就是一個，我以爲總要訓練三幾個月的，誰知不到一個月! 他還是去得早的，還有許多人幾乎可説一天也没有訓練過，恐怕連槍也不知道怎麽放咧!”

我和老婆都不懂得軍隊裏的情形，聽了他的話，免不了發些問題，老王似乎覺得都是些愚問，他説：

“一句話，軍隊裏頭，像我們那樣的軍隊裏頭，完全是黑暗的，是比黑暗還黑暗的，那情形外面的人實在不容易想象，我雖然知道得不少，却從來没有想到會産生這樣嚴重的結果。我們中國，大概還不至於亡國吧，萬一要亡，那并不是因爲敵人的武力强大，也不是中國軍隊不能打仗，或者不肯犧牲，却是因爲軍隊裏頭的黑暗，那吃人肉，喝人血，連骨帶皮都嚼得粉碎的黑暗的勢力太雄厚了。我的弟弟和無數的同胞都無緣無故不明不白地死在裏頭。”

他説得很興奮，唾沫不住地噴在我的臉上和茶碗裏頭：可是我們并不懂得他所説的黑暗究竟指的什麽。

“爲什麽我們的部隊幾乎全是新兵呢?”他乾一杯酒之後接着説，“那就是那黑暗的勢力在那裏作怪。像我們那樣的部隊，好多都是一樣，‘吃空’。本是公開的秘密，可是你想不到吃到什麽程度。比如説，本來衹有一萬人，向中央報告就説有兩萬，領兩萬人的薪餉和一切費用。難道還會發夾糧夾餉麽，還不是那些大軍官老爺們放到自己皮包裏去了。不錯，中央有時候也派人來點驗一下，他們一聽見這消息，馬上就把地方上的老百姓拼命地拉來，穿上軍裝，學一點稍息立正就站隊給點驗委員看。事情一過，充數的老百姓就被釋放，千恩萬謝地回到家裏去了。何况來點驗的人，大概也都是那些軍官們的‘袍澤’，官官相護瞞上不瞞下，衹要面子敷衍得下去，就無論什麽都不成問題了。平常，大家馬馬虎虎，誰也没有想到幾時會認真起來，到了抗戰開始，中央按照各部隊所呈報的數目來估計自己的戰鬥力，隨時抽調部隊。在戰時軍律之下，自然無價可還，雖然抽調的衹是一小部分，在像我們那樣的部隊却幾乎是全體了。這種被抽調的潰不成軍了的部隊，説不定馬上就有第二次第三次的抽調會來，没有隊伍是不行的，説過去人數少也是不行的。衹有向師管處團管處去拼命徵兵，徵來之後，往往來不及訓練，開到前綫去的命令就來了。軍官們不敢説自己的隊伍都是新兵，就是想留着教他們學會瞄準預備放，也怕落下‘觀望不前，貽誤戎機’的罪名，於是硬着頭皮，咬緊牙關，眼睜睜地望着整千整萬，毫無軍事訓練，完完全全還祇是鄉下老百姓的新兵送到戰地去做敵人的炮灰。明白了麽，這就是我們一定會吃敗仗的原因，也就是我後悔把老四弄到軍隊裏去冤枉送死的原因。如果有好好地訓練，我何至於這樣自私，何至於説他們死得冤枉呢？尤其是老四自己，他比咱們都年青，正是所謂血性青年，絶對不是貪生怕死之徒；在要進軍隊去的時候，我問他怕打仗麽，他那激昂慷慨的回答是值得感動的。然而到了出發的時候，他知道所謂打仗跟他先所想象的不同，似乎也頹唐下來了。‘嫂子，多煨點肉吃吃……’這話還像在我的耳朵旁邊響。”

説到這裏，老王的聲音是顫動的，似乎傷感極了，我們也都默然，覺得無話可説。過了好一会，灌了一杯冷酒在口裏，長嘆一聲説：

“不但軍隊，在中國，無論哪一方面，都瀰漫着這種黑暗勢力；這次戰争，像巨大的探照燈一樣，把每一個黑暗的角落裏都照明了。如果從此覺悟，竭力改悔，或者還來得及；如果反而掩飾，因循甚至歌頌這種黑暗，那那……”這句話，老王并没有説完。

十二月十日於漢口

（原載1937年12月16日《七月》第1集第5期）

延安的虱子

一　虱　子

有一天早晨，偶然我走到何思敬先生房裏——何先生和我都住在邊區政府招待所，他正蹲在那像曠野一樣廣漠，像大路一樣鋪滿了灰塵的冷炕上捲起他買來沒有幾天的被褥，像推着一個大石磙似地用兩隻手撐着，兩眼透過那當中有一道小圓圈的近視眼鏡，聚精會神地在那雪白的圓筒上搜尋着什麽。

“幹嗎?”我和他打過招呼之後問。

“尋虱子呀!”他毫不在乎的樣子。

哦！虱子，真是久違了喲！自從離開東京早稻田警察署的拘留所以來，五年之間，連它的大名，也没有聽見提起了。突然一聽，未免有些吃驚！在自由的天地裏，也會和這吸血的小怪物發生糾葛的麽？或者這位老先生太不注意自己的清潔了吧。

雖然是近視眼，似乎已覺察到了我臉上表露的神色，他補加了這樣的話：

“不長虱子，不能算到過陝北呀。”

於是我纔恍然大悟：虱子是陝北的特産之類的東西。

這天晚上我開始覺得身上需要搔爬。也開始在身上尋到了虱子，而且有三個之多。我的情緒馬上變得非常惡劣；但扭着頭向四周一望，又清醒白醒地覺察到自己并不是被囚在日本警察署的拘留所。

説也奇怪，那天之後，就常常聽見有人談起虱子來了。第一個人説：徐老在睡覺之前，一定要點蠟燭燒褲襠裏的虱子。第二個人説：朱德司令説，如果身上没有虱子，還配談什麼革命呢？第三個人説：成仿吾有一個冬天没有脱過外套睡覺，雖然不知道是他懶呢還是實在太忙。不脱外套，就不能脱外套裏頭的衣服，這常識，我想大家都有的吧。没有脱過衣服自然也就是没有换過衣服。一整個冬天，没有换過衣服，你想，他身上的虱子該有多少呢？

徐老，朱總司令，成仿吾身上都有虱子，是不成問題的。并且假如有人因此認爲延安僅僅衹有這三個人有虱子或者加上兩個客人，何思敬先生和我，一共五個人有虱子，那一定是錯誤的。事實恐怕剛剛相反，在延安不知道有没有三個人或五個人身上没有虱子。

有一個學生，在抗大或者别的什麼學校畢業後就離開了延安。他寫信給延安的人説，我不知道延安有什麼好處，除了爬山還是爬山。那意思是説延安的生活是很苦的。其實爬山一件事，并不足以概括延安生活之苦。延安的人，吃的小米飯，住的窑洞；雖然我們不知道上古時候的穴居野處，茹毛飲血，是怎樣一種風味，但比之於住在高樓大厦裏面大嚼珍饈美味，吃小米，住窑洞，總要更近於野蠻時代的生活；何况還要用自己的血肉喂養虱子！

身上有虱子，一定没有没有虱子舒服，正和吃小米，住窑洞，爬山没有坐在高樓大厦裏吃珍饈美味，坐汽車走柏油馬路舒服一様。縱然是在延安習慣了虱子的侵略的人們吧，和我們的見解完全相反，以爲没有虱子就不够刺激，生活變得寂寞無聊的事，是不會有的。不過此刻現在，他們還無法和虱子告别，没有餘暇想到個人或全體的私生活上的安適清潔之類的問題，倒是事實。

延安的生活是艱苦的。人們儘可逃避這艱苦，詛咒這艱苦；可是應該有一個起碼的理解：這艱苦并不是目的。假如連這樣一點理解也没有，自然不妨提出更嚴重的非難，比如説，吃小米，住窑洞，人人身上長虱子，簡直是相率而返於野蠻；爬山不爬山，猶其小焉者也。

能够非難延安的人是幸福的，至少他身上可以没有虱子；衹有一個條件似乎值不得羡慕，就是照朱總司令的話説來，他應該没有共同改造我們民族的運命的資格。那個怕爬山的學生不是已經離開延安了麼?

二　月夜的故事

(本卷已作單篇另收)

三　小　鬼

"田先生,你有介紹信麼?"

合作社的小鬼在我們去吃早飯的時候向田軍先生問。意思是説:你没有介紹信,怎麽也來吃飯?

住在招待所的來賓們到合作社來吃飯是不要錢的,可是要招待所負責人或者别的人的證明文件。田軍先生起初也是有的,不過和别的幾個什麽人的寫在一張紙上,後來别人都走了,證明文件作了廢,田軍先生要來吃飯於是成了問題。

詢問的那小鬼,有十三四歲光景,臉上很紅潤,眉目都清秀極了。平常和藹,活潑,决不得罪客人;可是要是客人有什麽手續不合的地方,他比一個大人要嚴厲得多,一句話,完全鐵面無私,毫無通融的餘地。這回,田軍先生就被問得有點兒窘,連忙説:"我不吃飯,我是來和他們談話的。"

吃飯的時候,健談的何思敬先生就把小鬼當作話題了;他講的是第二招待所的小鬼。他説:

"你們知道我先住在第二招待所,全招待所裏和我最密切的就是那個小鬼;他比這裏的這個大得歲把兩歲。比他還要長得漂亮,——不知你們以爲如何,我覺得這裏的小鬼都是很漂亮的,——我喜歡喝茶,喝濃的好的茶,不喝就不能做事。來了没有兩天,那小鬼就知道我這種脾氣了,我并没有告訴他;早晨一醒,咳嗽一兩聲,一壺熱茶就泡來了;晚上他去睡的時候也先跟我泡一壺茶;白天裏少不得也有兩三回,且不説它。除了泡茶之外，他每天總要來問一兩回：何先生，你有衣服要洗麽？何先生，要買香煙麽？總之，殷勤得很。你們來了之後，都住在第一招待所，你們的熱鬧顯得我很寂寞，所以我前天就搬過來了。搬的時候，打行李，搬箱子，差不多完全是他一個人做的。我看見他累得滿頭是汗，心裏着實過意不去，想酬謝他一下；你們想想，我能够怎樣酬謝他呢？我掏出了兩塊錢，我説：小同志，給買點心吃吧。你們猜他怎麽表示？"

説到這裏，何先生賣關子似地把話停住了。

"當然是不要囉。"不知是誰説。

"他，那小鬼，望了我一下，臉上馬上潑血似地紅，像史湘雲小姐看見妖精打架的荷包時候那樣害着羞，或者還加上一點兒憤激，於是，把頭一扭，什麽也不説，就揚長地走了。我後來纔明白我侮辱了他。"

接着别人也談了幾個小鬼的故事；裏頭有一個是西北戰地服務團的小鬼。服務團到山西，很受各界歡迎；在某一個歡迎會上，那小鬼站起來講演了。他講他出生的地方，講他的家庭；講他的父母怎樣不讓他出來，可是他不肯當亡國奴，要出來做救亡工作；末了，講他在服務團擔任的職務——勤務員以及日常的生活。那内容其實是應該使人哭泣的，可是幾千個聽衆却哈哈地笑了。大概也因爲他講的實在并不熟練吧，但主要的，恐怕還是因爲他年紀小，表情和動作都顯出初次在大庭廣衆中出場的不自然，而在聽衆看起來，確是有些滑稽。

就在那天晚上，服務團的人們，大家都覺得别扭。天黑了，還没有點燈；主任到桌上去摸洋火，"碰同"一響，一個飯碗掉到地下跌破了，原來吃過晚飯的碗筷還没收去。這都是小鬼没有盡責，小鬼不曉得到哪裏去了。派人到處去找，後來發見他躲在院子裏哭。爲什麽呢？爲什麽呢？經過很久的盤問，纔知道他因爲講演的時候，人家笑了；不用説，是個大失敗呀。於是他哭了一個多鐘頭，晚飯也没有吃。

小鬼是延安各機關和八路軍裏頭的小勤務員們共同的别名，裏頭含着不少的撫愛的意思。延安各機關和八路軍裏頭的人們都很喜歡那些小鬼，小鬼們對於他們也很馴服地替他們做事，聽他們的指揮和教導，祇是挨罵挨打是决不肯幹的。打不必説，誰要是無意中罵了小鬼一聲，他一定會得到嚴厲的質問："你是軍閥？你是官僚？同志，八路軍裏頭不作興罵人的。"

小鬼們都是從農村裏出來的，有的參加過長征，有的就是西北附近的農民的子弟。農村的生活是辛苦的貧困的，這些年紀小的孩子們似乎并不懷念它，他們在延安，在八路軍裏頭，得到衣食，也得到了教育。(他們認得字，懂得許多政治上的名詞。)同時也得到大人們給他們的撫愛，他們的生活是快樂的。

他們年紀輕，面孔漂亮；衣着因爲自己勤快，總是洗得乾乾净净，談話又帶着許多嶄新的名詞，足以使平常對政治問題冷淡的人聽了驚嘆他們的博雅。大家都知道，在延安，在八路軍裏頭，想從服色上估計，判别一個人的地位是不可能的，從首長到小鬼，都完全一樣。雙十二事變以後，到延安去求學的女學生很多很多，以前那裏幾乎是男人國，看成千成萬的單身的男人；不用説，那些女學生們在那裏是很容易變成少婦的。可是那些成千成萬的男人中間，最容易找到配偶的，據説，有一個時期，是那些剛到成年的小鬼。

一九三八，四，一八，漢口

(原載 1938 年《七月》第 2 集第 1 期)

寂寞的故鄉

一　遺　念

大概因爲是國難期間，許多人都覺得生和死衹隔着一層紙吧，朋友們的談話，很容易地轉到死的問題上去。在吴先生發表了一通“死生有命論”之後，黎先生接着説：

“人的死活真料不到，比如説：史麻子。先一天我還到過他家裏，他正端起杯子在喝酒，爐子上炖着開得‘豆豆豆’地響着的熱菜，他的老婆還從厨房裏給他送來一碗小炒，樣子蠻享福的。看見我去了，他笑着説：‘黎先生，喝杯酒吧，您駕府上要請客麽？我看哪，初三，初四，好的，好的，初五裏一定有功夫。’可是第二天早晨聽見説他死了，你説有鬼不？”

史麻子是這城裏手藝頂好的厨子，稍微講究一點的人家請客，總是請他燒火的。可是我没有見過他，要不是這回談起，謭陋得很，我還不知道世上有過這樣一個人咧。

有一天，我在人家裏做客，酒席的豐盛，就是在外面也不很容易碰到；可是主人不知是客氣呢還是真的，在席上陪小心似地説：

“這真對不起呀！没有菜，味道又不好！有什麽法子呢？史麻子死了，通城裏找不去一個像樣的厨子，這些菜還是到西城外頭德興居去選的咧！……”

説到這裏，還特别望着我。

“您駕在外頭吃好東西吃慣了的，這樣菜恐怕吃不來吧？”

我第二次聽見談到史麻子。

無論什麼地方的人，如果在外面過久了，都對於故鄉的飲食常常感到一種特殊的興味，甚至於以爲除了故鄉的東西，縱然也一樣吃着喝着，總好像很勉强似的，比如説，小米飯，窩窩頭總不能説是人間的至味吧：可是有的人却從幾千里之外，帶着小米和棒子來送人情；有的人如果看見了小米，就决不肯吃另外的東西。聽説北平有些館子，還專靠窩窩頭吸引顧客，都會裏之所以有什麽廣東館子，四川館子，與其説是爲了讓别處的人們嘗嘗異味，恐怕更多的還是爲了投合在外面的同鄉們嘗家鄉風味的需要。

我的故鄉，也有一些特别的菜。其中的一種，是鱔魚。鱔魚自然没有什麽稀奇，特别的是弄法，就是把鱔魚的刺除了，拍成一片一片的，然後用小粉輕微地拖一下，蒸熟，末了用飛滚飛滚的猪油一淋，淋得那魚片滿處都是極小極密的疿子，吃起來又嫩又鮮。這弄法我們叫做“炖”，的確是和别處的什麽燒炒蒸之類，有些兩樣。也許在别處人看來，一個錢也不值，但我們——我和我的故鄉的人們，却一直認爲是菜中間頂名貴的東西，雖然我在外頭并不少吃鱔魚的機會。

隔了十幾年纔回家，想在這一次把家鄉的特殊的東西都嘗嘗的心事，多少總有一點兒。親朋們請客，自然也很能迎合這種心理，遺憾的是，偏偏没有吃到炖鱔魚，因爲我回家的時候時令不對，鱔魚已經絶迹了。

這遺憾，不止我個人覺得，似乎别人也有點感到。有一回就有人和我談起：

“這時候没有鱔魚吃，真是……您駕以爲怎樣，我覺得鱔魚總是我們這裏的好；别處的，大概是堰塘裏的，渾水裏的，那要不得！而且，都是又粗又大的一條條，肉粗，老，不像我們的……不過也看怎樣弄，誰弄。恐怕您駕不知道，鱔魚一定要史麻子弄，史麻子您駕該聽見説過，那真巧，不拘什麽，一經他的手，説也不該，的的確確是不同。可惜前幾天，衹幾天兒啊，他死了！”

我第三次聽見説史麻子。

在家裏過了差不多一個月，會見過各種各樣的從前認識和不認識的人。那些人，儘管各種各樣，却有一個共同點——容易談到史麻子。在二十幾天中間，我如果没有聽見過二十回，至少也該有十五回。這是我從前所不理解的：在不久的過去，支配着這小小的城廂的人，不是那從别處來的縣長，也不是那有百把頃田的喻大老爺，更不是那官做得最大的皮參議；却是一個説起來卑微又卑微的人物——史麻子！我相信全世界的無論什麽人死了，决不能在我的故鄉的人們中間留下這樣深刻，普遍而又長時期的遺念。

二　師

回到故鄉我纔發見我是個很有面子的人，爲什麽呢？因爲這城裏的有面子的人，實在不知爲什麽，好像全和我有來往。反過來説，我所來往的人，幾乎全是有面子的。比如，民衆教員館館長，西區小學校長，郵政局局長，前教育會會長，還有别的什麽長乃至雖然不是什麽長却是地方上的要人之類。我差不多每天都要會着他們，每天都和他們在一塊兒吃酒打牌，有時候，還抽鴉片煙。

可是忽然一天，這些要人都不見了。没有人來找我，我也找不着他們。我馬上感覺得這城裏起了什麽非常嚴重的變化，而且自己顯得是這樣寂寞，孤獨，無事可做。好容易挨過了一天，以爲第二天一定可碰見，誰知……第三天，第四天，天哪，一連四天，没有看見他們，我實在不知那日子怎樣熬過來的。我不光是爲了我個人的寂寞，同時也替這整個城裏擔憂；打個比方吧，比如日本帝國，忽然不見了首相，同時藏相，陸相，文相也失了踪，日本人民失掉了這一班領導者，如果真是像幼稚園裏失掉了保姆和别的什麽職員一樣，他們會不馬上感到恐慌麽？他們的兵士還有心情來淫污中國的女同胞麽？雖然在有些日本丘八老爺看來，也許中國女人是世界上最能引起性感的。不過還好，第五天裏頭，我又碰見了他們，依然在一塊兒吃酒，打牌，乃至抽鴉片煙。於是城裏至少是我覺得，馬上恢復了原狀。

“你們到哪裏去了呢?”應該想得到我一定會有這樣一句問話。

起初，他們不肯説，經過再三盤問，纔有人告訴我，蕭師尊來了，第一天接師尊；第二天在白谷洞（城外風景最好的地方）歡宴師尊；第三天引師尊到鄉下去看田，師尊想在我們縣裏置點産業；第四天看了一天；以後是第五天，回來了。

要不要解釋一下：“師尊”，就是宗教哲學研究社的首領，好像基督教會裏的主教。原來他們都是宗教哲學研究社社員。

“宗教哲學研究社”這名目，最初是從母親那裏聽來的。聽見的時候，我還以爲是學術團體之類，馬上爲了故鄉的這長足的進步而欣慰。關於宗教哲學，我自然是一竅不通，不過我很喜歡讀江紹原先生的《髪鬚爪》。江先生就是研究宗教哲學的。那麽，在一向閉塞的故鄉，居然有好多江先生，無論如何，是一種進步。後來一説，纔知道并不是那麽一回事，却是同善社乃至義和團之類。

母親説的時候，很帶勁兒。大概當時我表示過什麽不同的意見吧，母親憤憤不平地説：

“你曉得什麽，聽説漢口都有哇，他們的師尊就常常在漢口。并且像隨館長他們都加入了！……”

意思是足見那了不得呀，難道他們還没有你知道的事情多麽?

以後，我就有幾回聽見别人提到宗教哲學研究社：聽見説他們能够用一符咒給人醫病，能够把破布燒成灰當藥方，他們的指甲殼裏頭看得見陰司地府；聽見説，他們説真命天子出了世，現在人民要過大劫，衹有加入研究社纔能逃掉；還聽見説，他們對於師尊是很恭敬的，師尊來了，像郭子儀上壽一樣，令公令婆南面高坐在太師椅上，七子八媳在下面三跪九叩，不過師尊夫婦，據説，也很謙和，在孝子賢孫們磕頭的時候還含着笑點着頭咧。

終於，師尊又來了。可惜無緣，一直到我出來，没有機會看見他。

雖然没有看見，却也常常聽見説。俗話説得好：“道高一尺，魔高一丈。”哪怕要人們都在研究宗教哲學，另外對於這門學問不感興趣乃至抱反感的人也不能説没有，據説，那師尊就碰見過這一次似乎不含什麽好意的詢問。

“既然您駕道行高妙，日本飛機來了，能不能够念念有詞，喝聲道：‘疾疾！’飛機就掉下來呢？能不能够口吐一道白光，到千里之外去殺掉日本鬼子呢？”

“能够，當然能够，那算什麽呢？”

“那麽，您駕爲什麽到現在還不顯顯神通呢？”

“第一，”師尊行所無事地回答，“第一，這是天數，天數不可違，中國人心太壞，一定會有大劫的。第二，人定也可以勝天，但那要大富大貴的人，比如説，像老蔣那樣的人，如果老蔣來求我，什麽我都可以做，可是他不哇！”

“恐怕委員長不知道您駕，不是，我是説，不知道您駕有這樣大的神通，您駕何不點化他一下呢？”

“他怎麽不知道？我怎麽不點化他？你去問問，你説從西安事變前三天起，一連三夜，當他在街上走的時候，總有一個大燈籠，在他前面三丈三尺遠，再不遠也不近，燈籠上有一個斗大的‘蕭’字，問他看見過没有。”

這一場舌戰，勝利完全歸那位蕭師尊所有。因爲那個人想，他似乎一輩子也不會去晋謁委員長，就是晋謁，也不能這樣問他。

過了些時，我離開了故鄉，就很少聽見談起蕭師尊。祇有一回，故鄉有人來説：一個卜君家裏的幾頃田差不多完全賣給他了，他并且招了很多農民去給他種田。大有蘇聯的集體農場的作風。漢口不是有一次打下了十二架日本飛機麽？據蕭師尊説，是他用雷打下來的。雷爲什麽没有聲音呢？他説，他用的是“啞雷”。另外一回是在什麽地方看見一個“全國各界追悼陣亡將士暨死難民衆覺世弭劫法會”的通知，裏頭有一句：“恭請：蕭昌明先生……賁臨説法。”

三 疤

在麻將桌子上，丁先生和郵政局長坐在對面。

郵政局長，前面已經提起過，也許您駕已經曉得一點兒了。有一句老話“白面書生”，好像是形容文弱的人的。郵政局長和這話很相稱，面目白净，清秀，白的肌膚裏頭多少透出一點青色。人不高，也不胖，什麽時候也是這麽温文爾雅的。他是鄰縣的人，我從前不認識他，不知他是什麽郵務學校畢業的；衹曉得他是宗教哲學研究社社友，對於“學問”很用功，每天晚上總要誦多少遍什麽經了纔鑽進太太的被窩裏去。

丁先生和郵政局長一比，那應該説是前輩先生，他有五十來歲，身體却還很茁壯。前些年，也當過區長什麽的，管過地方上的事情，近來大概因爲兒子也大了，地方上的年青人都出了馬，自己幾十歲，和孩子們，兒子的朋友們在一塊兒混，不很划得來，就把什麽擔子都卸下了。年青的時候，喜歡賭賭博。對於這一道是很精通的：祖上的産業，曾經在他手上打過好幾次翻轉，如今那樣的雄心也有點寒了吧，不肯冒多大的凶險，所以，衹時常打打牌；至於賭博，不過過年過節，逢場作戲，偶一爲之罷了。此外呢，年青的時候還喜歡講講戀愛：聽説就是現在，街上鄉下都還有年貌相當，長來長往的女朋友。

麻將打到中途，各人都在注意手裏的牌的時候，丁先生忽然對局長説：

“瞧！你的頭髮怎麽掉了一塊去了？”

“什麽?”

丁先生的話太使人吃驚了。别的人不由自主地朝局長的頭上望，局長也自然而然地用手向頭上去摸。

可是頭髮還是好好的。

“那不是，那不是，”丁先生用手指局長的右旁邊的頭髮説，“一個疤，一錢大。”

真的，“一個疤，一錢大”，現在别人也看見了，局長自己也摸着了。以前，給長頭髮遮蓋着，不顯。

“真奇怪，我自己還不曉得咧!”局長説。

“啊哈!”丁先生説，“這裹頭有點道理。”

“什麼道理呢?”别人問，局長也問。

“我曉得，我曉得。我問你，你怕不怕?”他問局長。

“怕什麼呢?”

局長不明白他的意思，别人也一樣。

“比如説，日本的飛機一來，把漢陽炸死了千把人；現在，上海失守了，蘇州，無錫，南京，恐怕馬上就要到武漢來；你聽見這消息，怕不怕? 你説真話，你……”

“那……”局長忸怩地説，“那怎不有點兒……”

“却有來，就是這道理。”

“爲什麼呢? 爲什麼怕就……”

這反問是異口同聲地搶着説的。

“我也不懂得。我有一個經驗：那年賀龍來圍城的時候，我一聽見槍響，身上就發顫，像打瘧疾的一樣。我説，我活了五十歲了，死就死吧，也不算短命。可是不行；媽的，它硬要發顫。有一天偶然照照鏡子，看見旁邊少了一塊頭髮，一個疤，一錢大，不知是什麼時候掉的。後來看一本什麼書，説這是受了駭。今天看見他的正跟我的一樣……不過，不要緊，還會長好的，瞧，我的疤，不是已經没有了麽。”

不知爲什麽，我覺得有點凛然。我想：死生亦大矣，豈不怕哉!

“不説咧，那真也有點駭人，”另外一個人説，“圍城的那回，洪先生不是就尋了短見麽?”

“莫談他，”丁先生説，“莫談他，那是神經病，神經病!”

洪先生也是城裹的閑人，前清的秀才，在教育界做了很多年事，祖上留的，自己挣的，手裹相當有點産業；大太太二太太，各立門户，洪先生這邊過幾天，那邊過幾天，本來很優哉游哉的。可是，突然之間

“赤匪”來圍城了，洪先生也和丁先生一樣，聽見槍聲就發顫；不，那比丁先生厲害得多，簡直急瘋了。常常自言自語地説：“這該怎樣呢？這該……我的名字叫 xunggyn（洪鈞），他們也叫‘xunggyn’（紅軍），他們來了，如果問，你爲什麼敢叫 xunggyn 呢？我怎樣回答呢？回答不出，於是‘擦！’一刀！我的天哪！我，我……”上了一回吊，吞了一回鴉片煙，都被救活了；末了一次投在井裏，就没有活着起來。然而，那却是死得冤枉的，因爲賀龍雖説來圍了兩回城，却一回也没有把城攻破。不過，那却是過去的話了。

我在家裏住了幾天，差不多天天都有人請我，我天天和要人們在一塊兒打牌，有時候還抽鴉片煙。我想，中國的土地真是廣大，日本兵雖然攻到了南京，離這裏可不還很遥遠？三兩個月，總不會到；飛機自然可以來，恐怕不肯爲了這樣一個小小的城耗費一兩顆炸彈。至少，暫時之間，我的故鄉，總還是個世外桃源吧。而且故鄉的父老們，兄弟們，多麽鎮静囉，吃酒，打牌……悠閑自在地過着太平盛世的日子。這戰争和他們有什麽關係呢？

然而我的觀察是錯誤的。戰争的影響已經深入到故鄉的人們的心裏去了，縱然真是飛機大炮所不能到的桃源，他們也未必能够安安静静地活下去。郵政局長頭上的疤，正給我以這樣的啓示。雖然我不知道丁先生的話是不是真有科學的根據。

一九三八，母親節

（原載 1938 年 5 月 16 日《七月》第 3 集第 2 期）

我的金言

一　序

假如我的話等於零，我不必說；假如等於負數，更不必說；假如能够使聽話人得到一點什麽，然而聽衆中有我不願意他得到無論什麽的人。

我是狹隘的，因之說話是困難的。

二　創作之類

創作無秘訣。

對矜持太過的人說：有屁早放；對摇筆即來的人說：三思而行；對滿紙浮言的人說：免開尊口。

最通俗的作品，是一張白紙；最不通俗的作品，也是一張白紙。

關於傻子的故事，是聰明人的創作；關於聰明人的故事，也是聰明人的創作。

寧可寫出散文來讓人說是詩，不可寫出詩來讓人說是散文。

在時髦的詩人看來，寫别種文章的都是傻子；他們不會分行。

“大匠能予人以矩規，不能予人以巧”；小匠也能予人以規矩，但自己也不巧。

三　知人論事之類

“聖人之道，爲而不争”；愚人之道，争而不爲。

“道高一尺，魔高一丈”；道高一丈，魔高一尺。

欺瞞的嘴説出的話，往往“忠實”於忠實的嘴所説的。

失意時屈意事人者，得意時必欲人屈意事己。

説“齊人有一妻一妾”者，必不知天下有無妻之人。

惟女子與小人爲易養也：近之則不怨，遠之則遜。

惟嬰兒最容易養成習慣，也最容易改掉習慣。

“自信無罪的，就先用石頭投向罪人”。這話在誠樸人中説出是赦免；在狡黠人中説出是虐殺——犯罪最大者，將爲投石最勇者。

耶穌的名字是靠他的“聖績”流傳下來的。

人人都崇敬智慧，却并不人人都熱愛它。

四　人生之類

小小的缺點會影響人終身的事業。

人不能有痛瘡，有了就會隨便被人碰着。

平庸人的生活，如春日的江南；偉大者的生活，如寒冬的沙漠。

人往往在没有智慧的時候碰到幸福，在不幸的時候得到智慧。

五　戀愛之類

兩性間不能用戀愛以外的東西表示靈魂的投合。這是人類的悲哀。

戀愛時最不理解對象。

愛情的駭海永無領港人。

愛人如群衆，不能駕馭，就得服從。

任何友誼建築，都禁不住戀愛的炸彈。

乞求説："愛我吧!"不如命令："愛我!"命令"愛我"，不如説："不許你愛!"

被棄的况味，有時美過棄人的。

（原載 1939 年 12 月 20 日《刀與筆》月刊第 2 期）

陽光的踪迹

一　亞細亞方式

天黑了好一會，塌班了兩個多鐘頭的慢車纔到。還没有停好，在月臺上等着上車的人們就提着箱子，行李，潮水似地向每一個上車的地方涌，差不多每個人都用兩隻手抵拒着左右的人，用屁股抵拒着後面的人，口裏還“不要擠！擠什麼!”地嚷，尤其是正推開别人的時候。搶到最前面的自然最先上車，也最先碰到下車的人。那些人也提的提，扛的扛，正和他們狹路相逢，兩不相下，大家口裏在亂嚷，下車的説：“讓開點，等下完了再上啊!”上車的回答：“退不回去呀，後面擠得凶咧!”。

在軍用車的那個車廂裏却是另一種喊法：“點清人數哇！不要擠，位子多得很，我們都下去的。”

那是一個挂武裝帶的，他一面朝外擠，一面又回轉身去朝裏面招呼叫車廂中部那裏的人趕快下車，也叫擋住路的人們讓路，像不很會游水的人陷在激流裏，身子不由自主地隨着水勢往下流，頭和上身却儘量在向水面提高，兩隻手也不住地在水面揮動，他的聲音是很響的，可是被群衆的更大的擾嚷聲所切斷，遮没，變成一些稀落的字音，無力地在車廂裏迴旋，誰也没有留心他有什麼含義。

“快點，動作快！一十，十六，十八——誰的帽子？——不要丢東西……”

車廂中部那裏也有些另外的叫喊，幾十個人在窸窸索索地亂動，穿衣服，繫草鞋，捆稻草，抖亂着破布，棉絮之類，有的人口裏還在逗逗罵罵，一陣塵土的霧，不知是從地上揚起，還是從天上落下，瀰漫着整個車厢，把祇有兩頭車門上方纔有的燈光弄得更微弱，更昏暗了。那塵土的霧，看起來似乎是静止的，實際上却在毫無忌憚，毫無容赦地向乘客們的口鼻裏面襲擊，有幾個剛上車的就在接連地打噴嚏。最難忍受的還是那霧裏所帶的一種氣味，像是誰在夏天的陽光下攪動着垃圾堆，腐爛的肉類，被汗污浸透了的鞋襪，牛欄猪圈裏的糞便……百花園裏的奇葩異卉似的，都在争妍鬥艶，各顯身手。幸而車廂裏還没有什麽貴太太，貴小姐，否則，不但打噴嚏，恐怕還要暈眩，嘔吐的。

“走哇！快點哪，這頭來！這頭！”

幾十個人在霧裏緩緩地移動，一個人的聲音在他們中間吆喝，那些人有穿藍長袍的，有穿黑短襖的，也有衣服的顔色和形狀乃至名稱都難説出的。大都不是棉花綻露在外頭，就是補綴着大塊大塊的補丁。一些亂七八糟的行李包裹什麽的，被他們提着或者夾着，他們差不多一半的人是一些十四五歲的小孩子，另外的又簡直是五六十歲的老頭，如果燈光强一點，就可以看出他們臉上的皺紋和鬍鬚裏頭的銀絲。而這老老少少，高高矮矮的幾十個人的紫黑的臉上，又都罩着一層愁雲，不知是因爲飢餓還是因爲疾病，幾個瘦弱的老人還佝僂着背，連頭也不很抬得起，一面走一面嗆咳，大口大口的痰吐在車上的地板上。看様子他們是一群逃荒難民，或者簡直是一些荒山破廟裏寒村古墓邊的叫化子。

他們走過的時候，坐在位子上不動的人們，眉頭上都打着結，不期而然地把身子往裏面挪這麽一下子，迎面而來的剛上車的人，看見他們來了，就拼命向座位和座位之間的空地擠進，把腿塞在乘客們的腿空裏，上身傾到車窗那邊，讓出寬闊的大路，給那些身上帶着灰塵穢物，虱子，病菌的人們通過。他們一走過，大家心裏都像奴隸得到了解放似的，暗暗吐了一口長氣，搶得了他們留下的座位的人，紛紛地用報紙，手巾，擦拭或者拍打座位上的灰塵，并且開開窗户，迎受那冬夜的冷風。

在没有下車的人們中間，有兩個穿制服的對面坐着。

“這怎麽能打仗呢?”

瘦長子説。他是個多愁善感式的文人，對面的小胖子是個經濟學家，打仗以來，都在軍隊裏做政治工作，現在是一同到戰區××部出席過什麼會議了回來的。

“這都是從四鄉裏弄來……”

瘦長子接着説。一面説，一面回同伴，投着問訊的眼光。他覺得自己的意見，有點近於悲觀失望，吹毛求疵派，而這樣的問題，學社會科學的人，一定知道得很多，不好在他們面前失言的。

“這叫做……”小胖子説，他微微有點口吃，尤其是在興奮或者着急的時候。“這叫做，亞亞亞細亞方方式。亞亞亞亞方式，不但生生産上纔有；我們現在受着亞亞細亞方式的侵略，也就有亞亞亞亞方式的抵抗。抗戰是艱艱苦的，偉偉大的……”

没有説完，瘦長子已經連連點頭，認爲十分中肯；雖然什麼是亞細亞方式，他并不怎麼懂得。

“報數！——一，二，三……”

窗外的月臺上，剛纔下去的那些人，正在昏蒙裏站隊，點名。他們是要開始訓練的壯丁。

二　夜　店

小客棧的樓房，是一種極其因陋就簡，粗製濫造的作品。從屋頂灌進的風，摇動着煤油燈的燈焰。屋頂傾斜下去的那一面的土墻，像什麼大人物倨傲地坐在那裏，擺着凛乎不可侵的面目，要向他走近，一定要卑躬屈節，低頭彎腰。如果大模大樣地走去，一定會碰上一鼻子灰或者一腦殼疙瘩。土墻對面的板壁，密過村邊的籬垣，那高度也確實可以使這邊的人看不見那邊的人的頭頂……從火車上下來不久的瘦長子，把屋子端詳了一回，就脱下大衣挂在床架上了。這時候，一個女人的背影擋住燈光，右手高高地抬起在衝茶。

“還要什麼麼，官長？”

那女人衝好了茶，扭轉身來，背着燈説。

他没有做聲，那女人等了一會兒，也就默默地提着開水壺走了。一走，脚後跟就碰在樓板上騰騰地響。同時，樓板和整個房子也幾乎要倒塌似地摇晃着。

客人躺在床上，把燈罩子被熏得漆黑了的煤油燈放在床邊，一個公事包扔在床頭。他疲乏了，又打算明天早點起來，想馬上就睡着。客棧裏是静寂的，外面也是静寂的。遠處有火車在馳走，汽笛的尖聲，劃破着死去的夜空，餘音在山谷曠野間繚繞。

他住在這小站口的客棧裏這是第一次。中途下車，爲的順便探望一下他的愛人，她在這縣城裏工作。縣城離車站還有好幾里路，本來打算一下車就進城的，不料車到得意外地遲。反正衹差幾個鐘頭天就會亮了。就在這離車站不很遠的客棧裏住下了。

床上墊的太少了，床板挺硬挺硬的。睡了好半天，身上還不暖和。他不覺接連地翻了好幾回身，一翻身，床板就軋軋地響，在第八次的床板響了之後，他覺得别處什麽地方也有同樣的響聲，那響聲離他是很近的。但是他并不追究，他疲乏了，再一息息工夫，就會睡着的。

“睡着了麽?”

朦朧裏，他聽見一個女人的聲音從板壁縫裏穿過來，似乎在對一個很熟的人説話。他不知道那聲音是問誰，衹有點討厭它擾亂了他入睡。

接着，覺得頭抵住的板壁被輕輕地敲打着，竟是和他説話。他清醒了。同時也分明地聽出那聲音就是那曾經替他衝茶的女人發出的。由於半大脚的脚跟在樓板上拍擊而起的騰騰聲響着，房門隨着也被推開了。

“喂，你看，這是什麽東西，你看?”

又像對一個馴熟的人説話似地，那女人的低聲，在脚頭的床邊發出。他氣憤地然而也奇異地抬起一點本來仰着的頭，看見一隻枯槁的大手，放在一張馬臉似的面孔前面，一隻手提着一片比銅板大不了多少的金屬小圓片的短鏈，不住地摇晃着。那圓片也就發寒熱似地連連地顫動。另外一隻手托在底下，似乎怕它掉到地下去了的樣子。那圓片，一面是黄的，一面却鍍着藍，上面還有白色的圖案字之類。

“不是我的。”

他説。説話之前，曾迅速地瞥視過一下架在椅背上的自己的制服。他以爲是自己的肩章掉了，這女人拾來送還他的。

“這是什麽？這……”

她説，臉上似乎在做着一種剛成年的小姑娘的嬌憨的表情，身上却斜倚着床架，一小部分還被帳子和大衣遮掩住。那女人，他先前没有仔細看過，一撮散亂的頭髮，披在窄狹的額上，臉色是灰黄的，臉上除了一點特别顯眼的一張鮮紅的大嘴以外，别的都很模糊。衹有那無可掩飾的憔悴，乾枯，老大，雖然在昏暗的燈光下，也浮雕似地顯現出來。

他被她的滑稽的樣子弄糊塗了，一時竟想不起她是幹什麽的，厭惡，想逃脱，甚至有點兒害怕！或者她是個神經失常的人！——把頭蒙在被窩裏，一聲不響，却細心地聽着被窩外面。過了好久好久，没有聲音，也没有響動。他奇異地伸出頭來，出乎意外，那女人却不知什麽時候走了，連那一定會有的騰騰聲也不曾聽見。夜深了，四面都是寂静的。一個人，在這陌生的空空如也的破樓上碰見這樣一個神出鬼没的女人！莫非是做夢麽？咳嗽了一聲，把煤油燈扭得大大地，睁開眼睛，看會再出什麽變故。

騰騰騰……過了一會兒，那脚步聲果然又響起來了，而且比以前響得更爲急促，更爲沉重，樓上的震動也更爲厲害。剛一覺得，那聲音已向近處急馳而至。同時，似乎有另外一個東西，像被踢了一脚的皮球，騰空飛起，穿過房門，落在房子的正中間。那東西一落地，就發一陣嘻嘻哈哈的笑聲。

他大吃一驚，禁不住向那聲音看去，一望就知道仍舊是那個女人，不過樣子却完全改變了。現在她的身上，不是原來那暗色衣服，倒緊緊地裹着一件血紅的短棉襖，那棉襖短得衹有底下的黑褲子一半長。連腰裏的白褲腰都蓋不住。臉上比剛纔白了許多，粉浮着，像什麽果品上的糖霜。口唇更顯眼地和棉襖的顔色比對着。她彎着腰，不斷地發着乾枯的粗野的笑。一笑，向前微俯着的上身還一起一伏，兩隻連着露出半截的枯手杆的手撑在腿上，似乎笑得連氣都喘不過來。那樣的，就像正在和誰開玩笑，後面又正有人追着她；不用説，外面是静悄悄的。

“做什麼！”

他喝問，并且從被窩裏騰身坐起。

“噓嚇嚇……”她望着他笑。

“出去！快出去！你不，我要叫老闆來了，半夜三更，吵得人不能睡！”

他的聲音蓋過了她的笑，他知道這興妖作怪的傢伙并不是什麼鬼物，没有什麼可怕的了。

突然，那笑聲像留聲機的發條砉一下子斷了似地停止了。她直直地，呆呆地，站在房子中間，露出彷徨在無邊的曠野的神色，向左右張望了一眼，無助地垂着頭，輕輕地，緩緩地走出去了。

現在，他完全明白了。好久以前，有一個朋友也曾在什麼地方的客棧裏碰見兩三個女佣人，瘋瘋癲癲地兜搭了大半夜。朋友告訴他：這種女人家從附近的鄉下羅致來的，没有工錢，全靠從客人那裏撈點油水。客人最多的是一些苦力，其次是行商小販，打仗以後，也偶然有些比較體面點的人；對於這樣的人，她們更是求賢若渴的。（略去五行）

三　泥濘的街

太陽隱蔽在稀薄的雲彩裏面，若隱若現地窺探着古城的市街。前些時的積雪已經融解，滿街是烏黄的泥水。店鋪都過新年似地掩閉着門窗，街上一眼望不到幾個行人。

瘦長子夾着他的公事包，在靠墻壁，靠屋檐邊的比較乾燥一點的路上走着。雖然這樣，他的皮鞋和馬褲呢的褲管，也都濺上不少的黄漿了。好像裝飾這灰暗的古城似的，墻壁下貼着許許多多紅緑紙的標語，顔色還很鮮艷的……

“歡送保衛祖國的壯士出征！”

“優待抗日軍人家屬!”

“改善軍民生活!”

這些標語，和刷在墻上的大字“大丈夫不怕死，好男兒要當兵!”“逃避兵役就是漢奸!”等等互相輝映着。另外一些大幅紙頭上又有“慰勞前方將士公演……”“歡送壯丁入伍大會在××舉行”……

這是個寧静的城。要不是害怕空襲，午前比較冷落，恐怕和太平盛世没有兩樣。衹有墻壁上的標語之類，纔給塗上了一層戰爭色彩。看樣子，這些時，對於“歡送”或“慰勞”等等運動，是很下了一番工夫的。

然而這些工作的痕迹，却在瘦長子心上引起了一種恐怖，怕自己真的會悲觀起來，因爲他從這些文字上又想起了昨天半夜以前的種種遭遇。爲了避免想到許多不愉快的麻煩事，他故意搶上幾步，向一個行人詢問到縣府去的方嚮——他的愛人在那裏工作的婦女指導處設在縣政府裏頭。

剛問好了路嚮，什麽地方的軍樂隊，由遠而近，送來一陣嘹亮的號音。那號音在寂静的市街，震顫地迴旋，仿佛石投止水時所激起的漣漪。他不自覺地放緩了自己的脚步。側耳探索那號音的來處。

轉眼之間，軍樂隊從對過不遠的一條窄巷裏出來了，一個成年的指揮者後面，是十幾個打齊指揮者的肩膊的小號兵。都穿着長到快要蓋着膝頭的棉軍裝。細而短的腿上纏着一色的灰布裹腿。臉和手都凍腫了，紅紅的，像煮熟了的紅蘿蔔。他們四五個人一班，交替地，銜接地，吹奏着莊嚴而激越的行軍號。吹號的時候，嘴的兩邊的臉，都鼓起來，像膨脹的气球，臉因用力而更爲暈紅。在他們的手上，號角閃放着燦爛的金光；號上的流蘇，招展着杜鵑花似的酡顔；金光和酡顔，又交織成黎明時的霞光萬道。在這泥濘的街上，竟是不曾想象到的奇美，招誘着寥落的行人。那些小號兵，邁着堅實而齊一的脚步，踏着泥漿，踏着街心還未融盡的積雪，污濁的泥漿向四面飛濺，泥水把他們的膠底鞋都浸透而且吞没了。可是他們還是毫無感覺，毫無顧恤似地，踏着號音的節拍前進。

瘦長子站在街邊，側過身，凝注着這新生隊伍，望着他們在街上走了一截，望着他們在一個横街口，形成一個直角形的大轉彎走了。

他們的背影消失之後，瘦長子還在傾聽那漸遠漸小的號音，心裏和它起着共鳴的節奏，好像自己正在隊伍裏，和他們一齊，一二一二地走着。那走在最後面的兩個最矮的小傢伙，看起來，過了十歲不過兩三年，拖着一脚泥水。顢頇的，笨拙的，幾乎是跟不上的姿影，更是清晰地映在他的腦中。

——孩子們長大起來了！

他欣悦地昂着頭，獨自在心裏發出一種無名的歡笑。剛纔的種種感觸，不知到哪裏去了，衹覺得自己仿佛看見了那些小號兵，正在前綫吹着衝鋒號，驅遣着英勇的將士殺戮敵人；仿佛從那未來的遠方，瞥見了什麽不曾見過的希望的影子，正像從綻開一抹微痕的層雲裏，瞥見了一點點久違的藍天，瞥見了一點點陽光的踪迹。

(原載 1940 年 5 月《七月》第 5 集第 3 期)

架橋者

“樂園裏的草木，永遠是緑的，正像那裏面的人永遠年青；花，永遠是妍艷的，像裏面的人永遠美麗；雀鳥不停地唱歌，跳躍，猶如人們的生活，幸福而愉快；流泉飛濺着珍珠似的泡沫，和人們的心地一樣單純……”

這樣的話，像夏天的傍晚的明霞欣動郊野的散步者一樣，在哥兒的稚嫩的童心上，引起了一種美幻的憧憬。

“在樂園裏，没有飢餓的人，没有衫襤的人，没有疾病，殘廢，衰老的人，没有欺凌别人，妒嫉别人，依賴别人的人……在樂園裏，一切都是美好的。”

“可是先生，到樂園去的路，不是遥遠的麽？不是艱難的麽？”

“是的！”先生點着低垂的頭，“孩子呀！到那裏去，一定要經過死谷，經過火焰山，經過弱水……”先生重複他曾經重複過一百遍的話。

“先生，你是説那死谷是一條悠長的，狹窄的小路，一條陰暗的，潮濕的小路，那小路上，到處都是荆棘和泥濘，到處都是蛇蟲與虎豹，到處都是傳播病疫的微生物，人是怎樣也不能活着從那谷中走過的麽？”

“是的，孩子！”先生用枯瘦的手抓着那霜雪似的白髮，“到樂園去是没有另外的路的！”

“先生你是説那火焰山有一萬丈高的烈火，人衹要朝着它走，哪怕還離幾十里路遠，就會被烤得像一隻挂爐鴨似的；一到跟前，就連骨灰都燒得没有的麽？”

“是的，好記性的孩子！”先生眨動那藏在一萬條皺紋裏的細小的眼睛，“到樂園去，一定要爬過這座高山！”

“先生，你是説那弱水有無數萬丈深，水面不能浮起任何東西，哪怕一縷毛羽，也會馬上沉下，而且，那水是天底下一種最毒的水，任何有生命的東西，不能在裏面活到一秒鐘的麼?”

“是的，”先生的散亂的白鬍子裏，透出一聲喟嘆，“一點也不錯，樂園正在弱水的當中!”

“那麼！先生，死谷在哪裏？火焰山和弱水又在哪裏呢?”

“什麼？你説什麼?”先生抬起衰老的頭，昏茫的眼睛裏閃着晶星似的光，從那滿臉的皺紋裏，從那皓白的頭髮裏，似乎微露着春的消息。

“我要搭一座橋，一座美麗的虹橋！跨凌着死谷，跨凌着火焰山，也跨凌着弱水。讓我的先生走在最前頭，讓全世界的人跟在後面，一齊從這橋上走過，一直走到樂園!”

“那麼，你呢，好心的孩子?”

“搭橋者自己麼？他總要站在地上纔能搭橋，他總要把橋的支柱安頓在落實的地方，衹要先生從橋上走過的時候，向下方望望死谷，望望火焰山，望望弱水，那下面總有一個地方是我的葬身之所；但是我的英靈，將含着笑，看着你們走過那由我搭起的美麗的虹橋。”

六月十四日

（原載 1940 年 6 月 15 日桂林《力報・新墾地》）

雪的曠野

風停了，淡黄色的陽光疲乏地照在白皚皚的積雪上。積雪掩蓋着山陵，川谷，道路。衹有村舍，林木，籬垣，在雪地上一絲不苟地畫着鮮明的綫條。宇宙是静穆的：在望眼中所能看清的世界，似乎加了幾倍地擴大了。山和山，房舍和房舍，山和房舍和人，更似乎縮短了不少的距離。

雪的曠野是遼闊的，疏曠的；它給人一種清新的感覺。而柔軟皎潔的地氈又替人留下暫時的脚印。

“這是我的國土！這廣大，豐饒的國土！”

哥兒想。這第一次跋涉長途的少年人在雪的曠野徘徊，他不知道他應該到什麽地方去，朝着什麽方嚮，積雪又把地上的路都遮没了。

如果雪的曠野，能給人一種清新的感覺，那能够感覺到的，恐怕衹是那些悠閑玩賞的人。對於旅行人，對於初次旅行的少年人，尤其是在旅行的當時，不能是一種恩惠。孤獨，冷清，前途的渺茫，這纔是我們的哥兒所能有的感覺。這早熟的哥兒。

然而他要走向世界，世界上有一件偉大的事業，等待着他，有無數的同志等待着他。

然而現在他徘徊在雪的曠野，招呼他的，衹有那棵樹上的幾點烏鴉和微弱而凄冷的太陽。

“太陽呵，你爲什麽這樣憔悴呢？”

“現在是冬天，是雪的世界呀！”

“烏鴉呀，你爲什麽不跳躍，爲什麽不飛鳴呢？”

“因爲是冬天，是雪的世界呀！”

“那麽，楊樹，你爲什麽不發青？桃樹，你又爲什麽不開花結果呢？”

“也爲的是冬天，也爲的是雪的世界！”

哥兒在雪的曠野殷勤地遍訪了他所能接觸的生物和非生物，那些被訪者的回答是一樣的。

他們説：“在過去，世界上曾經有過春天和夏天，遍地是綿羊的青草，遍地是鮮艷的花，葱緑的樹；草地上，花叢裏，樹林中，有黄鶯，百靈，畫眉宛轉地歌唱；有蝴蝶和蜜蜂飛翔，有蜻蜓，蟋蟀，螳螂和蚱蜢歡樂地舞蹈，而太陽又是温暖的。”

可是，現在却是冬天。

他們説：“在將來，世界上會又有春天和夏天，遍地是綿羊的青草，鮮艷的花，葱緑的樹，黄鶯，百靈，畫眉宛轉，蝴蝶蜜蜂和蜻蜓飛翔，蟋蟀，螳螂和蚱蜢跳躍，而太陽又是温暖的。”

可是現在却是冬天！

“這正是我的國土！”哥兒想。“這國土上，曾經有過春天和夏天，那是我的父母統治着的時候；將來也會有春天和夏天，那是把夜狼們趕走了的時候。衹是現在，却是冬天，夜狼們在這國土横行，吸取人民的血和汗，嘗食人民的骨和肉！我一定要把他們趕走，一定要創造這國土的未來的春天！”

“太陽，請你幫助我，發出你的最大的光和熱，咱們來創造這國土的春天！”

“什麼？春天是用不着什麼創造的呀！冬天一過，它自己就來了，我們衹消等候。”

“那麼，請你幫助我，勇敢的烏鴉，振起你的翅膀吧，放開你的喉嚨吧，咱們來創造偉大的春天！”

“聽，他説創造春天！不是冬天一過，春天自然就會來的麼？我們衹準備歡迎！”

“那麼你們呢，楊樹和桃樹們，加强你們的生的意志，發揮所有的生命力，咱們來創造春天吧！”

“這是傻話呀，哥兒！春天自己會來的，而且，我們的意志和力量，也要等着春天到了纔會有。”

哥兒在雪的曠野，找不到一個同志。他憤怒了。於是背着太陽，抛棄寒鴉和裸樹，朝着遥遠的前方，在那并没有道路的雪地上行走。

“别了！幸福的東西們！你們的春天自己會來，這是值得榮耀的，我呢，我的國土的春天，却要靠我自己創造，靠我的許許多多的同志們來創造！”

1940年7月12日

（原載1940年7月13日桂林《力報·新墾地》）

幻　象

“有這樣廣大的國土的人民，不會永不得救的；有這樣衆多的人民的國土，不會永不得救的！總有一天，這國土上的人民，這人民的國土反抗起來，趕走吃人的夜狼，趕走鎖住人民的心的夜狼。那時候……”

這樣想，哥兒古怪的眼睛就清清楚楚地看見在那多少年之後未來的時代裏，全國的人民，幾百萬，幾千萬，拿着刀，槍，矛，劍，鳥槍，土炮，鋤頭，扁擔，馬棒，菜刀……把自己武裝起來了。他們不再是不生不死的面孔，不再是被鎖住的心，勇敢，憤怒，復仇的快樂，在他們心上蓬勃，在他們的臉上顯露。他們不再衹知道自己和親人，全體的人民都變成各各的自己和親人了。“收回我們的土地喲！爲我們的國王和王后復仇，爲我們的同胞復仇哦！”他們呼嘯，吶喊，排山倒海的聲音，在祖國的天空和原野回蕩，奔馳……

當這隊伍從哥兒的身邊走過的時候，哥兒興奮，喜悦，感激得流出泪來了。

不但人民的隊伍，全國的無論什麽都在夜狼的壓迫下忍氣吞聲了幾十年；都覺得今天是他們揚眉吐氣的日子了。那些山崖，高矗着險峻的炮壘，等候夜狼從身邊走過時，崩打下去；那些河水，排列成無數的機關槍，正向夜狼的方嚮瞄準。蒼松伸出粗壯的胳膀，張開巨大的手掌，準備攫取敵人；長春藤糾結成嚴密的電網，將不許夜狼的戰馬通過。積雪打算埋掉他們，雷火又要把他們炸得粉碎。啄木鳥磨着鐵嘴，蜜蜂擦着銅針，蜈蚣，螃蟹，蝎子之類，各各操練着自己的武器。兔，鹿，跑狗，老鼠，螞蟻，蟑螂；蚊蟲，蒼蠅，虱子；分別組成追擊隊，運輸隊，化學隊，一致動員和夜狼作戰。

當這些萬類萬物，乘時奮起的時候，哥兒興奮，喜悦感激得流出泪來了。

“一定會有這樣一天！不能没有這樣一天！這樣大的國土，這樣多的人民，一齊吐一口唾沫，就可把夜狼淹死；一齊發一聲吼，就可把夜狼震死。我們的國土總會收回，血海冤仇總會報復的!”

哥兒想。他陶醉於那未來的幻象裏了。

“這是多麽容易的事情呀，衹要同胞們把心上的符咒除掉就好了；衹要他們知道這國土本來是誰的；誰吃掉了他們的父母兄弟，奸淫了他們的妻女姐妹就好了。誰没有血性呢？誰不願意復仇呢?”

哥兒又想。他覺得他的事業，没有半點困難；想起先生的話：到樂園去，一定要經過死谷，火焰山，弱水的話，也未必是真的了。

“讓他們除掉心上的符咒！讓他們明白復仇的道理，這是青年的責任，先覺的責任，我的責任!”

哥兒向那密集的人群中走去。

1940年7月23日

(原載1940年7月24日桂林《力報·新墾地》)

市場上

市場上擁擠着各色各樣的人。那些人，額角上流着汗，肩膊上背着褡褳或者挑着擔子，翻翻滚滚，穿來涌去，他們都在忙於把東西賣出或者買進，或者買進又賣出，賣出了又買進，以及高價地賣出，低價地買進。

“老人家，我可以跟您講幾句話麽？”

無所買，也無所賣，却走進了市場的哥兒，向一個買了很多東西背在背上并且還在買着的老人説。

那老人正剌剌不休地和賣主争論着價錢，連頭也没有回一下。

“請問，可以跟您講幾句話麽？”

哥兒忸怩地走向别人。那人没有買東西，衹在急急忙忙地走着。聽見聲音，掉頭一望，看見是個衫褸的孩子，不知爲什麽，他用更快的脚步走遠了。

現在，哥兒停在一個店鋪門口，正要開口和掌櫃的提出他的要求。一個夥計看見他走攏去，就大聲地説：

“走開走開！這裏是小生意！”

哥兒不懂他説的什麽，却自自然然地走開了。但更奇怪的是，當他走到肉案跟前的時候，屠户老闆不耐煩地説聲：“拿去！”就隨手給他一塊骨頭。

走來走去，哥兒又碰見了許多人，可是没有一個人似乎願意聽哥兒講話的。他們都有不把哥兒當作談話的對手的理由：哥兒年青，面貌大概又不尋常，衣服不整齊，口音更不是本地人；而他們自己又正在有着賣出買進的事情。

“喂，先生！請看您這心上的東西！”

好容易找到一個在市場上踱着悠閑的脚步的人，哥兒就單刀直入地把要説的話説出來了。

“什麽?”

那人驚愕地問，兩隻眼睛直愣愣地望着哥兒。

“我説,”哥兒説,“我説您心上的那東西，最好是把它除掉!”

“什麽心上的東西?”

那人一雙手抓住哥兒的胳膀，微屈着腰，把臉對近哥兒的臉，嚴厲地問。

“就是這，您瞧，就是這：一條鏈子……”

哥兒舉起那雙自由的手，在那人胸前指畫。那人也不由得向自己的胸前望了一下，自然什麽也看不見。忽然他仰面朝天，哈哈大笑起來。

“哈哈……你們瞧，你們聽……”他向來往的人大聲地喊,“這傢伙，他説；這不知哪裏來的野傢伙，他説……”

馬上驚動了别人。别人看見那人捉住一個黑瘦的少年，以爲是抓住了一個小扒手，連忙圍攏來。有人笑着説：“這真是大水衝倒了龍王廟，自家人不認得自家人!”原來抓住哥兒的那人，是常常在市場上做點不要本錢的生意的。

“他説,”那人説，“你瞧，這裏，一條鏈子，一把鎖！哈哈，什麽話！你們説，什麽話!”

圍攏來的人，大家莫名其妙，眼睛直愣愣地望着哥兒。哥兒覺得現在是個好機會，輕輕地從那人手裏抽出了胳膊，揮動兩隻手説：

“是的，各位同胞，你們，不止一個人，每個人心上，都有一條鏈子，一把鎖；你們瞧，那不是，就在那兒，難道你們一點都看不見麽？一點兒都覺不着麽？那鏈子，那鎖，束縛着你們的思想，束縛着你們的行動，使你們永遠不能自由……”

所有的人都被這神奇的話駭住了，都望望自己的胸前，望望别人胸前，又重複望着哥兒。

“你們應該把它除掉！如果你們願意，我可以告訴你們怎樣把它除掉，我可以替你們把它除掉!”

哥兒興奮極了，臉上潑血似地紅，眼睛放出逼人的光，額上爆着豆大的汗珠。他的大聲，在整個的市場上回蕩；看熱鬧的人越圍越多了。

“真有趣，你們懂得他説的什麽？這瘋子!”

最初的那個人對大家説，接着又是一陣大笑。不過心裏却在暗暗納罕：被捉緊了的胳膊，怎麽輕輕一下就抽走了？

“可不，這是個瘋子!”

另外一個人附和。并且還跟着笑了。

“這孩子不知受過什麽刺激咧!”

第三個人憐憫地説。

“走，走，有什麽好看呢，一個有心病的人?”

在紛紛的議論中，有人提醒一句，大家一陣哄笑，都走散了。

哥兒獨自彷徨在無人的市場。

1940 年 7 月 30 日

（原載 1940 年 8 月 1 日桂林《力報・新墾地》）

火

"有這樣廣大的國土的人民，不會永不得救的；有這樣衆多的人民的國土，不會永不得救的！總有一天，這國土上的人民，這人民的國土反抗起來，趕走吃人的夜狼，趕走鎖住人民的心的夜狼，那時候……那時候……"

這樣想，哥兒古怪的眼睛就清清楚楚地看見在那多少年之後的未來的時代裏，全國的人民，幾百萬，幾千萬，幾萬萬，拿着刀，槍，矛，劍，鳥槍，土炮，鋤頭，扁擔，馬棒，菜刀……把自己武裝起來了。他們不再是不生不死的面孔，不再是被鎖住的心，勇敢，憤怒，復仇的快樂，在他們心上蓬勃，在他們的臉上顯露。他們不再衹知道自己和親人，全體的人民都變成各各的自己和親人了。收回我們的土地呀！他們呼嘯，吶喊，排山倒海的聲音，斬盡殺絶萬惡的夜狼呵！爲我們的國王和王后復仇，爲我們的同胞復仇哦！他們呼嘯，吶喊，排山倒海的聲音，在祖國的天空和原野回蕩，奔馳！

當這隊伍從哥兒的身邊走過的時候，哥兒興奮，喜悦，感激得流出泪來了。

不但人民的隊伍，全國的無論什麽都在夜狼的壓迫下忍氣吞聲了幾十年；都覺得今天是他們揚眉吐氣的日子。山崖高矗險峻的炮壘，等候崩打夜狼；河水排列成無數的機關槍，正向夜狼的方嚮瞄準。蒼松伸出粗壯的胳膊，張開巨大的手掌，準備攫取敵人；長春藤糾結成嚴密的電網，將不許夜狼的戰馬通過。積雪打算埋掉他們，雷火又要把他們炸得粉碎。啄木鳥磨着鐵嘴，蜜蜂擦着銅針，蜈蚣，螃蟹，蝎子之類，各各操着自己的武器；兔，鹿，跑狗，老鼠，螞蟻，蟑螂，蚊蟲，蒼蠅，虱子，分别組成追擊隊，運輸隊，化學隊，一致動員和夜狼作戰。

當這些萬類萬物，乘時奮起的時候，哥兒興奮，喜悦，感激得流出泪來。

而且瞧哦，那魔城着火了，那夜狼們居住的魔城着火了。

魔城是用的人骸骨堆積起來的，經過夜狼的符咒，它就變得比無論什麽磚石都牢固。夜狼們每次吃了人，都把剩下的骸骨摔到城墻上，年辰越多，城墻也就越高越厚越是鞏固，現在，城樓竟然聳進雲端去了。

那魔城，除了替夜狼們跑腿的人，都不能進去；進去了就都不能出來。他們收買了許多跑腿的人，或明或暗地散布在各處，替他們做着一切所要做的事情。他們又有千里眼順風耳做他們的左丞右相，遠處的一切，他們都能知道得清清楚楚。他們住在魔城裏統治着全國。

可是現在，那魔城着火了，哥兒的古怪的眼睛看出，那魔城在未來的時代裏着火了！那是人民的隊伍放出去的火鴉火箭，那是沉默的心底發出來的三昧真火！那火在城墻上奔跑跳躍，瘋狂地吼叫，血紅的舌頭舐着天空；把城墻，城裏的宫殿屋宇，住在城裏的夜狼們，全都放在鋒利的齒牙之間，貪婪地咀嚼，咀嚼。火焰上凌九霄，煙霧瀰漫天地，什物的爆裂，房舍的倒塌，夜狼們的哀鳴，都在火焰轟隆聲裏震撼着山嶽，百里千里以外還能聞見一種無法形容的焦臭。

這真是亘古未有的大火呀！在這大火面前，哥兒興奮，喜悦，感激得流出泪來了。

“一定會有這樣一天！不能没有這樣一天！這樣大的國土，這樣多的人民，一齊吐一口唾沫，就可把夜狼淹死；一齊發一聲吼，就可把夜狼震死。我們的國土總會收回，血海冤仇總會報復的！”

哥兒想。他陶醉於那未來的幻象裏了。

“這是多麽容易的事情呀，衹要同胞們把心上的符咒除掉就好了；衹要他們知道這國土本來是誰的；誰吃掉了他們的父母兄弟，奸淫了他們的妻女姐妹就好了。

哥兒又想。他覺得他的事業，没有半點困難。

“讓他們除掉心上的符咒！讓他們明白復仇的道理，這是青年的責任，先覺的責任，我的責任！”

哥兒向那密集的人群中走去。

（原載1940年8月8日桂林《力報·新墾地》）

榮譽村

哥兒走到一個小村子裏。這村子衹有十多户人家，家家户户都張燈結彩，裝潢着大紅大緑的顔色，似乎被喜氣所充溢着。但是留心一下，這裏那裏都有隱隱的哭聲，好幾户人家簡直有穿喪服的出進。

年青人都是好奇的，哥兒開始打聽了。

狼主有个嗜好，喜歡美麗的女人，每晚要十個少女陪他睡。他的狽后也有一個嗜好，喜歡健壯的男人，每晚也要十個男子陪她睡。狼主又是喜歡吃人的，陪他睡的女人，常常被他吃光了。狽后也是喜歡吃人的，陪她睡的男子，也常常被她吃光了。在魔城的王宫裏常常感到青年男女的缺乏，常常要到民間去徵發，挑選。挑來選去，民間會缺乏青年吧。幸虧未雨綢繆，狼主早已獎勵生育。

這回徵發到這個村子裏來了。有八個女的，五個男的被選上了。十多户人家的村子裏，被選上這樣多的人的事是少有的。欽差大人就特爲這村子題了一個名："榮譽村"。

被選上的青年男女，是送去服侍狼主和狽后去的，這是一件光宗耀祖的事，不但自己家裏，就是全村的居民都要舉行盛大的慶祝典禮，唱戲，放焰火，設筵席，歡送這一批聖上的選民。而且這歡送要是真正的歡送，如果有一點兒不歡的痕迹被欽差大人看出了，全村人都要被問罪的。

可是，送走了欽差大人和那些選民之後，全村就突起了一片哀聲。

首先是那一胎養過三個女兒的寡婦。孩子們的父親早就爲一家人的衣食累死了。千辛萬苦把女兒們帶到了十四歲，指望兩三年後，替她們每人找一個好女婿自己也好靠她們生活；不料這回竟把三個女兒都搶走了。聽説狼主從來不讓一個女孩子休息，也不讓她們活到十天半月的。她是怎樣地挂念她的女兒們囉，而她自己以後又怎樣生活呀？想來想去，排除不開，在女兒們走後的一個晚上，自縊死了。

第二個死者是一個六十多歲的老祖父。他和他的惟一的孫兒形影相依了十幾年，正到了要娶妻生子，傳宗接代的時候，孫兒却被狽后搶走了，狽后也從不讓一個男子休息，或者活到十天半月的。不過他没有自縊，年老人禁不住情感上的打擊，一下子就自己死了。

第三個是個少女，她的未婚夫被搶走了，她自己又被獻出去服侍過欽差大人。在這村子裏女人們要被獻出的時候，會聽不完甜言蜜語；但被用了之後，又誰都看不起她了。不過她没有死，悲憤和羞辱，使她發了瘋。

第四個是一個青年，差三天就要完婚，出色的新娘竟被挑選上了，和他的妹妹一齊。他氣成了病，現在躺在床上。

第五個，第六個……有的爲了供應欽差大人，弄得傾家蕩産了；有的爲了冒犯欽差大人，屁股被打破了；還有别的被搶去了兒女或親人們，雖然没有死，没有瘋，也没有病，但都一齊號啕大哭起來。

“這是不能忍受的呀！不趕走那些夜狼，不會有好日子過的呀！我們的國土是我們自己的呀！……”

哥兒打聽清楚了榮譽村的事情，憤激地對村民們説。

“有什麽法子呢？從前我們的國土都抵擋不住咧!”這是中年人們的嘆息。

“是的，這世界太不好了！可惜我不是男人!”女人們是勇敢的，但是都把自己的責任推掉了。

“你們學生衹是能説會道，還没有一點風吹草動，早就溜之大吉了。”青年們又不信任他。

“這人是誰呀？他説什麽？好像和人家吵架似的!”孩子們睁着驚詫的眼睛。

“走吧，少年人，説這樣的話是危險的!”一個老人熱切地指導。哥兒戀戀不捨地離開榮譽村。

（原載 1940 年 8 月 9 日桂林《力報·新墾地》）

没有脊椎的人

滿面紅光的大胖子靠在太師椅上，搖晃着冬瓜腦袋，贊同同時也反對哥兒的話説：

“不過，不過這樣的事，關於國家，民族……這樣的事，你現在還不是談的時候。你瞧，你比一張桌子高多少？現在你該到學校裏去讀書，把我們幾千年來的文化的精華，那些聖經賢傳弄熟，弄通。將來一定有出頭的日子。并不是我迷信，你們年青人不信迷信的，是不是？我對於看相這件事，百不走一。像你這樣子，相書上叫做‘龍行虎步，猿臂狼腰’。雖説目前因爲營養不良……”

這大胖子坐在四人大轎裏碰見哥兒在路上走，看見哥兒的樣子生得好，説邀哥兒到他的府上的客廳裏。他的客廳是很華麗的，可惜客人没有留心這些。他問了哥兒許多話，據説，打算送哥兒去讀書，培植哥兒一下，因爲他是很慷慨的。

可是，哥兒却和他談到國土，談到夜狼。

“不過，”胖子説，“你談的事情太大了。這樣的事，你還知道得少；尤其是怎麼樣去實行……”

他似乎很興奮，有幾次讓他的背離開椅靠子，甚至於有一次還想站起來。不過他太胖了，身體總是疲乏的，站起或者端端正正地坐着，在他都很吃力，所以一忽忽工夫，又躺倒似地靠在太師椅靠上了。

“是的，”哥兒也很興奮；雖然碰見過很多人，對人們講過很多次話，但贊成，懂得的，這還是第一個，“我年青，經驗少，知道的事情少，這是不行的。所以，我希望年紀大，經驗多，懂得多的人領導我。而且不光是年齡，經驗，學識；我還希望有資材，有地位，有聲望的人出來領導。他們做事容易，號召力量大，一定能够把我們的國土從夜狼手裏奪回來！”

“可是現在没有這樣一個哪！”

“有的。我想應該有，一定有，衹要不是甘願當亡國奴的，衹要知道這國土是我們自己的，衹要覺得自己的妻子兒女任夜狼們奸淫是可耻的……説不定我眼前，就有這樣的人。”

哥兒的兩隻威棱的雙瞳眨也不眨一下地望着大胖子。

“哈哈！”胖子笑起來，“你這孩子説話太逼人了。你看，那窗外，一眼望不盡的，盡是我的田産；在城裏有我開的工廠和店鋪；夜狼們正在打我的主意，想用什麽口實没收。這些財産是我一手創造的，費了一二十年心血，怎能叫别人拿去呢？我上有父母，七八十歲了，要靠我養。我有八個老婆，她們除了獻媚，撒嬌，争寵以外，什麽也不會做，也要我養。我有二十幾個兒女，多半都還小，也要我養，要我教。我還有弟弟和妹妹，雖説都自立了，其實還是靠我的。我的母親家裏一家人，姑母家裏一家人，老婆家裏好幾家人，以及另外一些窮親戚，窮朋友……没有我，怎麽辦呢？我的哥哥在做官，大兒子馬上就要在軍官學校畢業，另外有些親戚朋友，都是有地位有面子的人，也不能連累他們。小朋友，我們現在談的話，不是好玩的，用老百姓的話説，就是‘造反’，一不好，就連生命，連財産，連無論什麽都會没有的呀。而且，夜狼們的勢力又太大了。”

“可是這是一件偉大的事業。凡是偉大的事業，都和艱苦，犧牲，這些字樣相連的。”

“我知道，我知道！不過我在這樣的生活裏生活得太久了，别的生活我都過不慣。比如説，我一天没有女人，眼睛就會發紅，鼻孔就會流血，耳朵裏就會嗡嗡地響；唉唉，你的年齡小，這樣的事也是你不懂的。一天不吃維他命 ABCDFG，就會大便不通，神經失常，四肢無力，腰背酸痛。哦哦，提起腰背，恐怕你還不知道吧，好些年前，我害過一次古怪的病，那時候我没有吃維他命 ABCDFG。就是這個原故，我的背脊，完全爛得没有了。衹好用燈草撑住。燈草當然不中用，你不看見我總是躺着，坐起的時候也總要好好地靠着麼?”

他一面説一面喘着大氣，一雙手握成拳頭，向自己的腰背那裏捶打，他實在疲乏了。

“那麼，我的師傅，是個有道行的人，他會傳給我許多奇方異術，假如您願意，我替您换一根鐵棍子撑住。就不必躺着靠着，而且什麼事都能做了。”

“那不行，燈草已經長得和骨肉連在一起了，要掉换是會痛的。鐵棍子撑在背裏，躺着靠着的時候，也太不舒服。”

“既然這樣，”哥兒絶望地問，“我要走了!”

“怎麼，怎麼，”他也絶望地問，“你不願意讀書麼?”

“是的。我覺得我還有比讀書更要緊的事情。”

哥兒朝門外走。

“轉來!”他喊，“你真是個倔强的孩子，將來一定有出息。可是在外面切莫説到過我家裏，切莫説認得我!”

他没有站起來送，他累了。

（原載 1940 年 8 月 19 日桂林《力報·新墾地》）

美的追求者

碧海一樣的天空，高高地挂着一輪圓月，月光照着大路，兩個濃黑的人影，在路上時前時後地蠕動着。

“瞧哦，多麽好的月光!”走在前面的高大漢子向着天空説。

“可不。”矮小點的那個也抬起蓬鬆着頭髮的大腦袋望天，天空的白雲像鱗片又像沙洲，幾點零星在離月亮很遠的天邊閃耀。

“小兄弟，爲什麽事趕夜路，是喜歡月亮吧?”

“喜歡月亮? 人會因爲月亮好而走夜路麽!”

小兄弟説。他自己是因爲白天裹太忙，没有工夫趕路，纔在夜晚走着的。

“當然會呀，比如我就是，如果没有這麽好的月亮，什麽地方不好睡覺呢? 在冬天，這樣晴朗的月夜是很少的。”

兩個人就這樣一面走，一面談起來了。大漢子的話顯然有點使小兄弟納罕。如果留意，在夜色裹，也可以看出小兄弟向他睁圓了一對像星星一樣的眼睛。

“我可以問你上哪兒去的麽?”

“當然可以；不過，不過我不知道應該怎樣答復你。因爲，我也不知道我上哪兒去的。”

“我懂得，我懂得!”小兄弟似乎有點興奮，“我也一樣，没有一定的地方去，也没有一定的地方不去。不過，唉唉，你能原諒我的多嘴麽? 我想問問你從哪裹來的。”

“隨便你問什麽我都喜歡，我自己也不是一個不喜歡説話的人。不過我還是不知道該怎樣回答你。因爲我也不知道我從哪兒來的。”

“這怎麽能呢?”

“怎麽不能呢？自然，你問我今天從哪裏來，我可以告訴你；問昨天前天或者某一天某一年，也還記得；可是自從我有記性以來，我就這樣在路上走着，大概從還没有記性的時候起，就這樣走着了。我怎知道我從哪裏來的呢？”

“這不要緊；”小兄弟想，也許他的身世有什麽不願意告訴人的地方，我自己的身世不也正是這樣麽？“那麽，你可以告訴我，你的家在什麽地方麽？”

“我的家？家，是什麽意思？你是説，有這麽一座牢獄，那裏面關着我的肉體和靈魂，也關着像牢頭一樣的父母，難友一樣的兄弟姐妹，鐐銬一樣束縛脚手的妻室兒女。他們死，活，都要我和他們在一塊兒……這樣的家麽？我没有，也永遠不會有的。”

聽了這話，小兄弟的心被一種喜悦充塞着。好久以來，他就在尋求一種無牽無挂，能够慷慨獻身給偉大事業的人，哪怕是一個也好。然而所碰見的人幾乎都被家小什麽的累壞。現在却無意中碰見他，真是踏破鐵靴無覓處，得來全不費工夫。他藉着皎潔的月光，窺看這説話人的側影，他覺得這人有一副健康、傲岸，可以擔負無論什麽艱巨的體魄，臉上似乎還挂着一種會心的微笑。他的脚步又是這樣勇敢，堅定。

“你可以告訴我，你是幹什麽的麽？比如説，職業……”

“職業？我爲什麽要職業呢？你以爲一隻飛鳥，一匹猛獸，是願意住在牢籠裏的麽？我没有進過職業的牢籠，也永遠不想進它。”

對，越説越對。小兄弟想，爲了吃飯的職業？確實是一種討厭的東西，許多人也未嘗没有大的志嚮，可是職業什麽的却限制住他。

“那麽那麽，老兄您究竟是幹什麽的呢？總是有一種事業在等候你吧？”

“我什麽都不幹，也不想幹，把事業讓給那些愛好虚榮的人們吧。你瞧，那天邊的白雲，那樣的自由自在地飄來飄去，它究竟是幹什麽的呢？它有什麽事業呢？但是它美。那圓圓的明月，用流泉樣的光，照遍世界，它又究竟是幹什麽的呢？它又有什麽事業呢？但是它美。我是個流浪人，我不懂得什麼事業，除了美，除了美的追求。”

“可是，我們不是月亮，也不是雲彩，我們是人；我們不生活在天空，而生活在地上。而且事業，又何嘗不美呢？”

“可是，人是有精神生活的，我的肉體生活在地上，精神却在天空，美也在天空。”

“那麼那麼，”小兄弟發急地問，“就没有一件地上的事情牽繫你的心麼？比如說，民族、國家、人類……”

“民族是一種愚人的偏見，國家是一種比家庭更大的牢獄，人類，造物主的奴隸！”

“假如有人或非人正利用這種偏見，造成一座更殘酷的牢獄，使某一民族的人，不但永遠做造物主的奴隸，并且還做另一民族的統治者的奴隸。”

“那有什麼呢？偏見不是我造成的，牢獄也拘禁不了我，我不是造物主或異族人的奴隸，至少我的精神不是的。”

大漢子一面說，一面邁着輕快的步伐，頭也不扭轉來望小兄弟一下，他是從來不會扭轉頭來望什麼人的。

“唉唉！”

小兄弟慨嘆，開始感覺到人類的複雜。不自覺地放緩了脚步，讓那高大的身影在夜色裏逐漸縮小，消失。到了完全看不見的時候，他纔想起，忘記看這傢伙心上有着怎樣的符咒。

大概你已經猜到，這小兄弟就是我們的哥兒。

（原載 1940 年 9 月 14 日桂林《力報・新墾地》）

信　念

哥兒走到亂山中，四間除了他自己，并無行人。夜深了，深山的寒氣欺凌着這過路的孤客。他抬頭望天，月色已不像先時朗爽，蔚藍的天空被昏沉密雲所遮蔽；月亮在密雲中艱難地行走，正像旅人涉足於泥濘的長途。他爲那凄清的月亮擔心，不知什麽時候，纔能從泥塗中穿過。同時想到自己正躑躅於崎嶇，窄狹，險峻的山路，也無異月亮之在天空。於是放眼察看自己的周圍，在昏茫中，隱約可以看出崗巒丘墓起伏的陰影。低窪處的殘雪又襯映出它們的輪廓，一時爲幻象所惑，仿佛那些崗巒丘墓，都是在暗夜中沉睡的旅客，正駢排相率而入夢境，山風的呼嘯，就是群起的鼾聲。他自己却是這酣睡者林中唯一的醒者。夜是長的，路是長的，然而趕路的旅客却都睡熟了。

“起來！……”

他在山谷間吶喊，熱情變成憤激而煽惑的言詞，像瀑布從山崖傾瀉而下：瀑布的飛沫濺在沉睡的人們的臉上，使他們驚醒，躍起，環繞在他眼前。人聲中，還仿佛有市場上的譃笑者，榮譽村的良民，没有脊椎的大人先生，大言不慚的流浪漢，向他露着懷疑的臉色，但是他堅信那些更多的并不熟識的人們，都是這樣年青，健壯而且勇敢，復仇的火焰，在他們心頭燃燒。

“起來！……”

他更高亢地吶喊。

然而，山谷是寂静的，除了夜風的鼓蕩，什麽聲音也没有。岩石土壤之類，在月光下逐漸顯出自己的本來面目，和沉睡的人類，并没有什麽共同之點。“起來……”迎而反撥過來的，是他自己的回聲。於是他又重複想起：市場上的譃笑者，榮譽村的良民，没有脊椎的大人先生和大言不慚的流浪漢，似乎祇有他們纔和他如此親切，除此之外，并没有碰到過另外的人似的。莫非所有的人，都和他們一樣嗎？他想起臨行之前，他的先生對他講的話：“人們是愚昧，苟安的，貪生怕死的！”

不能是這樣！他想，決不能是這樣！如果人民永遠不能覺醒，夜狼永遠不能驅逐，國土永遠不能恢復，一切事理，一切教訓，就都是欺騙；真與假，正與邪，善與惡，光與暗的區别，就不能存在；歷史就真是相面書，誰最强暴，殘酷，誰就是世界的統治者；而人生的意義與價值，就無從探索；人類的生存與發展，就祇是忍心的造物主的謔戲。不是這樣的，決不是這樣的呀！人們的愚昧，苟安，貪生怕死，祇是時機的未熟，我的工夫未到的一時現象；先生不也説過：到樂園去，一定要通過死谷，通過火焰山和弱水的嗎？前途還艱辛得很，遥遠得很哪！

我要使他們改變過來，一定要使他們改變過來！

這樣想，他便昂着頭，挺着胸，藉着昏朦的月色，在崎嶇的山路上，大踏步地走去。

（原載 1940 年 9 月 20 日桂林《力報・新墾地》）

狼狽和主后

夜深了，王宫裏，狼主和狽后正在對飲合歡酒，因爲是一個節日。

忽然，狼主的前脚裏的筷子掉到地下了，像刺刀一樣閃亮的牙齒不住地打顫，牙縫裏還塞着一塊炒人心，火紅的眼睛裏含着一種死前的恐怖。

“老虎!”他望着連筷子也不用，兩隻前脚據在桌上，用口在菜盤裏大嚼的狽后説，“心肝，老虎在吼叫!”

“老傢伙，”狽后也聳起耳朵聽了一會説，“大驚小怪，這是人在講話呀！連人的聲音也怕麽?”

“哪裏!”狼主一面説，一面又聳起耳朵聽，“老虎，一定是老虎，老虎來了，我們的大難到了……”

“人的聲音，”狽后説，“健壯的青年人的!”

“我老了，再没有力氣和老虎争短長了!”

“不，我没有老，我的心没有老，我願意永遠和青年們在一塊兒，永遠擁抱着他們!”

他們的生活習慣是這樣，除了節日，狼主住在一個地方，狽后住在另一個地方；服侍狼主的都是女人，服侍狽后的都是男子；狼主每夜没有十個美麗的少女，就睡不着；狽后也一夜少不了十個健壯的青年。所以，想到青年，狽后的眼睛就閃着幻想的光，口角流出貪饞的口水。

“我説是老虎哇，心肝!”

“我説是青年哪，老傢伙!”

“如果是人説話，爲什麽聽不清他説的什麽呢?”

“瞧，你忘記你醉了；其實，話是很清楚的，他説他願意獻身給愛他的人。”

“一定是老虎!”狼主簡直咆哮起來。

“一定是青年!”狽后更爲憤怒。

“老虎! 老虎! 第三個老虎!”

“青年! 青年! 一百個青年!”

“什麽事情，碰見女人，總是講不清楚的!”

“怯懦的男人，聽見人的聲音都會害怕的!”

“我争不赢你，我的王后。但是事實會替我證明的。我們找順風耳來聽。喂——”他喊他的侍狼們，“趕快，宣順風耳進宫!”順風耳是狼主的右相。

一會兒工夫，侍狼們領順風耳進宫來了。行禮之後，狼主就告訴他聽見了一種怎樣的聲音，并且問爲什麽在魔城裏會有老虎。

“我説是人的聲音，是不是，順風耳?”狽后插嘴説。

“王和后兩位陛下在上，”順風耳誠惶誠恐地啓奏:“是有這樣一種聲音，可不在我們魔城裏頭，離魔城還有好幾百里路。現在是冬天，是風最喜歡開玩笑的時候，它把那聲音帶到魔城裏來了……”

“我問發那聲音的是不是老虎!”狼主。

“我問那聲音是不是青年發出的!”狽后。

“兩位陛下在上，微臣的眼睛是不大中用的，没有看見發出聲音的是人還是老虎。就那聲音説，如果聽得清楚，是人在説話；但是模糊一點，也實在像老虎吼叫。”

“可不，”狽后勝利地笑，“我説是人的聲音吧?”

“但是，”狼主半勝利地苦笑，“也像老虎吼叫咧。那麽，順風耳，你聽清楚了那傢伙説的什麽?”

“瞧!”狽后説，“你的記性真壞，不是告訴過你，他説願意獻身麽?”

“微臣聽清楚了。”順風耳説，“王后説得對，可是不完全，完全的微臣不敢啓奏。”

“不要怕，什麽都可以説。”狼主。

“完全的是:强占國土的仇恨，吃掉父母和同胞的仇恨，是要報的；

人吃人，獸物吃人，半人半獸的怪物吃人的事，在人的世界是應該絶迹的。”

“還有獻身。”

“是的，獻身，爲民族，爲國家，爲人類。”

“爲愛他的人，爲他愛的人！”狽后補充。

“這是老虎的話，”狼主驚恐地説，“這是比老虎的話還要厲害的話。决不會是人説的，人，不是早就把心鎖住了麽？”

“是人還是老虎，微臣没有看見，不敢妄奏。”

“不管是什麽，”狼主説，“要想辦法把他抓來，吃掉！”

“如果是人，”狽后説，“要先給我用過！”

“先看究竟是什麽，喂，宣千里眼進宫！”千里眼是左相。

“喳！”侍狼們應諾。

（原載1940年9月21日桂林《力報·新墾地》）

補　白

在有電燈的場合，誰都願意變成飛蛾吧：人都看見它追逐光明，而又絶無危險。

狗的忠實往往多於主人的預期。

陽光是可詛咒的，它不能使盲人看見事物，而且殘酷地畫出盲人與亮眼者的區别。

在“東方作魚肚白”的時候，蒼蠅們成群地嗡營起來，好像它們倒是光明的渴慕者，歡迎者。在光明的世界裏，它們也最無忌憚。衹有一個東西是它們的死敵：清潔。

爲了追求，欣賞，迷戀一切腐爛物，蒼蠅是不惜自己和同伴的生命的。在同伴光榮地犧牲了之後，那尸體馬上就變成後死者們的追逐，欣賞，迷戀的對象了。

慳吝人囉，掩住你夜行的燈火吧，因爲有無燈之人在你近旁行走。

醉人的老話：“我没有醉!”逃醉的人偏喜歡説：“唉唉，醉了，我太醉了!”

（原載 1941 年 10 月 15 日《野草》月刊第 3 卷第 2 期）

蕭紅一憶

在上海，有一天，天還没有黑，我和妻正在吃晚飯。從後門口走進來一個女客，穿的嶄新藍綢旗袍，頭髮蓬得像鷄窩，臉上搽着一臉粉……“哦哦！你們在家！你們看我的衣服……”她熟稔地和我們説，一面就在屋子裏打了一個轉轉，讓我們看她的衣服。可是我想這醜鬼是誰呢？面孔似乎很熟，就是叫不出她的名姓。我以爲是妻的朋友，舉眼望妻，妻也正在望我，妻的眼睛也正在説：“我不認識她呀！”“你們爲什麽不説話呢？不歡迎我來麽？我可是高高興興特爲來看你們的呀！”她説。我還没有想到她是誰。妻比我能應付，馬上跟她寒暄，把她帶到樓上去。過了恐怕有半個鐘頭，我多遲鈍呵，這纔如有天啓地想起她是蕭紅！

蕭紅，是我們的朋友，是朋友的愛侣，是一個最有希望的女作家，是《生死場》的作者，我們對於她的尊敬是無限的。今天，却看見她不過是一個女人，一個搽脂抹粉的，穿時興的衣服的，燙什麽式的頭髮的女人！我感到一種無名的悲哀，正像小時候讀《木蘭辭》“女秀才移花接木”，到了木蘭“穿我舊時裳”，“出門見夥伴”，女秀才回到女裝，對丈夫稱“妾”的時候所感到的一樣。我連忙跑上樓告訴她：“你的樣子難看極了！”她惘然離去，以後就不穿那衣服，也不燙頭髮。

（原載1946年1月26日重慶《客觀》第12期）

開　筆

一個初夏的晚上，爹在堂屋的右邊地上，放下一個曬簸，躺在上面抽大煙，格門早下了，通後園的門又打開着，堂屋已經像歇涼亭一樣，但爹躺在燈旁邊還覺得熱，就把汗褂子也脱了，露出那像錢板子一樣的一排肋骨，隨着抽煙時候的大呼大吸而起伏蠕動。煙燈的微光裏誇張着高低，像黑白相間的一條條綫道，顯得清清楚楚，肋骨下面是突然凹下去的肚子，那突然凹下去的程度，正跟他的臉上從顴骨到臉巴子的急轉直下一樣。爹躺在一邊，母媽躺在另外一邊跟爹燒煙。我坐在小桌子跟前，在一盞清油燈底下温書，我讀了年半書，一本《先進》纔讀了一小半，一個丫頭小我一歲，是去年快過年的時候南鄉裏族人跟我們買來的，她坐在神櫃跟前的香壇上竄瞌睡。我仰着頭，子曰子曰地大聲喊，像叫化子喊街似的。一面喊，一面着力地摇着身子。摇得小椅子軋軋地響。有時偷望眼爹跟母媽，看見爹笑着向母媽擠眼睛，好像説："看他，讀得多用勁!"於是我的聲音，就喊得更大。

温完了正書《先進》，又温了兩本搭書《學而》同《三字經》，正温得差不多了的時候，爹坐起來了。

"迎年！迎年!"他喊那把頭一起一落地竄得正有味的小丫頭，"把水煙袋拿過來!"

"唔唔?"迎年從夢中驚醒，"相公？天亮了?'家家婆'還没有來?"

"你在説甚個？叫你拿煙袋!"

"哦哦!"她站起來，往後園裏跑。

"到哪裏去？叫你拿煙袋，煙袋，煙袋在大桌子上，小心絆倒了!"

迎年轉來，在背着燈的大桌子上東摸西摸，好容易纔把煙袋摸到手邊給爹了，連忙回到了原處，隨即爹的水煙袋就咕都咕都地響起來了。

“讀熟了没有?”爹問我。把兩個膝蓋抱在懷裏。

“讀熟了。”

“讀書有三到，眼到，口到，心到，要一個個字看着念，懂得書裹的意思。你，第一，眼就没有到，衹是仰着頭瞎喊……哪算讀書呢? 夫得!”説到這裹，又吹火抽煙了。

我曉得這不是挑剔我，倒是宣告他要講話了。他過足了癮，精神百倍，不但有許多話講，并且有着各類各樣的古怪興趣。我照例把書合上，把燈撥亮些，好看清楚他説話時候的樣子，我想爹不知今晚要講什麽咧。

“迎年，迎年狗東西這樣早就竄瞌睡!”

“我我……”她大概想説我没有竄，但話没有説完，又竄着了，頭碰在神櫃上騰地一響。

“當面説假話!”爹温和地説，“站起來! 迎年! 站起來，還不站起來! 跟我拿一根火香!”迎年拿了火香——點火吸煙的東西——遞給爹。“等一下就要睡了，再不要竄瞌睡! 聽見了没有?”

“聽見了!”

“聽見了，一坐下去又要竄的。不要坐，站到! 站到當中! 臉朝外頭! 站直! 頭抬起來! 兩隻手捏着拳頭! 對了! 捏緊，就像這樣! 朝上一伸! 伸直! 胳膀遮到耳朵! 對了，掌心向外——朝兩邊落下! 向上提起。手腕靠着腰! 掌心向上，留心! 左手向前推出去，跟這一路，左脚向前跨一步，大大地跨! 不對! 不對重新再來……”

爹坐着不住地指揮迎年。起初，迎年的眼睛還半睁半閉地做着動作，一點也不準確，但做着做着就漸漸清醒了。做得不對，重新又做，還不對，爹就自己站起來，把煙袋放在小桌子上，自己做給她看，叫她跟着學，母媽躺在囇簸上笑着説:“真不怕麻煩!”爹做得很快，她學得也快，終於她學會了，爹又叫她自己單獨地做了一遍。

“還有瞌睡没有?”

“没有了!”迎年笑着答。

“你曉得這叫做什麽呢?”

“不曉得。”

“這叫打拳！打拳！你還聰明，學會了一段，明晚告訴你打第二段！”說到這裹回過臉來，看見我了，驚異地問：“做甚事撅起嘴？”

我把臉車向裹處。本來我就以爲爹喜歡迎年些，打也不許打，罵也不許罵，無論甚事，都是護着她，壓住我！現在又衹告訴她打拳……

“噫！古怪不古怪？没有人打你没有人罵你。爲甚事撅起嘴？説呀！”

我低着頭，眼睛裹噙着泪。

“告訴我究竟甚事叫你傷心？爹告訴迎年打拳，没有告訴你，這就是喜歡她，不喜歡你，是不是？好，站起來，我告訴你打！”

“我不打！”我的聲音裹帶着哭。

“傻不傻？八歲了。我像你這歲數，就開筆做文章了。你還甚事也不懂。我是要她混瞌睡纔告訴她打拳；你又没竄瞌睡！你要打拳，我當然要告訴你打，還要請個師父來教。不過會不會打拳，不要緊，要緊的是會讀書，會做文章，將來長大了做大事，可是你會讀書麽？八歲了，還衹曉得仰起腦殼瞎喊，什麽也不懂得！”還接着説，這城裹哪個九歲就入了學，哪個十一歲就考案首，哪個十幾歲就中了舉，講來講去。我就把告訴迎年打拳，不告訴我打的事忘記了。我想：大人們真有些難懂的事，没有告訴人家，或者告訴得不清楚，就望人家會做。去年先生問：兩個撿一個是幾個？我説三個。先生説我蠢。已經有兩個，又撿到一個，不是三個是幾個呢？可是别人説是一個，我不懂。過了好幾天，先生纔寫出“减法”兩個字，説减是减少，爲什麽早不講明白呢？難道兩個少了一個是幾個，我還不曉得麽？現在，誰也没有告訴我做文章，爹却説我不會做，我氣不忿地説：

“文章是哪樣做的呢？”

“文章是！……”爹説，“比如説，‘學而時習之’，你不是讀過麽？做一篇這題目的文章，就是説，人爲甚事要求學，求學有甚好，不求學有甚不好；求學并且時刻温習有甚好，不時刻温習有甚不好。無非那題裹應該包含着一些甚意思，照自己的見解，把它講出來。做‘學而時習之'，就要説：'天下事，未有不學而能者也；亦未有不學而精者也。'……懂不懂得？這就叫做文章！"

"這有甚不好做，我也會做。"

"説得容易，你也會做？有人讀一輩子書，連半句屁都放不出來的。"

"没有出題目我做，怎曉得我不會做呢？"

"好，我出個題目給你做。'入則孝。'……"接着就講這題目的意思。

我想了一下，照爹講的意思，又照爹念出"學而時習之"那幾句文章的造句法，念了幾句給爹聽，不知對不對。

"對對！就這樣做！"爹在我背心裏使勁拍了兩下，我還以爲是惱我蠢，打我！"母媽！這可了不得。你的兒子會做文章了，我明天就告訴他的先生，叫先生出題目給他做，這可了不得，我也望到今朝了！唉唉，可惜科舉已經廢除了！"又回頭説："把它寫出來！把那幾句文章寫出來！迎年，跟哥兒拿筆墨硯盤！"

（原載 1946 年 3 月 9 日重慶《客觀》第 16 期）

月與影

夜晚，在路上看見自己的影子，忽然想起“人影在地，仰見明月”的文句，抬頭一看，却不見明月，明月原來在後面。古人的文章多多不精密，看起來好像極其現成，可是實際却是看見人影在地，就不能直接仰見明月，在仰見之前，必須還有個扭轉頭去的動作；如果仰見明月，即人影拖在後面，在感覺上就不那麼自然了。或者説人影在左邊的地上，明月在右邊的天上，但這話還有什麼味道呢？或者人影不是自己的，是在前面走着的人的，假如前面没有人走呢？……

（原載 1946 年 6 月 3 日《商務日報·茶座》）

致生者、悼死者、懷生死不明者

一

上午我獨自一個在河邊的沙灘上走，要到十來里外的鄉下去看一個朋友的母親。那朋友，幾個月前，忽然不知到哪裏去了，撇下了他的母親；那母親托我打聽他的下落，我没有打聽到什麼，但約好了今天這時候去看她。

這河邊，光秃秃的，雖然是春天，却没有草，也没有樹，一眼所望到的地方，全是沙。河水污穢而且烏黑，緩緩地流着，在陽光底下似乎没有絲毫的反光。離河遠一點的地方，是一些斜坡，一些蜿蜒而且狹窄的路，我剛纔就是從那些路中間的一條上下來的。路和路之間有一些土堆子，堆的盡是垃圾和一些大大小小的磚頭瓦塊，從底下望去，像一座座山一樣，那最高的地方，尤其像突兀的山峰。但從上面看，却不過一點點高，因爲它是堆在那斜坡上的。另外一兩個，是煤灰堆子，也像山，衹是顏色是黑的。山腰像圍着一條腰帶一樣，有一條窄的路，路上有兩三個渾身上下幾乎和煤灰堆一樣黑的十來歲的孩子提着籃子，在那裏一面揀煤渣，一面逗打要戲着。煤灰堆和煤灰堆之間，土堆和土堆之間，土堆和煤灰堆之間，土堆，煤灰堆和路之間，有許多寬寬窄窄，曲曲直直的水道，每條水道裏都有帶着閃光却發着奇臭的髒水，一瀉千里地向河裏流着。這兒是都市的邊沿，從土堆煤灰堆之間的缺口望去，可以望見一些低矮的棚户，棚户背後有幾根兀立的煙囱，再遠一些，隱隱約約無數高大的洋樓，那些洋樓建築在從這兒的斜坡上去的最高處，遠遠望去，簡直像天上的宫闕，要不是它的脚底下的棚户死死地拖住了脚，它們也許真要凌空飛去了。

河邊的行人出奇地稀少，使人不相信從這兒往上走，不遠的地方，就是一個人煙稠密，熙來攘往的都市。河裏没有船隻，對岸也是一抹淺黄的沙灘；再遠一點，則被輕煙籠罩着，看不出什麽來，前面一兩丈遠的地方，有一個女孩匍匐在河邊洗衣服；背後則有一個婦人彎着腰弓着背，兩隻手捧着一個大概一歲多的嬰兒的背後，讓那嬰兒赤着脚在沙灘上學走。

起初，不知道她們在幹什麽；走得越近，就看得越清楚——陽光把兩個人的影子在沙灘上合而爲一，微風吹動婦人的搭在前額的亂髮；從那亂髮的罅隙裏，我看見一張枯萎的黄臉。那臉，像一間久已無人居住的房屋，蛛絲，塵土，潮濕的霉氣，給人一種陰森的感覺，兩隻昏澀的眼睛，則恰如屋頂或墻壁上的裂縫。她袒露着前胸，一個乳房像没有裝進一顆米糧的布袋，在胸前垂下而且摇曳，乳房邊隱約露出嶙峋的肋骨。破碎的衣角在風中飄舞，鞋尖又把她的脚趾吐在外面。那嬰兒有一個大頭和一雙大眼睛，那頭和眼睛都出乎尋常地大，以致鼻和口，尤其是那尖削的下巴，幾乎都無從尋覓：他的頭髮稀而且長，臉色白得像紙一樣，額上，頸上，突出着好幾條青筋，膀子和腿都細得像不能再劈了的引火柴，他的衣服髒得分不出顔色，有些地方被鼻涕，口水，眼泪所浸濕，光滑得像理髮匠的蕩刀布，在陽光下閃爍着銀光。這嬰兒也是枯萎的，雖然還衹是嬰兒，雖然兩眼比那婦人澄清得多。

“娃兒，”那婦人垂着頭説，“走哇！乖，走哇！跨！跨！”

“嘻嘻……”

那嬰兒嘻笑着，大眼睛合成一條縫，顯然非常高興，覺得新奇，有趣，好玩地把兩隻手向前伸着，摇着，好像那婦人要他做的就是這麽一個動作，好像走路本應該是用手的。大概很出乎他的意外吧？經過了如此的努力，身體并没有移動？於是，他盡力把上身向前聳出，頭聳得更遠，幾乎是向下俯着，然而一件最重要的事没有做，他不知道怎樣邁步，以致兩隻小脚累贅似地拖在後面，在捉住他的那婦人的兩腿中間，移動不得。婦人把嬰兒稍稍提起，讓嬰兒的兩脚和身上一齊垂直，甚至稍微地向前伸出，然後重新落在地上，用自己的一隻脚輕輕地推動那嬰兒的，同時自己又略略向前移動，口裏不住地勸誘：

“跨呀，跨呀，乖！”

嬰兒還是不知道這樣邁開脚步，依然把兩隻手伸到前面摇着抓着，把頭和上身向前聳出，而兩隻脚則拖在後面。婦人又重新把他提起，讓他垂直，并且讓兩隻脚前出，放在地上……婦人兩次三番，重複以前的動作，毫不厭倦，連鼻尖上的汗珠也没工夫去揩一下。

從我看清是怎麽一回事的時候起，反復了七八次吧，那嬰兒終於如有天啓，在那婦人的協助之下，居然似邁非邁地把脚向前移動了一下。

“對對，”婦人以無限欣悦的聲音説，“乖，就是這樣，是這樣；再來，再跨一步，跨呀！”

當婦人不住地稱贊的時候，那嬰兒也似乎深以這點點簡單的動作爲新奇的發見或收穫，而完全天真地笑了，笑的時候，兩隻手向空處亂拍，全身一收一縱，幾乎跳躍起來。

“跨呀，娃兒，再跨一步！這樣，這樣！這一隻，跨這一隻！”

嬰兒果然似邁非邁地把另外一隻脚移動了一下，當然，仍舊在婦人的協助之下。

决没有等到邁第三步，婦人突然一下伸起腰來，迅速把嬰兒舉起，舉得比她的頭還高，摇了兩下，又放到懷裏，用那被蛛絲，塵土，霉氣所占領了的臉，着力地挨那嬰兒的臉；用那像隔年的花瓣一樣的嘴，接連地吻那嬰兒的嘴，臉和頸子。

“乖真乖！寶真乖！真聰明！××！”她向那正在洗衣服的女孩的背喊：“小弟弟會走路了咧！”

二

幾年以前，我從浙東回到江南的部隊裏去，最後的一節路不通公路車，要步行或騎馬。運氣好，在兵站碰到送人出來的馬，就騎了馬，行李請一個人挑着。

在一個村店裏歇了一回脚之後，挑夫的脚下忽然跟着一匹小狗。衹有猫那麽大，甚至還没有頂大的猫那麽大，肥肥的，渾身黑黄色的茸毛，一走，耳朵、尾巴，都像用細銅絲安着的一樣，不住地閃動着，短的腿，滚圓的身段，看起來并不像狗，却也説不出像别的什麽。

一邊是山，一邊是河，當中一條窄的石子路。馬一看見這種路就怕，衹是緩緩地踱着；挑夫總在前面一丈多遠，有時還遠些；太遠了，我就叫他等等，後來就不必叫，衹要回頭看不見馬，就站住。

小狗總跟着挑夫走，似乎在舐他的脚後跟；有時候挑夫輕輕地踢它一下，叫它走開，它就掉下這麽一兩步遠，但接着還是跟上。挑夫站住的時候，它也站住，或者回頭走幾步，迎迎我的馬，或者就躺在挑夫的腿後，候挑夫走動，又起來跟上。它這樣走了一二十里路，後來在没有注意的時候，不知跑到什麽地方去了。

回到軍部，一切都依舊，衹是隔壁房裏，新添了一個副官：一個二十幾歲的廣東人，黑，瘦，長臉，中等身材，一臉麻子。麻子，照我們部隊的習慣，是應該喊作“花機關”的，小鬼背地裏就這樣喊。據説，是從前方回來的，因爲喜歡女人，被從前方趕到後方，從後方趕到前方，已經不止一次。

晚上被一種聲音吵醒了。一聽，是狗叫，是幾匹小狗在寢室外面和大門裏面的什麽地方叫。有什麽法子呢？住在老百姓家裏，鄉下的老百姓總是要養狗的。

第二天，我看見那些小狗了，一共三匹，兩匹黑的，一匹白的，都像猫那麽大，或者還没有頂大的猫那麽大，也是滚圓的身體，短短的腿；跑起路來，耳朵，尾巴，乃至全身無不顫動；黑狗的身上還閃耀着一道若有若無的白光，像玄色的緞子。可是并不到老百姓住的那邊去，衹是在辦公室裏裏外外跑，常常跟着小鬼的脚下跑；吃飯的時候，曉得要給東西它們吃了，就在桌子面前仰着頭，摇着尾巴，等什麽東西掉下來。

正午，它們躺在稻場裏的乾草上曬太陽，有時候打架，或者應該説是游戲吧：一個仰躺在地上，另一個嚮着互相地咬，都用前脚幫着忙，意思像是要把對方抓牢；抓不牢，咬不着，又重複以前的動作。牙齒還嫩，本來又不是真咬，彼此都没有受到傷。咬的時候，口裏還汪汪地叫，那叫聲跟先一天晚上所聽見的一樣。

像頑皮的孩子一樣，看見鷄就追逐，追得鷄們振起不能高飛的翅膀撲撲地跳跑，驚慌地格格地叫。如果人手裏拿着什麽東西晃晃，以爲是吃的，以爲要給它們吃，就争先恐後地跑來；爲頭的一匹用後脚站着，像人樣地立起，想攫取那高處的食物。花機關每頓飯後，必定要拿着一個茶碗什麽的逗逗它們。

在鄉村裏過了一年多，工作雖然并不艱苦，但也除了工作没有别的。生活既然枯燥，心境也就像荒山古寺的修行者所有的。我常常擔心，長此以往，於工作或者不能説没有意義，而我的人，却將消失得無影無踪；過了過於寒冷的冬天，縱然春天來了，草木還會發芽麽？然而我終於没有失去，看見小狗們跳跳鬧鬧，馬上就覺得生意盎然了。不過一到半夜，這些傢伙實在值不得憐愛，總是叫，總是叫，叫得人睡不着。

過了幾天，我聽見女房東在向小鬼埋怨小狗們的討厭了。不知什麽人家的一個女孩子跑來找小鬼，説是那匹狗不賣了。小鬼説："賣了還能後悔的麽？"她皺着眉頭："看，這小狗多好玩哪，你們多作孽呀！"不問小鬼答不答應，就把兩毛錢放在地上，抱着那匹白的走了。

怎麽，這些小狗竟是小鬼喂的麽？小鬼的童心究竟比我們多，竟買些小東西來喂得玩。

"是丁副官喂的。"有一次我問小鬼，小鬼這樣説，丁副官就是那花機關。

我和花機關不熟，莫非是個生命力强旺的人，有一種奔放的感情無處寄托，没有女性的安慰，就連小生物之類，也都愛起來了麽？但馬上又覺得不對，他雖然衹二十幾歲，却瘦小，精神也很萎靡，似乎是個病夫，於是隨便問："他喂小狗幹嗎呢？"

“吃呀。”小鬼説。

部隊裏的伙食實在值不得恭維，每人每天菜錢八分，能吃什麼呀？同志們大家都口饞，總在設法打洞，弄點有味道的東西，連小鬼們也在什麼地方合夥喂養着一隻羊，打算在過年的時候宰掉。不過我總覺得這些人未免太迂遠，在這戰時，人的生命根本就很脆弱，又説不定今天在這兒，明天又在那兒，怎麼還弄些小狗來喂大了吃呢？

可是小鬼告訴我，并不是等喂成大狗了纔吃；讓它們稍爲長大一點，大約一兩個月之後，多有了斤把肉，就可以吃了。這樣的小狗叫做“仔狗”，吃起來，肥，嫩，還補人，不用説，這知識，他是從花機關那裏得來的。

小狗們，現在衹剩下兩匹黑的了，仍舊在乾草上曬太陽，逗着咬着；看見鷄了就追逐；一跑，仍舊發着玄青緞子似的白光，耳朵、尾巴乃至全身無不顫動；而且半夜裏仍舊咻咻地叫，叫得人睡不着，似乎一點也不知道一個月或者兩個月之後，要落到什麼人的肚子裏去。花機關有時逗那小狗們玩的時候，簡直就説：“快點長啊，老子要吃你了！”

我不是狗，不必擔心有誰要吃掉我；小狗也不是我的親眷和朋友，可以用它們的死騙出我的眼泪。然而爲了它們的將來，我的心境却重新枯澀；并且爲那在路上跟了好遠的小狗慶幸，如果它跟來了，説不定也會有人望它快點長大的。

至於花機關呢，説老實話，印像不佳，吃狗肉也未嘗不可以，衹要是爲了口腹之類，有就吃，没有也無所謂。他似乎并不這麼簡單，平常隨意胡鬧，年輕輕地，就把身體弄得虚弱不堪了，於是需要滋補。在部隊裏，又不過一個小小的副官，有什麼補藥或補品可吃呢？就處心積慮地打那些出世不久，看起來稚弱天真，惹人憐愛的小狗的主意！人，竟是這麼自私而且殘忍的麽？

三

一年以後，我離開了江南，在桂林和幾個朋友辦一個小刊物《野草》，因爲負責催稿的朋友催得緊，一時又寫不出什麽，就把關於花機關和那幾匹小狗的事寫成一點短文交給他了。順便在這兒表示一點我的悼念吧，那位朋友，據最近報載，已於去年桂林淪陷前後，在逃亡中死去了！這消息大概不確；他還不到三十歲，身體挺結實，平常也并不怎麽嬌生慣養，怎會衹碰到一點小風浪，就一下子死掉呢？他還有在遺棄或者等於遺棄的生活中，獨力把他養大的老母，有比他更年青的夫人，有現在還不過兩三歲的女兒，另一方面，有殷望着他的朋友，有喜愛他的作品譯品的讀者，有亟需着辛勤的文化墾殖者的這老大中國的荒原，沉重負荷壓在肩上，遥遠的前途展在面前，他怎能一下子就死掉呢？我常有些羅曼蒂克的想法，每有較近的朋友死了，總以爲他没死，不過像孩子們捉迷藏一樣，把自己“迷藏”在什麽地方了，説不定什麽時候，出人意外地，一下子從斜刺裏跳出來嚇你一跳。對於他，我也願意這樣想。現在，淪陷了將近一年的桂林已經收復了，朋友呵，難道還不是你跳出來的時候麽？

話説還原：過了幾天，那朋友來看我，談了一會兒，就笑着問：

“你那稿子寫的什麽呢?”

“怎麽，你還没有看麽?”

“看過了。但是那算什麽呢?”

“是的。寫得太草率：但那要怪你催得太緊哪!”

“不是。我是問：那有什麽意思呢?”

“簡直没有意思?”

我忸怩地反問。這真悲哀：不儼然作家了麽？稿子却寫不出！偶然擠一點短文，連接近的朋友都認爲没有意思，别的讀者怎麽想呢！

“當然不是，”他説，“像新聞記者們常説的一樣：衹有人咬狗纔算新聞，狗咬人算什麽新聞呢？反過來説，衹有狗吃人纔值得驚異，人吃狗有什麽值得驚異的呢？你對於人吃狗這種平常的事都動感情，碰見狗吃人了，該怎麽辦呢？”

“這這，”我不知道他要説什麽，就支吾地説，“但幸而狗吃人的事，世上還没有。狗，總是人類的服役者，童話《兩條腿》説，狗是人的最早的家畜；童話《青鳥》也説狗最忠心，猫纔是壞東西；童話……”

“别再童話童話了！不錯，狗是人類的服役者，自從人分成這樣的那樣的以後，狗就衹替某一種人服役，對另一種人就吃……”

“我想你説的是咬吧，”

“不，我説的是吃。”

“那也不過啃啃死人的尸體的餓狗。”

“不，我説的是吃活人的飽狗。”

“我敢擔保，你的話是錯的，狗，咬人；凶猛的獵狗，或者能够把人咬死；但是規規矩矩吃人的事，是決計没有的；當然，如果是狼狗，那又當别論。”

“你自己聽聽：狗，咬人，能把人咬死，却不吃人，真是妙論。你所説的規規矩矩地吃，是清炖呢？還是紅燒呢？”

“别把問題扯開了，我們是從人吃狗的事情説起來的，人不僅吃狗，還把小狗喂大了呢，當作補品吃；還等不得，天天對小狗説：‘快點長大呀，老子要吃你了！’狗對人能够這樣麽？”

“你以爲不能麽？不過，跟你説是没有用的，你説的吃，既然是清炖紅燒之類，狗，當然衹限於四隻脚，會跑，嗅覺靈敏……”

“原來……”

我恍然大悟，他説的完全是另外一回事。

他説的吃人的狗，并非真正的狗，而是一種精神的狗，其實也就是人吃人。狗吃人，雖然少有或者簡直没有，人吃人，却古已有之。妲己吃比干的心，文王和樂羊吃兒子的肉，齊桓公吃易牙的兒子，劉安拿老婆的肉充鹿肉款待劉備，張巡殺小老婆給兵士們吃，孫二娘賣人肉包子，

“牛子”或“肥羊”的心肝又可以給大王們醒酒，孝子們又割股給父母吃……不過那吃人的人，精神是人或非人，尚難確説；而他所説的却可斷定是狗罷了。他所説的吃，也不是真的吃，并不拘乎用牙齒嚼爛了吞下肚去。凡是致人於死乃至致人於祇能暗暗地活，肉體地活，也無不可謂之吃，吃是一種廣義的説法。祇有被吃的人是真正的人：但也不一定指人的肉體；青春，事業，能力，學問，思想，靈魂，無一不可以被吃，被吃掉了，又無一不比僅僅肉體的被吃掉還要悲慘。

忘記了那次談話還有什麽下文没有，祇記得那以後，常常在閉上眼睛的時候，看見一匹或幾匹凶惡的狗狼吞虎咽地吃着人，連那饕餮的姿態都看得清清楚楚。不但閉着眼睛，就是睁着眼睛，也有時看見。比如看見人食肉，馬上聯想到那人是狗，碗裏的肉却是人肉，甚至是自己的肉；參與宴會的時候，往往以爲那坐在席上雍容酬酢，口説着“請呀！請呀！”的貴賓們，連我自己也在内，不過是大大小小，男男女女的狗群；席面上的整鷄整鴨倒是人，甚至是我自己。腦子裏有這種幻象或者説能够看見種種幻象的人是不幸的！我一時不過是不知道是什麽的旁觀者，看着狗吃人；一時又自己是狗，和别的狗們一塊兒吃人；一時又是人，被燒烤了給狗們吃，背上還仿佛感到被狗牙咬進肌膚的痛楚。那一陣子，痛苦極了，經常地失眠，血壓高，性子暴躁，自己以爲自己瘋了。大概也真的近於瘋了，明知人説的狗是精神的狗，吃又是廣義的吃，所看見的幻象，却永遠是真的狗在真吃。

我竟如此的感情脆弱，神經衰弱，如此地爲一種無緣無故的幻象所苦惱。

四

太陽快走近中天，天氣越顯得暖和，土堆煤灰堆，髒水溝和污穢的河也跟我分了手。我跨過了都市的邊沿，走到葱緑的田野；黄的菜花，紫的蠶豆花，在春風裏徜徉，耳邊有從黄桷樹上傳來的杜鵑聲。天地如此寥廓，如此清明，人的心境也就隨之開闊起來，舒坦起來了。假如不是去赴一個不愉快的約會，人該多麼像那天際的流雲，從容逸豫，舒捲自如呵！

但我的心裏另外有一種欣慰，剛纔看見的那嬰兒的天真的笑容，那迷人的愉悦的聲音，那婦女教嬰兒走，嬰兒學着走路的姿影，還在我的腦際没有消失。那婦人醜陋，連嬰兒也并不惹人憐惜，但當他天機地笑的時候，當他發出愉悦的聲音的時候，當她辛勤地誘導而他又努力地學習的時候，當她和他都忘記或不知道此外還有任何人生的苦痛或歡欣，而以眼前一刹那的遭際爲無限幸福，深深地沉浸在那幸福裏的時候，却是一幅至美的畫圖。

我走着，在田畝之間的路上隨意地邁着脚步，當我自己的脚踏在陽光下的土地上的時候，不禁想起自己的母親，想起今天這毫不經意的邁步，當初也一定經過母親的誘導與傳習，像那婦人對於她的嬰兒一樣，我斷定他們是母子。一個人的成長，在自己是多麼艱苦而悠長的學習過程啊，連邁步這麼微小而且容易的事，也不知經過多少的努力，在别人又是多殷切的教誨與盼望的過程啊，連邁步這麼微小而且容易的事，也不知有多少父母乃至别人的心血存乎其間。

如今，自己到了中年，母親早已捨我而去：我不但能够獨立地漫步在這空闊的田野，就是紛亂雜沓的世途上，我也有我自己的路。我要昂頭闊步地向人生邁進。然而在中國，康莊的坦途是没有的，我所選擇的路，荆棘與泥濘式者更多，從世俗的眼光看來，又最冷僻而凄凉，母親如果尚在，會不注意我的路吧，會爲我走着這樣的路而擔心的吧？在母親的眼睛裏，兒子無論多大年紀，都是跟嬰兒差不多的。

然而，多麼醜惡的幻想呵！從那婦人與嬰兒，從我自己的母親，我想起幾年前在江南碰見的花機關，想起在桂林時曾經時常看見的狗吃人的幻象！一想起這些，馬上就清醒白醒地墮入一種無名的幻境之中，好像那吃人的狗就是那盼望小狗長大的花機關；而被花機關吃掉的小狗，就是剛纔看見的嬰兒。吃人的狗，也就是花機關，對嬰兒説：“快點長大呀!”盼望的情緒，幾乎和嬰兒的母親一樣，不同的是，一個是“老子要吃你了”！一個切盼他在這世上倔强地活着。……

想着想着，朋友的母親所寄居的村莊已看得見了，一縷縷的炊煙在村莊的上空裊繞，是吃午飯的時候了吧？

我的朋友是個教書匠，教了十幾年書，我自己也教書，可是能够勝任愉快的功課很少；他，却像有人説過的一樣，自己就是個大學，幾乎没有功課不能教。無論什麽事，一成了職業，就一定枯燥無味，祇好混混而已，我們很多人對於上課，老實説，會覺頭痛，幾乎每個鐘頭，都在打主意賴掉。他却永遠感到莫大的興味，幾乎没有缺過一次課。他拘謹，不會應酬，平常不大講話，祇有幾種場合是例外：一下講堂就口若懸河，在寢室裏對學生解答問題或談話毫不疲倦，幾個朋友談天，很容易忘形，好説真話，好攻擊時弊，掩飾不住自己的激昂慷慨。此外呢，喜歡跟學生們在一塊兒玩，什麽話都講，在課堂上不便講的也隨便講，學生們都歡喜他。我和他同過幾年事，近一兩年，我决心不教書，纔和他分手。他的學校離這村莊不遠，母親寄居在村裏的一個本地同事的家裏。

朋友的母親是個六十多歲的老人，寄居三十年，憑一雙手養大了他的獨生子。朋友窮，對於配偶的選擇苛，接近異性的機會少，或者也不願改變這母子相依的生活，快四十了，還没有結婚，和母親的相互的愛與依賴，是密切的膠固的。抗戰以來，隨時在亂離中，但無論到哪裏，都必定帶着母親，至少也把去嚮説明，從來没有一聲不響地離開過。祇有現在，不知爲了什麽，却幾個月不知下落，不錯，没有一個人説他死了，可也没有一個人證明他還活着。

我是兒子的朋友，母親就托我打聽消息，其實又何必托呢，我自己也要打聽的。但天下這麽大，人這麽多，生活瑣事又正煩擾着我，我能够打聽什麽呢？村莊離我越近，我越是膽怯：我害怕我無話可説，害怕看那白髮老人的愁悶的面目，我猜她這時候一定站在門口等我，等我帶給她的好消息。當她第一眼望見我的時候，臉上定會充滿了希望和歡欣的吧；但從我的神色中看出了失望，那歡欣又會立刻消失了，天下的母親都是天下最愚蠢的人，不用説，跟那河邊的婦人一樣，從她的愛兒還是嬰兒的時候起，她就是這麽歡欣，愁悶，切盼而且焦灼着了！

“×先生！”

後面有人嘛，一回頭，是朋友的朋友，從前在朋友處會過幾回，我知道他也在打聽朋友的消息。不用説，他也是去探望那母親的，我可以免掉一個人在她老人家面前的尷尬了。

“有點眉目麽？”我隨口問。

他轉頭向四下裏望了一下，走攏來，用手籠着嘴，好像旁邊有人偷聽似地，在我的耳邊低聲地説：

“他被——别告訴那老人家，他被他們……”

“誰？他們是誰？他被誰們……”

“還有誰呢？”他像事情是自明的似地：“那些狗！……”

“狗？”我大吃一驚，不是因爲他告訴我的那些事情的本身，而是他提到的那個字，和我正想着的事情竟如此湊巧地拍合着！

五

從朋友的母親鄉裏回來，已經是黄昏時候了。不知道怎麽在那慈祥的老人面前周旋這麽長的時間，而那些時間又怎麽一下子就過去了。那慈母，雖然没有從我和那另一位朋友口裏得到任何可喜的消息，却出乎意料之外地高興。她昨晚做過一個夢，夢見兒子來信説從此不回來了，凡是夢，都是一種預兆，預示醒着的世界裏的未來的事情。有一個鐵則，夢裏所見的吉凶禍福，和它所預示的醒着的世界的吉凶禍福，剛剛相反，即夢吉得凶，夢凶反而得吉。一個老人，你想，該做過多少次夢，她的夢，據她自己説，没有不應驗的：那麽，夢見兒子説從此不回來了，就是表示他要回來了。她信着她的夢，我們也照她所希望的替她“圓夢”，不知她是騙我們還是騙她自己，我們也不知道是騙她呢還是騙我們自己，於是大家幾乎是樂了整整的一個下午。

回來的路上，自然又經過那河邊，可是那婦人，那嬰兒，連那洗衣服的女孩的背影，都不知到哪裏去了。沙灘上没有他們的足迹，不過我也没有細心地找，衹有那嬰兒的笑容，那婦人狂吻着嬰兒的姿態，還宛然在目。

晚上，我又失眠了。夜是漆黑的，眼睛又緊閉着，却清清楚楚看見了比以前看見過的情景更繁複的幻象，不，簡直應該説是惡夢：小狗，嬰兒，朋友；婦人，朋友的母親；花機關，吃人的狗等等。小狗在稻場上耍，嬰兒在河邊發着天機的笑，朋友激昂慷慨地對學生們講着什麽，他們背後都緊跟着一雙慈母的眼，一顆慈母的心。可是看哪，那小狗并不是小狗，而是嬰兒；也并不是嬰兒，倒是我的朋友。我的朋友回復了他的嬰兒時代，朋友的母親也回復了她的婦人時代，在河邊，在沙灘上，在陽光下，一個“跨呀，乖!”地喊，一個“嘻嘻!”地笑，一齊在愛的氛圍裏陶醉着。而遠遠的什麽地方，却出現了花機關，出現了吃人的狗!

這大概是人類的自私：把别的小動物從她的母親那裏奪走乃至吃掉，實是做慣看慣了的常事，一點也不會覺得有什麽不應該；若是别種動物從人的懷抱裏把嬰兒奪走，吃掉，那就認爲莫大的灾禍了，但别種動物，比如説狗，究竟和人不是同類，所謂“非我族類，其心必異”，有力量吃人，爲什麽一定不吃呢？吃了，無論人怎麽想，在它，也像人吃别的動物一樣，認爲當然而且尋常的吧。問題是，像桂林的那位朋友所説，吃人的狗，衹是一種精神的狗，肉體上同樣是人而長着精神的狗相，有吃人——廣義的——的嗜欲：狗吃人，其實是人吃人，也就是同類相吃，這豈不比真的别種動物吃人，是更大的灾禍，而且是人性的慘變麽？試想想，當那婦人或者朋友的母親，和那嬰兒或者我的朋友，正陶醉在愛的氛圍裏的時候，忽然來了一個凶惡而帶着殺氣的彪大漢，一把抓住嬰兒或我的朋友，推開嬰兒的母親也就是朋友的母親，大聲喝道：“拿來我吃!”隨即……哦哦，我是多麽感情脆弱，精神衰弱，容易爲一些莫名其妙的幻象，其實也是自己的幻想所苦呵!

我不是宗教家，不相信萬物是上帝之類的造物主造出來的。假如真有那種造物主，那就一點也值不得尊崇倒應該堅決反對。他造出了各種各樣的動物，每種動物都要吃東西纔能生存，又幾乎都要吃同是造物主的造物的别種動物。這是何等殘酷的玩意呵！在萬物中，他又造出了感情特别地纖細，感情特别敏鋭的人，能够感覺到這種玩笑的殘酷，感覺到别種動物吃别種動物，别種動物吃人，乃至人吃别種動物的殘酷。這又是何等殘酷的玩笑呵！而且，他還造出了各種各樣的人，有的人精神上反而是狗或者别的動物。這些精神上是狗或别種動物的人，又自以爲比一切人都偉大，崇高，得天獨厚，有特權吃掉一切人中的任何人；同時，那些人雖然不願被他們吃掉，却往往被用各種各樣的方式吃掉了。這更是何等殘酷的玩笑呵！這一切是安排得何等的不合理，何等的和人的意志，大概也是萬物的意志相反哪！真有造物主，他决不會這麽低能的。

人或者萬物，神奇得很，不知爲了什麽，都有活的本能和欲望，都有生殖兒女，願意兒女活下去的本能和欲望。我真想問問是誰給人以活的本能和欲望，爲什麽要給人以活的本能和欲望呢？是誰給人以生殖兒女，願意兒女活下去的本能和欲望，爲什麽要給人以這種本能和欲望呢？衹要世上一天還有吃人的狗之類的動物存在，無論是肉體的狗或精神的狗，無論是廣義的吃或狹義的吃，這本能，這欲望，在許多人，不正是多餘的麽？我不知道有多少人被狗吃掉了，也不知道有多少人將被吃掉，不知道我的朋友是不是真被狗吃掉了，更不知那嬰兒將來是不是也被吃掉，衹知道那些被吃掉或將被吃掉的人們，一定也都有活的本能和欲望；他們都有父母，他們的父母，也都有願意他們活下去的本能和欲望的，然而他們被吃掉或將被吃掉了！他們都從嬰兒長大，當他們還是嬰兒，剛學會邁第一步的時候，大概都同樣天機地笑過；然而，邁了第一步，接着邁第二步以至無數步，在許多艱難的過程都過去了的現在，却被吃掉或將被吃掉了！他們的父母，當他們還是嬰兒，剛學會邁第一步的時候，也都吻他們，挨他們，舉起他們，而稱心如意地笑過吧，然而，邁了第一步，接着邁第二步以至無數步，在許多艱辛的過程都過去了的現在，却被吃掉或將被吃掉了！那麽，你在河邊學走的嬰兒，我想問你，像花機關盼望小狗們的壯大一樣，你知道吃人的狗，在等候你的長大而且美好麽？那麽，你在河邊教嬰兒學走的婦人，我想問你，像花機關盼望小狗們的壯大一樣，你知道吃人的狗，在等候你的嬰兒的長大而且美好麽？你們爲什麽笑，爲什麽歡喜，爲什麽以嬰兒今天這麽一點點成就爲滿足而快樂呢？而且，朋友哦，我也要問你：既然你終於要被狗吃掉的，當你還是嬰兒，你的母親教你邁那麽一步兩步的時候，你爲什麽那樣天機地笑呢？而且，朋友的母親囉，我也想問你，既然你的兒子終於要被狗吃掉的，當你的兒子還是嬰兒，剛剛似邁非邁地邁那麽一步兩步的時候，你爲什麽那樣狂喜呢？——哦哦，這是何等的胡思亂想呵，好像被狗吃掉，倒應該被吃的自己或他的母親負責似的。

我失眠了。翻來覆去，總不能入睡，總不能排去眼中的幻象和心裏的胡思亂想。

遠遠有鷄叫的聲音。

（原載1946年7月28日—30日《商務日報·茶座》）

讓我們呼吸吧[①]

我不會唱歌，也不會聽歌，對歌名和歌詞都很少注意，好像一個什麼歌裏有這樣兩句：

我們没有見過别的國家，
可以這樣自由呼吸！

現在就藉作《呼吸》的開場白，無須改動，衹須自由兩字上加點桎梏似的引號，使它成爲“自由”就行了；而這兩個字本身的形象，就有點像桎梏，汪子美的漫畫早就表現過，那麼，甚至引號都不必加。

呼吸是重要的，在“自由”中呼吸是重要的，自由的呼吸更是重要的。讓我們呼吸吧！讓我們在“自由”中呼吸吧！讓我們從“自由”呼吸到自由呼吸吧！

（原載 1946 年 10 月 16 日重慶《新民報·呼吸》）

① 編者注：這是作者 1946 年 10 月 16 日爲重慶《新民報》日刊副刊《呼吸》寫的發刊詞。

星　　夜[1]

在一天的煩熱苦够了，洗過澡，換上極其隨便的乾净衣服，摇着大芭蕉扇，在草坪上仰面枕肱而卧。碧草的芳菲像水一樣地浸濕着，天宇低沉，藍空布滿了叢密的星斗。那些銀色的小點時明時暗，像天真的兒童慧黠的少女在眨着明媚的眼睛。它們離我們這麽近，仿佛可以聽見他們的私語。令人不禁記起什麽時候曾聽見過的一些美麗的神話：每一顆星斗，其實都是一個人物，和我們自己一樣的。哦，那是一些怎樣的人物呢！什麽時候能够看見一下纔好，能够和他們生活在一起纔好。哦，我不在這地面上了，我的心不在這地面上了！騰空而起，翱翔於群星之間，騎在銀河當中的天鵝背上，一面和牽牛談心，一面向織女作含情的微笑，戴着玉冠，牽着大熊和小熊，站在姜太公背後看他釣魚；天空是多麽浪漫而新鮮囉！

然而天文家告訴我們：那些星斗離我們非常之遠。太陽離地球九千萬英里，它的光衹要若干秒鐘就傳到地球上來了，而群星的光常常要經過若干萬光年纔能讓我們看見！有許多星，當我們剛發見它的存在時，它的本體早在荒古以前就死滅了！多麽荒誕不經的神話呀！宇宙如此其大，天空如此其浩渺無窮，群星如此其遥遠，而我們却能悠游於其間，回頭俯視，地球該是多麽藐小呵！地球上的人類更是多麽藐小啊！這麽藐小的人類，却説有不可計限的私欲，那些私欲又發而爲不可計限的搶奪，迫害，殘殺，難道是可信的麽！愚昧的人們囉！不知道一切星球都要死滅的麽？在太陽死滅之前，地球早就死滅了；在地球死滅之前，人類早就死滅了；在全體人類死滅之前，我們這些暫存而又暫存的個體早

---

① 編者注：本篇又題名《往星中》。

就死滅了，而你們却在這暫存而又暫存之中，絶不顧及民族，國家，社會，群體的利害，利用一切卑劣而又卑劣的手段，縱任你們的私欲，殘害你們的同類！難道一點兒也不害羞麽？

當我們看見地上的螞蟻和螞蟻打仗的時候，看見螳螂捕蟬的時候，看見蜘蛛吞蝕落網者的時候，縱然一百回都無動於衷，難道就没有一兩回想到，這些小東西們究竟有什麽仇恨呢？如果真有所謂造物的，他是多麽没有分曉呵，生這些毫無道理的小東西們，讓它們互相并吞，殘害，有什麽意義呢？假如像神話所傳説，每一顆星就是一個人物，他們會看不見我們這些地方上的人吧，因爲我們，之於他們，還小於螞蟻，螳螂，蜘蛛之於我們呢。但萬一看得見，他們對於我們人類的攘奪，殘殺，迫害，該會怎樣想啊！而且螞蟻，螳螂，蜘蛛，除了螞蟻之外，它們殘害，并非真正的同類。它們實在太小了，太簡單，它們的行爲，都是出於本能，求生的本能，自己毫不負責的。我們人不同，我們是萬物的靈長，腦子最爲發達，我們不專靠本能而動，而攘奪，迫害，殘殺，又不是爲了個體或群體的生存。那麽，我們所能得到的人們的卑視，一定會遠過我們對於螞蟻，螳螂，蜘蛛的。這樣想，同時也領會到古代的達人，奮起想象的羽翼，足亂浮雲，背負青天，在長空逍遥游樂的妙趣，雖然那想象比之於無窮的宇宙所實有的現象還是小得可憐！朋友啊，仰望天空吧，向群星禮贊吧，它會使我們的器量恢宏、志趣高遠！

（原載 1946 年 10 月 29 日《新民報·新民副刊》）

傷風樓自語

永夜角聲悲自語

——杜　甫

一

没有地方没有戰鬥，没有地方不可以“打”進去，“不入虎穴，焉得虎子?”“我不入地獄，誰入地獄?”衹看見誰同誰攪在一塊兒，就以爲他們是一黨、一派、一系、一幫，同流合污或美其名曰和光同塵，衹是皮相。

但，這是危道，一不小心，就連自己都没有了！

二

有許多人以爲言論自由是“龍王下詔求直諫，龜也得言，鱉也得言”的意思。不！民主本身是進步的，衹能與進步者有緣，一切落後的反動的東西，它是不管的。言論自由决不包含替宣講“聖諭”者，演説《施公案》《彭公案》者，或漢奸們争取自由的意義。而且事實上，那班傢伙們早已自由太多了。

三

真理的語言像日月之光，到處都照臨，連天狗也不能把它全部吞蝕，永久吞蝕。謬説則衹能在惡勢力的地方存在，一離開惡勢力，就像魚之失水。然而有人説，某甲可以在乙地説話，足見那地方還有自由；甲地没有某乙的聲音，足見那地方没有自由。不知道説話人是聰明而裝傻騙人，還是愚昧而不肯虚心進取。

四

一種天真的想法：

別人開書店，辦出版社，目的是牟利，是市儈，他剥削作者和工作者就是罪過。我是進步的，我的書店或出版社是神聖的文化事業。作者或工作者都不應該要報償，要也衹能要一點點。否則會妨礙事業的發展，也是罪過。寧可讓事業停頓，也不能讓工作而有什麽要求以造成罪過的呀！哲人説過："全或無!"

五

慳吝人，掩住你夜行的燈光吧，當心有没有帶燈的人跟着你走。

（原載重慶 1946 年《客觀》）

毛澤東先生與魚肝油丸

抗戰第二年春，我跟幾個朋友從臨汾撤退，唉唉！朋友之一的蕭紅，現在竟已死去三年多了！我們是到民族革命大學教書的，剛到不久，還未正式上過一次課，却不得不撤退回來！到了潼關，本打算回武漢，因爲交通關係，反而到了西安。不知怎麽一來，十八集團軍辦事處知道我們在西安，便邀我們到延安去看看。反正閑着没事，我們也就無可無不可地去了。

到延安第二天早晨，丁玲來告訴我，這天陝公行開學式，有毛澤東的講話，問我去不去參加。我不會參觀，尤其不會和人接見，本打算隨便看看，不必會什麽人，雖然對毛澤東先生頗想瞻仰瞻仰。既然不用交談就可以看見他，當然去。

到會場的時候，大概是午後一兩點鐘，講臺上已有人在講話了，會場是在一個廣場上。不必介紹，我已知道那講話的就是毛先生。以前曾看到過他的照片，招待所的墻上也貼着他的大幅畫像的。對於他的儀表，恕我隨便亂説，不免有點失望。我喜歡人有着高大的身材，凸出的胸，略略有點長的臉，毛先生却身材不高，背不直，臉不長，臉上還有點虚胖，顔色也并不怎麽健康，光着頭，穿着一件褪了色的灰布棉軍裝，上面顯然有些各種各樣的污痕，風紀扣也不扣，不用説，這身衣着，没有把他裝扮得儀表非凡。

但是千數以上的聽衆們，却在太陽底下揮着汗（雖然是春天，那天却很熱），目不轉睛地望着他，每隔一兩句話，就情不自禁地發生一陣哄笑，不但聽衆笑，他自己也笑，每將到有趣之處，話還未講出，他的笑容就露出來了。他説：“以前有六個君子，都被關起來過，既然是君子，爲什麽還要關起來呢?”説到“既然是君子”，他笑，聽衆也都笑。他説：

“國民黨如果有不對處，我們要批評。從前也批評的，用機關槍；現在呢，用筆杆和嘴巴。”説到用“機關槍”，他笑，聽衆也都笑。他又説：“日寇會占領我們的許多地方，會比剩下的大得多。日寇占大塊，我們占小塊。怎麽辦呢？幾百年前，王羲之（其實是李白）就告訴我們了：‘大塊假我以文章。’我們不要光在‘小塊’上做文章，要到‘大塊’上做文章——到敵後打游擊!”説到“大塊上做文章”，他笑，聽衆也都笑。諸如此類，使他自己和聽衆愉快的機會，簡直多得很。聲音不高，可是大家都聽得見；一點激昂，慷慨的氣没有，一點也不像在臺上講演，一點也不像在講着抗戰的大道理，倒像和你促膝地談着一些無關緊要的家常瑣事。話裏面没有難懂的名詞術語或深奥的理論，似乎無論什麽深奥的東西，他都能用極淺近乃至極陳舊的話表達出來。我没有聽見他對農民們講話，但相信他一定能够講得每句話都讓他們懂得而且覺得有趣。

但是我却覺得聽他的講話，需要相當的耐性。他講得非常慢，甚至字和字之間的距離都相當遠。他講一句話的時間，别人凖可以講好幾句。换言之，聽他一句話所花的時間，就可以聽别人講好幾句。不過，這也許正是他的長處：講得慢，聽的人不必趕忙，一個個字聽得凖確，不致對他的話發生誤會。但此外，還有一件頗不舒適的事，就是講話的時候，他常常咳嗽，幾乎每句話中間必夾着幾聲：“王羲之，啃啃！大塊上，啃啃！做文章，啃啃！……”一種輕微的乾咳。我以爲他講話慢，與他的咳嗽有關。

散會後，我夾在許多人中回招待所，中途，聽見後面有人喊我。回頭一看，是丁玲，而跟丁玲走在一路的却是毛先生。丁玲給我介紹，我衹好走攏去和他見禮，談話。我們就一直談到了招待所。談了一些什麽，現在一句也不記得，似乎有一段，是與語文問題有關的，從和他談話得來的印象與聽講的印象很統一：他不威脅人，不使人拘謹，不使人覺得自己藐小；他自己不矜持，也不謙虚，没有很多應酬話，却又并不冷淡。初次見面，談起來了就像老朋友一樣。似乎真把你當作一個朋友，似乎真在聽你講，而自己又很坦率地發表意見。

這自然是小事，與毛澤東之所以爲毛澤東的關係恐怕很少，但魯迅講過中國人的美德："一闊臉就變。"假如把闊字稍微廣義一點解釋，幾乎無往而不適。我曾在狹巷裏碰見過某司令，一個幾年前同在一張桌上上課的同學，戴着將官的領章，披着黑斗篷，後面跟着四個衛士，和我交臂而過，却裝着没有看見或不認識。又曾到另一同學的公館門口去求見，我知道他正一個人在家，他的大門像牢門一樣，關得緊緊的，門上開一個小窗，司閽就從那窗口露出臉的幾分之幾來問話。好容易接過名片，遞進去後若干分鐘，却又把名片退回，説是正在開會云云。這些黨政軍界的天之驕子們或者不值一談，而文藝界的十多年的老友，甚至還共過患難的，一旦有了一點點所謂地位也者，馬上就在自己面前起造一道矮檐，使人不卑躬屈節，就不能走近他，一走近他，就覺得他渾身的每一根毫毛都帶着文豪、權威、重鎮氣，不到三秒鐘，那些毫毛刺在人背上，非趕快逃走不可。老友尚且如此，不相識的天之驕子或權威重鎮們，你還有去識荆的勇氣麽？生活在這樣的人間，生活在一些無聊瑣事都忘記不了的國度，毛先生的態度，作算并不全部真誠，也未嘗不藹然可親，不用説，我之所以有這種感覺，是先就以爲他有着他的地位。

他談話的時候跟講演的時候一樣，也愛夾些笑話，也愛笑，講得也慢，也夾着幾聲咳嗽，不過都比在講臺上的時候要少得多。那咳嗽雖然少吧，也仍然使我不舒適。他抽香煙幾乎不知道間斷，又聽説總是夜晚工作，上午起不來。這種生活，於咳嗽是不很適宜的。

我是個連自己也不怎麽關心的人，對别人的生活和健康，幾乎從來不曾留心過，尤其没有别人的某種不健康現象曾使我不舒適，除了極親近的以外。但對於毛先生，却不但當時，就是以後偶然聽見提到他的名字，也不覺仿佛看見了那有些虚胖的笑臉，同時還聽見了那輕微的乾咳嗽聲，而不舒適起來，雖然我願意他的咳嗽衹是一時的現象。

不看見他，已經七年多了。這回他來到重慶，正是大家都歡欣鼓舞的時候，我也一時忘記了他的健康問題。但報載，有人捐錢替他買魚肝油丸，莫非他真有什麽不健康處麽？我這樣懷念着，一直到在街頭看見他的在重慶照的結實的身體的相片的時候。

一九四五，九，三，渝通遠樓

（原載 1946 年 11 月 20 日《野草》新 2 號）

記康澤

一

一九二五年冬天，在一艘從香港開到海參崴去的船上——這船是專送一批學生到蘇聯去的，約莫有上百的人，後來成了名人的，有林柏生，陳春圃，鄧文儀等，我碰到一個黄埔第三期學生王光樾，是一個十六七歲，瘦削矮小的少年。凡是快成年而還未成年的年輕人，都有點喜歡裝成已經成年了的樣子，怕人家説他還是小孩；王光樾也這樣，他的樣子，比我們過了二十歲的人還要老成，并且特别喜歡和人家煞有介事地談些嚴重問題。有一次，和我談了一回話，大概認爲談得很投機吧，末了，帶着滿足似的微笑問：

“你認識康澤麽?”

“不認識。”

“一個跟我同班的同學，你應該和他談談。”

重音落在“他”字上。

這意思，我懂得。雖然大家都在參加革命，其實許多人都衹能説是革命混子，不懂革命，没有革命要求，隨風轉舵，甚至乘機撈一把的角色；真革命者是少數中的少數。我呢，承蒙不棄，被他列入少數中的少數之内了；但真革命者的領導人物，應該是叫做“康澤”的那人；所以，我應該和“他”談談。

但這事没有馬上實現，康澤不在這船上。

二

出乎王光樾的意料之外吧，在莫斯科滯（音帶，古音。今保存於北方口語中。但作者多寫作“待”，甚至有作“呆”者）了將近兩年，我竟没有和康澤談過一回話。不用説，到學校不久，就知道誰是康澤了。他是風頭人物。

學校裏，有一批以黄埔學生爲中心的真正老牌國民黨，經常和“跨黨分子”作鬥争的，我願意能記起他們的名字來！谷正綱，谷正鼎，王陸一，鄧文儀，蕭贊育，張鎮，劉咏堯，李秉中（即保存魯迅信件最多的那位，現在已作古了），鄭介民，吴淡人，駱德榮等等。康澤是其中的領袖之一，在開什麽大會的時候，他有資格參加主席團，當然很容易認識了。他，在我的印象裏：一張柿餅臉，前額特别向外擴張，動作遲緩得像老人一樣，語言落在姿勢之後又幾乎五分鐘之久；不常笑，笑，也不放肆，似乎是一個脚踏實地，認真做事的人。

常有一種天真的想法，以爲人在社會上，是靠他的志嚮，德性，毅力，才能，學問，思想之類，做出事業來的。也許不算太錯，但忘記了中國是個有着麻衣和柳莊相法的國家，一般人在看人之先，是注重人的相貌的。王安石“囚首垢面而談詩書”，蘇洵就説他“凡事之不近人情者，鮮不爲大奸慝”！囚首垢面，何以不能談詩書？談，何以不近人情？何以與大奸慝有關？多麽不容易理解的邏輯！衹梳梳頭，洗洗臉，就不是漢奸，賣國賊，這倒容易，若碰到專看生成的相貌和由許久形成的行動舉止的人，那衹好他判定是什麽就是什麽，而毫無辦法。有人一再説我“浮生若夢”“玩世不恭”“吊兒郎當”……我很驚奇他們何以有然此的知人之明！没有在一塊兒玩過一天，没有談過一晚夕的話，不是同鄉，同學，同事，何以知道我是這樣呢？後來我明白了，是我自己的錯，或者還是我的爸爸媽媽的錯，我的樣子叫人看起來是這樣！康澤的樣子和我的剛剛相反，他叫人一望之下，就覺得他堅强，穩重，老成，誠懇，把事情托給他不會錯，他叫你做的事不好麻胡，跟着他走不會出岔子，而且瞧，他的前額，向前突出得多厲害，夫非常之人必有非常之相，他將來一定了不起，你我的前途有靠了！

康澤這人，假如有值得大書特書的地方，那就是他的樣子好——這是以後和他熟了之後，我私自對他下的結論。——正像孫科，蔣經國們的爸爸好一樣，都算一種政治資本，加上黄埔，留俄，這樣的資格，縱然没有别的努力，也不難在政治舞臺上成爲名角的。何况康澤也真有裝蒜的本事，什麽時候，他都能裝成正襟危坐，岸然道貌的樣子。

三

和康澤開始談話，是在從蘇聯回國的船上，時間是一九二七年五六月間，國民黨的清黨大屠殺開始不久。我們就是因爲這一政治原因被遣送回國的。這船上，完全是真正老牌國民黨的天下，像我這種被兩方面都認爲游離，冷淡，消極，落後的分子是很少的。在他們的眼中，這樣的落後分子也有思想之類的東西麽？如果有，純正呢，還是複雜呢？似乎應該知道知道一下纔好。因爲這回回國，就要參加激烈的政治鬥争，對於這種人也應該有一個態度：殺呢？排呢？用呢？（雖然還未必有這權力，却不能不有這準備。）於是我碰到了一次考驗性的談話。來談的人就是康澤。

晚飯之後，我們斜倚着鐵欄，大海在旁邊咆哮，海風吹散我們的頭髪，落日的霞光把世界照得通紅，康澤的眼睛一眨也不眨地望着我，似乎要望進我心裏去，似乎已經望進我心裏去了。我明知這次談話的嚴重性，但并不心慌！我的綽號叫托爾斯泰，即專心文藝，不問政治的糊塗蛋之意，不怕他們會殺我；别的則真不在乎，我根本没打算跟他們混在一道。我不知道康澤是會談話的呢，還是不會。總之，他在我開口之先，自己談了許多，可惜那些高明的理論，現在不容易記起了，大概説，蘇聯的成功，是民生主義的成功而不是共産主義。共産主義不合中國國情，合國情的是三民主義尤其是戴季陶先生的三民主義。我老實告訴他：我不喜歡戴季陶。戴季陶的《孫文主義的哲學基礎》要孫中山承繼中國的道統，要捧孫中山的神主牌進聖廟，是復古，是開倒車，不是革命。也不喜歡孫中山。孫中山的天才，在他把中國問題分成民族，民權，民生三部分；但他談的却很壞，比如民族主義，分析日本幾天可以亡中國，英國幾天可以亡中國……結論却是恢復中國固有道德，這太不可理解了！民生主義中的平均地權，節制資本，姑不論對不對，總是專就都市立論，對廣大的農民與土地問題没有提起。雖在民生主義之外，講過一次“耕者有其田”，但也衹是一個題目，内容對耕者有其田這事幾乎什麽也未説。更不喜歡蔣介石。他，没有什麽可談的，完完全全的投機軍閥。當我還在黄埔的時候，就曾宣稱，不等兩年，我就要作反蔣運動。

“那麽，那麽，”他像吃一口辣椒似地問，“你對共産黨的看法呢？”

我説：我没有看法。我的思想没有出路，也正在此。讀過幾本書，覺得離認識共産主義或馬克思列寧主義還很遠，也没有力量批評，除了在莫斯科，覺得學校裏的投機分子太多以外，我不想談什麽。這裏也許須注解一下：在當時，有許多同學加入共産黨，并非爲了革命信仰，而是爲了回國後可以做官，那些人後來又用各種各樣的方法轉變了，比如蔣經國就是一個。所以我在當時確有此感。

“你是我認識的第一個誠實的人。”説完之後，他和我握手説，他的手捏我的捏得很緊，似乎表示他的話也是誠懇的。“而且倔强。”

後來他還告訴我，他當時的印象，認爲我太不世故，太任性，近於《三國演義》上的禰衡，如不留心，難免殺身之禍的。但是——他又説，他却正因爲如此，反而看得起我。

四

“×！”他喊我，“别看書了，談話吧！”

晚上，我喜歡拿起一本書，靠在床頭看，有時就一直看到睡覺。他是不看書的，我没有看見過他看完過一本書，即使那書很薄。寫信，擬什麽計劃，慢條斯理地做完了事，就這樣打我的岔，要跟我談話了。他坐在和我的床隔一張臨窗的寫字檯的床上，那是他的床。我們一同住在國民黨的中央黨部職員宿舍裏，我在宣傳部做事，他在訓練部。這時候，離我們在船上的那次談話，時間將近一年。這之前，我們一同在“中央黨務學校”（中央政治學校的前身）做過訓育員。

真莫名其妙，他和我，正如他所説，在任何一點上都是相反的。他説我除了會寫文章以外，一無可取；我説他是矯情鎮物的僞君子，得志之後，會是剛愎自用的軍閥。但相處的時間一久，也很談得來。而且談得很痛快，我覺得再没有别人面前，我能這樣暢所欲言的了。每天晚上，他都提議談話，常常談得很夜深。自然，無意思的話居多，但有時也談到天下國家大事。我還能記起幾條來：

“這時候，”他説，“人心思亂極了。無論誰，祇要插一面旗子，不愁没有人來。”

“那麽，”我問，“你爲什麽不插呢？”

“遲早要插的。不過不是現在。”

“爲什麽？”

“羽翼未豐，不可以高飛。”

“對不起，我敢斷定你永遠不會插。”

“爲什麽？”

“你是戴季陶主義者。戴季陶的思想就是儒家的思想，儒家的思想是‘君君，臣臣，父父，子子’‘亂臣賊子，人人得而誅之’，你怎敢造反呢？并且你對‘毋不敬，儼若思’的《曲禮》和《論語·鄉黨篇》特别有研究，能運用；那些東西都是教人怎樣適應社會而不是改革社會的！另外，你是黄埔系，離開這系統，你就會如蛟龍失水。今天的黄埔系，除了勤王保駕，還能做什麽呢？你自己不是迎過一回駕了麽？（去年蔣下野後的迎蔣運動，他參加了的。）而且什麽叫羽翼豐不豐呢？如果豐是指地位高，勢力大，那就越豐，個人欲望越近滿足境界，拖泥帶水的東西越多，越不想插旗子了！”

“你還不瞭解，旗子總是要插的！”

“插旗子，以什麼爲理論基礎呢？三民主義總是不行的了。‘不入於楊，則入於墨’……”

“也許是。將來恐怕是要實行共産主義的。但主義是一回事，黨又是一回事。即使將來會實行共産主義，主導人也不能是現在的共産黨，現在這般殺人放火的共匪，總是非剿滅不可的！”

“對，先把現在的共匪剿光了，然後由你或者戴先生重新來號召，組織一批決不殺人也不放火的真正共産黨，專門請願，演説，作文章……”

“你真是個怪物！要説你不懂什麼，是不行的；可是話經你一説，就特别難聽。如果你真是共産黨派來的蘇秦，光憑你的説法，腦袋早就掉了！”

“幸喜我也没有想游説你，如果想，衹好甘願失敗。你的腦子，像一句稱贊耍刀槍的成語：‘水都潑不進！’我的話，簡直對牛彈琴！”

“‘老鴉笑猪黑，自己不覺得’，你自己就從來没有相信過别人的話！不過，總算我們有點共同之點：頑固！”他笑着做了這樣的結論。

五

一下子到了“九一八”。我早調在中央社做事，兼編一個叫做《新京日報》的副刊。這時候就組織一個“文藝青年反日會”，在報上用社會科學的觀點分析了“九一八”事件，并提出了一些政治性的主張，比如：聯合世界上以平等待我之民族（蘇聯），停止一切内戰（停止“剿匪”乃至聯共），共同對日，略近於抗戰初期大家都説的那些話；但在當時，却是唯一的大膽的言論；尤其是到請願學生中去發了一回傳單，立刻被當局認爲大逆不道，弄得不能下臺。結果我自己棄職潛逃，别人甚至有的死了——啊啊，我什麼時候，纔能爲死者寫點追念的文章啊！在潛逃前兩三天，康澤在一個旅館裏打電話找我，他在某軍當政訓處主任，剛從外地到南京來。這之前，他在蔣那裏做了一年多的侍從參謀。

這裹描述一段小事：當他還在訓練部的時候，曾被放過一次某軍的政訓主任，因爲有人拒絶，没有到差的。他曾準備到差，曾和我商量找什麽人去作工作。他想找一個名叫周愛的同學（黄埔三期，也是留俄的）去當秘書，我表示對周愛無理解。他説："他是同學中唯一的自帶針綫，把針綫有條有理地放在一個小盒裏，常常自己釘扣子，縫破爛的。""那何必找秘書呢？討一個舊式老婆就行了。""不！一個人細心，有條理，就是秘書人才。你以爲人都應該像你麽？"他對人的一些瑣細事向來非常注意，人給他的第一次印象，可能永遠不忘。這一次雖然没有當成軍政訓處主任，兩年之後，却當成了；而且還是找周愛去當秘書。但没有好久，我在街上碰到周愛了。"怎麽，——我問——你不是跟康澤去了麽？""别提了！——他摇頭——我跟那假仁假義的傢伙攪不來！你説他爲什麽找我，爲了我自己釘扣子！把人都氣死了！"

"周愛呢？"我碰見康澤的時候問。

"走了。"他也摇頭説，"你對。他没有什麽本事。"

"奇怪，我説過他没有本事麽？我不過説我不知道他，光憑釘扣子，不能看出什麽罷了。"

"好，我們不談這吧。我找你來，想跟你談幾句關於你的話。記得麽，我説過，跟你永遠做朋友？"

"唔？有什麽嚴重的事了！"

"你覺得有人注意你了麽？"

"覺得。"

"你打算怎麽辦呢？"

"没有打算。"其實我已打算逃走了。

"應該考慮考慮。人家説你近來思想變了；衹有我知道你本來這樣，第一次和你談話的時候，就奇怪你爲什麽没有加入共産黨。三四年來，你没有行動，那無所謂；現在有行動了，這不能不叫朋友們耽心。别的不談，你總是個人才，又没有真的組織關係，犯不着去冒那危險。因此，朋友們都叫我勸你適可而止。”

從這時候起，康澤對我的態度，都介乎友誼與非友誼之間，頗不容易辨别。這一段話，固然可以説是友誼的勸告；但也可以説是極不友誼的恐嚇或阻撓。後來，一九三五年，我到成都去找他，那經過，幾年前曾寫過一篇《時間的啓示》，這裏不想再談；總之，結果是他説得到情報，説我不簡單，我衹好告辭。他用他的車子和副官送我到重慶，又叫他的别動隊的一個大隊長同我到萬縣，雖然像是爲了我的安全和方便；但也可疑爲是一種無形的遞解。

如果是以前，我會有很多話回答他，比如説：我衹説我認爲應説的，做我認爲應做的，危險不危險，有没有某種關係，全不在乎。但這時候，我確已動念離開國民黨，離開南京，對他講話，就不能像以前那樣坦率了。恰巧有别人來會他，我混了一陣，答應考慮他所提出的問題，連忙溜走了。

六

從成都分手之後，没有想到還會碰見他的。抗戰開始，我參加上海救亡演劇一隊到南京，準備到戰地去工作。隊長馬彦祥本説到了南京會有辦法；誰知事到臨頭，不但走不動，并且要斷炊。他知道我認識康澤，叫我去找他捐錢。我一打聽，他在南京，跑了幾處，找到了。

“唔唔！左翼作家來了!”

他大聲地説，似乎惟恐别人聽不見似的。我想：糟了，這麼一來，恐怕不能講什麼話，錢也未必捐得成！但坐定之後，氣氛和緩下來了。但東拉西扯，彼此都覺得没有什麼話説。過了一會，他懶洋洋地問：

“什麼叫做文化人?”

“那不就是從事文化工作的人麼?”

“如果這樣，就算是文化人，不從事文化工作的，豈不都是野蠻人麼?”

“文化人也可簡稱爲文人，凡非文人的，就都是武人了麽?”

“唔唔，”他首肯了我的解答，“那麽，什麽叫做人民陣綫?”

“我也不明白。”

“你不明白?你參加人民陣綫的人，還説不明白?”

“我什麽時候參加人民陣綫?”

“你是救國會委員!”

“是的。我曾有一次被舉爲上海文化界救國會委員。”

説也慚愧，有一天在街上走，碰見一個人説文救開成立大會，邀我去參加，我跟他去了。出來的時候，成了委員。想不到這時候倒成了和康澤談話的不愉快的材料。

“救國會不就是人民陣綫麽?我真不懂，爲什麽要有這麽一個名稱!中國和法國不同。法國應該叫做人民陣綫，他們的是階級問題，中國呢，民族問題，怎麽可以這樣叫呢?”

“也許有人稱之爲人民陣綫，我想，衹是極少數的，個别的人。據我所知，一般是叫做聯合陣綫的。”

“又爲什麽叫聯合陣綫呢?誰同誰聯合?應該叫做統一陣綫，民族抗日統一陣綫!”

“是呀!是呀!”我們高興起來，這一下可有辦法談攏了，唉唉，爲了要捐點錢，談話竟這麽困難!“民族抗日統一陣綫，現在正是這樣叫。但是，這豈不没有什麽分别麽?”

“没有分别?爲什麽?一個是聯合，另一個是統一，這没有分别?聯合，國民黨和共産黨聯合，共産黨和國民黨聯合，平等的。統一，國民黨統一共産黨，共産黨放棄階級立場，向國民黨投降!這怎麽没有分别?怎麽没有分别!”

每一個字都説得非常沉重。緊握着拳頭，説一句就用拳頭在面前作打一下的姿勢，仿佛木匠用斧背把鑿子打進木料去一樣，而且，我就是那木料!

“衹要抗戰……”我訥訥地説：我衹好訥訥!

“祇要抗戰，什麽都無所謂，是不是？不！政治上就没有無所謂的事！‘名不正，則言不順……’！”

“這纔是‘天下本無事……’不是大家已經叫做統一陣綫了麽？”爲了我的演劇隊，應該趕緊收場。“我們還是談點别的吧！我來找你是……”

“把朋友没有辦法！”他一面寫捐册，一面摇頭：“跟你定個約，我一兩天就要飛漢口去了。你到了漢口，一定要去找我，我有話跟你説。”

“爲什麽現在不説？”

“還没有到時候。”

七

在漢口，他同我到一家廣東館子裏喝酒。他很喜歡喝酒，却常常找不到人同喝，來往的人，不是上官，就是部下，他都不能隨便盡量地喝。“唯有喝酒，”他説過，“纔覺得人需要朋友。”

這回，他辭掉了幾處的宴會，破例地上了很闊氣的館子，叫了好幾様名貴的菜，開了白蘭地酒，不，白蘭地他家裏常有的。但是祇喝了一兩杯，我覺得他似乎有點醉意了。

“左翼作家！”他舉杯敬我，同乾了一杯之後，他説：“左翼作家講不講朋友？左翼作家要不要民族主義？左翼作家肯不肯表彰民族英雄？”

“你的酒量好像没有從前好了？”

“莫打岔！我問你的正經話。”

“這是什麽正經話？這是開玩笑！而且是含有敵意的，含有侮辱性的。”

“剛剛相反！至少，自從你離開南京，做了左翼作家以來，再没有像今天這様，我對你不含敵意的了，也再没有像今天這様尊敬你的了。╳！你瞧我還是像從前那様喊你，但你好久不喊我‘澤’了。╳！你還是用我們同住在一個宿舍時候的心情來對我吧，還是用那種心情來聽我説話吧！也許我開頭得很不得體，但你不有時也説還説得不得體的麽？不！

你從來就没有得體過！好，聲明之後，我還是問你！左翼作家！你要不要朋友？要不要民族主義？表不表彰民族英雄？你點頭了？好！碰杯！”

喝，吃，筷子碰着碗，發出清脆的響聲，兩個人好半天没有講話。我有一點摸不清頭腦。

“懂了麽？”他慢吞吞地説：“這是説，我想當民族英雄了！這是説，也許我要死了。”

“你不會甘心死在民族戰争裏面的吧？”

“這是你對我懷敵意！”他放下筷子，正顔厲色地注視我，我以爲他要翻臉。

“唉唉！”我低下頭向桌子説：“這回是我不得體！”

“假如，”他説，“喂，望着我！假如我真死了，你説，你肯跟我寫一篇傳記麽？你向來説真話的，你不用想，你説肯，還是……”

原來如此！

“你以爲我勝任麽？”我問。

“那還用説？早告訴過你：除了吴稚暉我就衹看中你了。就爲這一點點，你也許還不知道，我在暗中照拂你十來年了！”

“我瞭解你麽？”

“瞭解。”

“不怕我左翼作家把你的相畫歪了麽？”

“没有什麽可歪的。頂多，説我没有思想，我本來没有自以爲是思想家。衹有一點不能遺漏：那是你早知道的，我的母親是個寡婦，她盼望我成名！”

“説得像真的一樣！”我真有點不祥的預感了：“指揮軍事，你的機動性不够，頂好不擔任那種工作，這不是尋常的戰争。光靠决心勇氣，不一定有用。個人事小，貽誤軍機，可不是玩的。但假如萬一不幸，當然，衹要我還有筆，我負責……”

“碰杯！”他説。乾杯之後，他把那高脚玻璃杯摔到地下了，使旁邊的副官和茶房都吃了一驚。

他的情緒緊張而激昂。好像真要出發打仗，頗有“風蕭蕭兮易水寒……”之概。我却聯想到古人云“死生亦大矣……”“君子疾没世而名不稱焉”，這些老話。

不久，我在故鄉看報，知道他放了九江警備司令，那席話大概是爲這消息而説的。但後來似乎并未到差。

八

最後一次碰見他，是一九四三年，在重慶。

穎有一個朋友住在兩浮支路，我們去拜訪，碰見他從三青團中央團部出來，邀我們到他家裏去坐。送我們出來的時候，又約第二天來吃午飯。跟我們同行的有一位我的同鄉，同學，沾親的吴魯濱，黄埔一期生，曾做過他的部下，他也順便約了。第二天到他家，等了很久，他纔同胡庶華一道回來。自然又有酒，但菜却很簡單，賓主五位，却連樣數都比在漢口館子裏兩人吃的少。這種場合，他素來矜持，没有談什麽。飯後，讓客人們坐在客廳裏，特别和我在院子裏散了一回步，問我對他有什麽意見。我没有意見，他一定要説。我忽然想起前幾天碰見過王孟鄰（前黨校學生，在政校當教授），對我講過幾句話，我就告訴他了。

“王孟鄰説，”我説，“康兆民本來可以做政治家，可惜倒做了政治家的工具。”

“什麽意思？”

“他説，人家把你和戴笠，徐恩曾，當作三鼎甲。”

“那是人家造謡中傷，造謡中傷！”

“我不知道，不過孟鄰這樣講，他又叫我告訴你罷了。”

我心裏想，真肯裝蒜！這豈不是哪個不知誰人不曉的事情麽？而且，從前在成都，你就已承認得到過關於我的“情報”了！

“我在建川中學教書，”我説，“程澤潤辦的那個建川中學，在江北人和場，那地方，土名瓦店子。”

“呵呵……”他走進屋子去了。

建川中學附近有一個神秘的所在，有人告訴我是集中營，關有百多個政治犯，那裏面的主任就是他。

但最奇怪的是他和吴魯濱的一段對話。

另有一個同鄉，名金亦吾，黄埔三期生，與他同期，也做過他的部下，這時候已經做了僞軍的什麽司令了，但老小還在這邊，生活没有辦法，吴魯濱請他接濟，他答應設法。之後，就談到另一個人：

“×××呢?”他問吴魯濱，那名字是我没聽見過的。聽那口吻，大概也是他的部下或曾是他的部下。

“也攪僞軍去了。”吴答。

“是攪僞軍，還是攪新四軍?”

“僞軍。不會錯。”

“那可以，什麽時候都可回來。新四軍可攪不得！攪新四軍，决不替他設法。”

這是他和我交往以來，唯一的大疏忽。這樣的話在我面前談，不是太不體面了麽?我是左翼作家呀！而且也太不像一個民族主義者，一個曾經想做民族英雄的人的談話了。民族主義者的部下可以投敵當僞軍，却不能和堅持抗戰的友軍合夥，這道理真够人想的！既然如此，我當初説你不會甘心死在民族戰争中，你爲什麽説我含敵意，幾乎要翻臉?——這些話，可惜不能説出來，對於他，我已實在不像從前那樣坦率了。

九

現在，康澤已被人民解放軍活捉了，被活捉之前，還使用過毒氣，是解放軍俘獲的第一號不折不扣的戰犯。那麽，他就要成爲“戡亂英雄”或“剿匪英雄”的吧?但我希望他還來得及讀到我這篇文章。不但表示我没有負約，也衹有他自己能對這裏面所寫的感到親切，而且認爲没有把他的相畫歪！雖然他没有真的死在民族戰場上。

附帶一句：前面提到的那位僞軍什麼司令金亦吾，勝利之後又做了他的部下，最近聽説在他的司令部當高級參謀。這回想是也——不，報上没有消息，也許他的名字太小了。

一九四八，七，三一，香港

（原載 1948 年 8 月 20 日香港《野草文叢》第 11 集）

序　跋

給一本厦門話新文字小册子作的序

我現在被派定給這本小册子寫一篇序。這本小册子是關於厦門話方案的，我不懂厦門話，也不懂語音學，能够說什麽呢？無法，說幾句也許是不着邊際的話吧。

有些人，尤其是國語統一運動者，説新文字的各方音區的方案，是破壞或反對國語統一。這是很笑話的。中國的語言本來不統一，是鐵一樣的事實，不是從新文字産生之後纔開始的，新文字也没有要加强這種不統一，説是破壞，憑什麽理由呢？説這種話的人，先有一個錯誤的觀念，以爲方塊文字［是］統一的，那麽，新文字要打倒方塊字，當然就是破壞統一了。

他們不知道方塊字從來没有統一過中國的語言。第一，方塊字的力量所能達到的範圍，衹限於漢族，漢族以外的許多中國人的語言，什麽時候曾被它統一過呢？第二，在十幾年前，用方塊字寫出來的文章，差不多全是文言文，那種文言文和中國各地的語言的關係非常少，雖然全國（應該説全漢族）一致，但是因爲它是語言以外的東西，口頭上的語言，仍舊是不統一的。近來，白話文通行了，好的白話文，和口頭上的語言的確相當接近，可是在不懂普通話的人看來，白話文也衹是半外國語式的東西，和自己的語言還是很少關係。難道語言以外的或半外國語式的東西的一致，能够算是統一了中國的語言麽？第三，方塊字衹統一了識字的人，百分之八十以上的文盲，和它毫無關係。難道那百分之八十以上的文盲不算中國人麽？他們的話不算中國的語言麽？方塊字已經把他們的語言統一了麽？如果没有，那談得上什麽“破壞”呢？至於反對國語統一，是反對以一個地方的話爲標準，尤其是以北平腔的官話爲標準，削足適履地，生吞活剥地强迫全國大衆拋棄自己從小就説着，和自己的生活有密切關係的父母語，去學習那不知從哪裏來的所謂國語，是反對這種侵略式獨裁式的辦法，并不是反對中國語言逐漸形成一種統一的民族語。我們堅决地相信，要促成民族語言的統一，衹有，加緊大衆的語言教育，供給記録各地語言的文字，增加大衆的語言知識，提高大衆的文化水準，使大衆首先能够運用自己的生活環境裏頭的，鄉土的語言文字來表現自己的生活，意識，思想，情感；同時也逐漸養成對於由别種生活環境，别種鄉土關係産生出來的語言文字的理解力，也就是對於生活在别種生活環境，鄉土關係的人們的生活，意識，思想，情感的理解力。這樣，大衆纔能因爲國民經濟的改造，因爲交通事業的發達，因爲自己現實生活的變動，因爲和新的環境，新的關係的接觸和認識，而在實踐上逐步逐步地獲得真正的，切實有用的交通工具——統一的語言文字。在這種情形之下，各地方言土話由於大衆文化水準的提高而得到高度的發展；由於大衆的生活的變動而獲得和它種方言土話互相接觸，攝取，滲透，融合的機會而逐漸趨於統一。這樣形成的統一語，决不是一個地方的方言，也决不是任何方言以外的東西；它是根深蒂固，源遠流長，又豐富又充實的真正的民族語。那用“聖君賢相”站在“九重龍朝”看“齊民”的看法，用園丁拿剪草機剪草的手段來統一全國的國語統一運動，忽視了大衆的生活情態，也忽視了語言的社會生長性，雖然能够成爲某一時期的政治機關的治術，却不是大衆需要的東西，不是大衆自己的東西，因之，它的統一衹是政治家或學者教授們的幻想。

可是我們説每一個方音區都必須有自己的方案，决不是説同一的方音區應該有或可以有幾種方案。現在已經有一個方音區産生了兩種以上的方案的事實，足見熱心新文字運動的的確不少。不過方案的分歧，總很麻煩：妨害方案的統一，養成工作者的宗派觀念，浪費教授和學習的人們的時間，給與反對論者以口實。今天以前，因爲組織工作落後，各地運動，差不多還是自發狀態，各地研究或推行的團體又往往是以某一個方案爲中心的結合，和别的同樣的團體没有組織關係，甚至没有任何聯絡；方案的分歧也許是難免的。這，除了加緊組織工作以外，我們希望各地不同的方案的工作者虚心地研究别人的方案，虚心地接受别人的批評，虚心地和别人作公開的討論；并且每一個人都應該把統一方案當作自己的最大的任務，都應該有犧牲自己的方案，不妨把自己的方案的特點當作提議提出來討論的決心。如果這樣，無論是由有關係的各方面舉行討論會來解決，或是委托中國新文字研究會來决定，都不會成什麽問題的。此外，正在起草或打算起草方案的人應該先打聽那個方音有了方案没有。如果有了，千萬别又起草一個；對已有的方案不滿，儘可提出問題來討論，把自己的主張灌注到那已有的方案裏頭去。這樣，整個新文字運動就都可免掉許多麻煩了。

一九三六年五卅於中國新文字研究會

《語言·文字·思想》自序

這本集子是一個淺薄的人對於當前的語文運動的老實的意見。這些意見也許對於學術上毫無貢獻，也許會叫語言學或什麽學的專門家們笑落牙齒，但是我還是以爲有搜集起來印成一本書的必要。有些專門家正在把語文問題當做和社會問題、文化問題毫無關係的所謂“專科學理”的東西，當作僅僅是“工具”或“形式”的問題；而另外的專門家又正在提倡“語録體”“文中之白”或“白中之文”；這些舉動難道不會減輕我們對於一部分的所謂專門家的信任麽？在我們所熱烈地期待着的專門家出現以前，這本集子似乎應當有存在的餘地。

我堅决地相信：對於近代的語文運動的見解，非專門家的魯迅、胡適、陳仲甫、吴稚暉、錢玄同這些人，比起是專門家的章炳麟、黄侃、林語堂、劉復來，影響不知該大多少倍，而且實際運動的結果，也證明真理屬於魯迅他們那一方面。爲什麽會這樣呢？就因爲魯迅他們常常是把語文問題當作一個社會問題看，把形式和内容聯帶在一起來看，而没有認爲衹是語言文字上的“專科學理”。這本集子裏頭的文章，都曾努力企圖和他們的見解接近，不過達到點恐怕有限得很。

關於語文問題，我還有好多話想説，例如語文運動和民族解放運動的關係，雖説曾在《從白話文到新文字》那本小册子上粗略地提起了一下，但是很不够；想多搜集些材料，加以較深的研究和更明白的解説。又如新文字和文學，到現在還没有熱烈地携手。無論從新文字運動方面看，或從文學運動方面看，都是不好的！任何階段的語文運動不能脱離了文學；任何階段的文學運動也不能脱離語文問題。如果没有《吶喊》《徬徨》之類的文學作品，恐怕所謂白話文到現在連作爲平民教育的工具還够不上；如果没有白話文，《吶喊》《徬徨》之類恐怕就不會有，縱有也不會有現在所有的這麽好這麽多，那麽，所謂新文學誰能斷定它究竟比那些鴛鴦蝴蝶派的作品高明多少呢？新文字運動和現階段的文學，必須像白話文和五四時代的新文學一樣地膠結成一體，是很顯明的。固然，我們也主張用新文字寫任何性質的文章，可是尤其應該發動用新文字寫文學作品的運動。因爲文學作品的效力，往往比任何性質的文章的效力都大；用相差無幾的用語寫的文章，《水滸》《紅樓夢》的讀者比道學家們的“語録”的讀者多到不知多少倍，就是明证。……諸如此類的話，很想痛快地發揮一下，可惜縱然馬上動筆，而這本集子約定的出版日期已近，也不能趕印在一塊兒了。

我很慚愧這本集子的貧乏，幸虧有“我的朋友”高荒先生的三篇文章——1.《由反對文言文到建設大衆語》，2.《白話文和大衆語的界限》，3.《怎樣前進一步?》——夾在裏頭，纔給與了不少的補救。這三篇文章，是討論大衆語的時候的最好的收穫；對於現在的新文字運動，那見解也還是完全適用。爲了表示我對那見解的贊同和欽佩，特爲和作者“情商”了，刊在這裏。——本來還采擇了幾篇别的朋友的文章，打算和這三篇彙集一起，作爲這集子的附録的；一時和朋友們碰頭不着，無從徵求他們的同意，附録計劃衹好打消，這三篇文章就變成插在我的文章的當中了。

一九三六年，“九一八”前一日

序《捧血者》

哦！你幻美的姑娘呵！請别用你那夢一樣的眼睛望我！一個流浪人，應該“那裊裊的萬里的流去”（《行人》）——“流雲是他勇敢的游迹”（《月黑的夜》），應該“挑戰的流浪的天下”（《我愛》）；現在是我不能不離開你的時候了，你不能讓我的心像“山溪平静地流響山間”（《月黑的夜》），向你輕輕地説一聲“再會”麽？

哦！你熱情的姑娘呵！請别用你那火焰一樣的眼睛望我！我愛高山，我愛大海；我愛看那“金紅的海水”（《行人》），“黄色變成碧緑，黑色又變得白如銀”（《月黑的夜》）；我愛看“檳榔花紅在山上”（《月黑的夜》），愛看“迷山頂上一片白霞”（《我愛》），“月黑的夜”，我愛看“在高山跳躍的野火的光芒”（《奥秘》）；我還愛看黄河“奔放，流嚮天野”（《古歌》）。别了，姑娘！并不是你繫不住我的心，一個流浪人的天性和運命，連他自己也無法理解，無法安排！在高山大海面前，我將永遠懷念着你；正像在你面前，并没有忘掉它們。你不能像“山溪平静地流響山間”，輕輕地向我説一聲“再會”麽？

哦！你青春的姑娘呵！請别用你那朝日一樣的眼睛望着我！我永遠記得和你在一塊兒的時候的幸福。你“霞震飛灑，那般美麗”，“珍珠會顯得暗淡，黄金你不必提起”（《奥秘》），你曾用“歌頌自然的喉嚨”，“清幽地唱起歡樂的曲子”（《林雀》），像“夜鶯染着玫瑰”（《奥秘》）；“一個熱情的擁抱”的時候，我聽見你的心“這般跳躍”（《奥秘》）！但是“天空没有不散的雲彩”，姑娘，我“還得行旅長途”！把過去的事都忘記了吧，因爲“記憶就是痛苦，不管昨日曾經歡喜，有誰能捉住飛去的雲霞”（以上《行人》）！我們不是衹需要像“山溪平静地流響山間”，輕輕地，輕輕地説一聲“再會”了麽！

那麽，姑娘！在我“向天涯”（《月黑的夜》）的此刻，請你接納我一點點卑微的禮獻！瞧！這裏，這，我真慚愧呀，一本詩，僅僅一本詩！但請你恕我的狂妄，我以爲你會喜歡它，因爲它也這麽幻美，這麽熱情而且是青春的。哦！仁慈的姑娘呵，你真的接過這本詩去了麽？

“可是，流浪人，這本詩并不是你寫的呀，瞧，這詩人的名字！”

這麽説麽，姑娘？我説你錯了！這是我的詩，每一個字，每一句話，都是從我的心上，一斧頭一斧頭砍下，一鑿子一鑿子鑿落的。不過我不曾把它們寫在紙上，衹悄悄地寫在心上，準備有一個時候，也許就是今天吧，連心一齊獻給你；可是，可詛咒的剽竊的詩人，却從我的心上把每一句話，每一個字都偷跑了！你看了這詩，就會相信我的話。我相信你是理解我的，雖然你從來没有這樣説過。

現在，姑娘，請你看這第一章《行人》：

没有笑飄在嘴角，
無言，佇立，像個大理石像；
　　可又不像個行吟歌者，
腋下并不帶有憂傷的胡琴。
　　更没有詩句唱嚮黄昏——
衹一個竹杖一個背囊隨身。

你看看詩，再望望此刻的我；姑娘你能説這詩不是把我活畫出來了麽？

在强盗手裏。
哪還有人能在床上死去！
逃吧！隨便到哪，
衹要你能離開這魔鬼的土地！

這是第二章《月黑的夜》，寫那詩中的青年怎樣逃走。姑娘，你應該可以證明，詩裏的主人，正是我自己。除了我，誰能知道得這麼清晰？雖然這遭際，在中國，今天應該是很普遍了。再看第三章《我愛》：

對於不幸，人們願意：
　　降給別人，
幸福却應該屬於自己。
　　而，他并不要求
　　向天風播送他的熱意。

一個流浪人的倔强的性格，也衹有我自己，纔能表現得這樣深微。

馳騁着鐵騎，
　　披上鋼甲，
光耀地揮着國旗
　　…………
　　光榮地紅了，
　　故鄉的明月——
像農夫站在田脊，
　　想起：
盼望七月的連雨——
　　要騎大馬歸去！
高呼：
　　“久違，我愛！”

說呀，姑娘，這是不是我常常對你講過的熱望？

斑斕的劍搭成十字架，

在我的墳上，等我死後，
這時呵，不需鼓樂，
也不要塊墓碑，
蓋上一面血染的國旗吧！

——第六章《古歌》

你大概不喜歡聽這樣的話；是的，你是太年青了，這樣的事，和你隔得怎樣遥遠囉！不過，姑娘，别人不是你；在你面前，一切人都會感到衰老的。衰老的人很容易想到自己的結局；我的這結局，怎樣？我以爲已經很壯美了！

“可是流浪人！我讀了你指點的句子，也讀了你没有指出的。這詩是美好的，我相信；可是作爲這詩的基調的東西，却是一種可怕的憂鬱。‘你知道，强盗的血手怎樣伸進家鄉，屠洗了我們多少城園’，今天，正是‘黄金的號角召喚祖國的英勇的男兒’（以上《奥秘》）的時候，是‘祖國新生了’（《古歌》）的時候，你以爲這詩的調子是凋萎的麽？”

謝謝你，我崇敬的姑娘，讀過了我的詩，有着這樣值得寶愛的識見。可是我相信你的寬廣，一定許我有點小小的差别。我愛海，愛海的廣博，海的空曠。海的波光，僅僅趕不上你的眼睛，海上的晨暉和落照，幾乎要比美你的顔色。可是，當我第一次置身海上的時候，我嘗過一口海水！不必把粗劣的形容字來弄污你的耳朵，那滋味，隨你向怎樣難堪的方嚮想去吧！美麗的幻象往往出自悲苦的真實；真實的悲苦，不一定就妨害幻象的美麗。愛海的人固然不會愛海水的味道，可也没有人因爲海水不能變成甜啊，就説海景衹有醜惡。我的詩是美好的，你説過。這樣我就足够了，我還要求什麽呢？不錯，“我是憂鬱的，因爲我走過的路都是那麽艱苦”！可是“我要戰鬥，以我的堅强”（《序詩》）；要讓“那銹的劍閃出光華”，要“嚮太陽”（《林雀》），“到陽光的家鄉，走近夢花開的地方”（《序詩》）。尊貴的姑娘，請想想一個流浪人的來踪和去迹！

我愛大海，同時也愛高山。海的博大，山的崇高，最啓迪人的靈魂。

但海底沉澱着無數污穢的廢物，高山上的是沙石和小草！“爲了保衛祖國的田土”，今天，我們向强盗展開了“偉大的人性的戰列”（《古歌》），假如裏頭没有一顆被流浪人帶來的憂鬱的心，决不能顯出這戰列的偉大，它本身也該是個奇迹。在過去没有走過艱苦的路的人是幸福的，但過去并不那麽坦蕩；能够完全忘掉過去積習的人是值得贊美的，但心靈上的熇患，并不像肉體上的那麽容易割除！如果戰列真正偉大，就一定能够容納我的憂鬱；我不能想象海底的純净，也没有見過没有沙石或小草的山巒。這點粗淺的道理，姑娘！你一定能用你的襟懷，你的智慧來解悟。

而且，姑娘呵！我不是向你提到過黄河麽？黄河，一個詩人曾對我説：對於祖國，是一條無生命的水！它的激流，它的淺灘，它的淤沙，使它不能通航却又容易泛濫；多少年來，就常常把灾禍帶給祖國！可是等到“强盗的劣馬踏壞了田園”（《奥秘》），死神的“黑翅膀撲擊着大聲”（《林雀》），“黄金的喇叭吹起光明的號召”（《古歌》）的時候，黄河，那被詛咒的無生命的水，却憤怒了，奮起了！它舉起粗壯的胳膊，“向天風揮一揮”（《林雀》），就“灑成壯異的血海”（《古歌》）；使“那凶鷹狼狽地閃躲……慌張地逃走”（《林雀》），而自己成爲“誓死愛着祖國的英雄”！公允的姑娘呵！你能因爲它曾經，甚至還要帶給祖國以灾禍，就看輕它“刺嚮敵人無耻的前胸”的勇敢麽？憂鬱的心，衹要不吝嗇“英雄的戰血”，就該替它“蓋上一面血染的國旗吧”（以上《古歌》）！

然而姑娘，我一點兒也不想爲憂鬱辯解。既然“天空没有不散的雲彩”，没有“誰的鮮衣經年不褪色”（《行人》），既然“從輕蔑裏”也可以“找到可愛”，誰能説“炮火停息之時”，黄河仍舊是無生命的水；誰能説在祖國的勝利中，我會永遠“讓人嘲笑我的憂鬱”呢？而且，豈不是正因爲要使我的憂鬱褪色，纔使我“望着遠方”（以上《序詩》），和你告别，“到世界上去”（《奥秘》）的麽？“陽光在哪，我知道；夢，什麽時候開花和它的顔色，我敢説我最明白”，“我已準備好了幸福的心，幸福的雙瞳”（以上《序詩》）！

“流浪人，你的辯解也許是對的；可是我覺得它比你的詩更憂鬱。”

如果是真的，姑娘，那是説，詩人終於衹是個詩人，并不同時是個雄辯家；詩人的雄辯，除了詩，應該没有别的。我丢了詩，拿起了散文，所以爲憂鬱辯護，却顯得更憂鬱了！而且，難捨的姑娘呵！我今天的憂鬱，豈不同時爲了要離開你麽？

别了！我至愛的姑娘！讓我們“粗野地拉手”（《古歌》），“我有個崇高的願望”（《奥秘》）：願你“永保有顆孩子的心”；我將永遠爲你祝福，“以一個少有的親切的微笑”（以上《序詩》）！可是唉唉，你别望我呀！

《歷史的奥秘》題記

我出書的運氣非常不好。“八一三”之前，我在上海，正值三本書要印，一本是小説集《兩條路》，一本是關於語文運動的論文集《語言・文字・思想》，另外一本是文藝方面的論文和雜文集《瘸子的散步》。三本書每本都在十萬字以上。因爲自己不是什麽大作家，找不到根基穩固的書店承印，衹能交給幾個新辦的出版社。版排好了，有一本還校對過，不料“八一三”的炮火一響，那些出版社有的觀望，有的改途，無人負責，不久，自己也離開了上海，結果我的約莫五十萬字的文章，一齊連底稿也無影無踪了。那三本書中最使我懷念的是《語言・文字・思想》，我是對於語文問題與語文運動曾經下過一點功夫，而且説了些别人所没有説過的話的。

厚一點的書遭遇如此，剩下的就衹有兩三萬字一本的小册子了，這一本是第四本，算是字數最多的。

那本小册子以抗戰以來所寫的雜文爲主，也略用了幾篇以前寫的。這中間應該還有幾篇文章，因爲没有存底，没有收入。其一是《瑪德里曲可不可以唱》，發表於抗戰前的《自修大學》，并曾爲南京某報所轉載，是爲陶希聖反對唱瑪德里保衛曲而作。其二是《死的教訓》，發表於武漢淪陷前的《大公報・戰綫》，是指出汪精衛的文章中的漢奸理論的可怕處。其三是《談是非》，發表於武漢的《哨崗》，是糾正崇拜曾國藩、胡林翼的見解之錯誤，忘記了是對誰發的。其四、其五題目都忘記了，但記得内容都是反對汪精衛的言論的，離開上海時，曾交給夏衍先生代投某刊物。或者被認爲苛論吧，終於未見發表，原稿也自然石沉海底了。那些小小的文章，自然誰也没有注意，然而在我自己，是曾經用我的真知灼見燭照了那般妖魔鬼怪的。因此，我懷念它們。

我本來下過無數次決心，不寫雜文。并不因爲什麽高尚的理由，主要的是因爲不是生意經。既然美其名曰以賣文爲生，就應該使自己的文章能够賣多點錢，以便“生”得像樣一點。雜文一則無從寫得很長，以换取大筆的發表費；二則没有書店肯出版，讓稿子在發表之後再賣一次——每篇文章如果衹能賣一次，作者除了餓死，就衹有改行。三則没有稿費的刊物，可以毫無愧怍地向你要稿，要不到還可以發脾氣，其意若曰：别人的長篇大論，費了很多心血，自然不便强要，至於閣下的大作，不過區區雜文而已，文章一篇，字數兩三千，有没有稿費，何足挂齒？四則……五則……寫雜文而氣悶的事還多，最重要的是誰也看不起，不過這與生活的直接影響還少，姑且不談。

不料這回來桂林，偏寫了一些雜文，而且還能出這一本雜文集子，這是應該感謝《野草》的編輯同仁的。

不過也許是一種啓示，我寫的文章實在太雜，幾乎没有一種文章没有寫過。雖然寫過各種各樣的文章，却没有一種文章寫得好，衹有這雜文，有時還聽到拉稿朋友的恭維。那麽，也許我的全部作品都應該叫雜文，寫雜文也許正是我的看家本領，而這本小册子反而是我的“代表作”！那麽，去吧，我親愛的雜文，人間的冷眼正等候着你！

《蛇與塔》題記

把幾篇關於婦女的文章彙集起來，成爲一本小册子，題曰《蛇與塔》，一面固然是因爲裏面有一篇文章，用的是這題目；一面也因爲這題目，實在可以概括這本書；豈止概括這本小小的書，它簡直可以概括天下。

十年以前，我在南京住過一個相當長的時期。在那時期中，三朋四友到夫子廟的茶樓去聽清唱，并不算是一件罕有的事。那是爲了生活的無聊，决不是爲了想研究什麼問題而去。然而從那些茶樓裏，却曾得到過多少關於婦女乃至别的問題的啓示。

南京是禁娼的。但“歌女”們恐怕很少不兼營副業，實際上，不兼營副業，也難以爲生。歌女們大都屬於敗柳殘花之流，不過年青，美麗，戲唱得好，看起來聰明伶俐，甚至風格高邈的人，也不是没有。那時候，我也年青，常有些傻氣，膚淺的幻想，以爲那種人如果不陷身風塵，一定也是社會的優秀分子，如果加以努力，説不定也像我輩鬚眉男子，有遠大的志願，前途，能够爲社會人群做一番事業；但是現在却是世界上最卑賤的人類。她們的年青，美貌，聰明等等，都不能使自己擺脱一種看不見的枷鎖。反轉來看我輩男子，在我的周圍，盡是一些昏夜乞憐，白晝驕人，貪財愛寶，賣官鬻爵的没有靈魂的腐爛的軀殼；他們却儼然西其裝，革其履，汽其車，洋其樓；稍爲掏掏他們的麥克麥克的腰包，就可在那些聰明伶俐，風格高邈的青春的肉體上爲所欲爲。而她們也就歡迎他們，巴結他們，俯首帖耳地侍奉他們。用佛羅衣特的精神分析來説，因爲自己不能如此，不免有些醋意，也未可知。那時候，我實在有點覺得這社會不大像社會，我們人也不大像人。我對於婦女問題，不免有時放在我尊貴的腦子裏想想，大概是從那時候起的。記得還寫過幾篇文章，發表在自己編的某報副刊上，文章不佳，向來不曾重視，説了些什麽，早已忘得乾乾净净了。以後，無論什麽人説，男尊女卑，男主外，女主内，男子什麽什麽優於女子，女子什麽什麽不及男子，我都冒火，以爲是一種昏話。這是我的女權見解的來源。

這本書裏面，有一篇《怎樣做母親》，不難看出，我對於我的母親很少敬意。不但對於自己的母親，對於天下人的母親，我都不高興，尤其是常被人説得天花亂墜的所謂“母教”。我以爲母教實際上衹存在於“家母行述”之類的文章上，而那家母的少爺，一定是名人或闊人。史書相傳的賢母，都是“母以子賢”（請恕我的杜撰），不怎麽可靠的。中國的男人，似乎比較容易短命；富家子弟用嫖賭嚼抽鴉片煙斲傷身體而短命；窮人們則因要處心積慮，竭智盡能，餐風宿露，勞碌奔波地找錢來養活他的母親或妻小而短命。男人死了妻子，可以“續弦”；女人死了丈夫，如果不幸而生在稍有所謂“體面”的家庭，就有什麽“好馬不配雙鞍，烈婦不事二夫”“禮無再嫁之文”等等鬼話來束縛她。於是一個寡母，帶着一個或幾個孤兒，在所謂“家庭”裏面度着悠長的黑暗的日子的事，就到處都是。中國的婦女，成千成萬，成十萬成百萬地無聲無臭，不生不死地活着；上天無路，入地無門地死掉。我們的古聖先賢，英雄豪杰，對於這樣一件天下大事，熟視無睹，一句屁也不放，到了十萬百萬千萬萬萬的“家母”中間，有一個人的少爺成了名人或闊人，那就可不得了了。如何苦節篤行，如何教子有方，如何如何深明大義，教她的少爺爲朝廷，爲國家，爲民族，爲社會盡力，廉節自持，奉公守法等等。好像天下之所以還如此其糟者，全在一些人没有早死父親讓他們專承母教之故。豈不滑稽乎哉！過去的母親們進過大學麽？進過中學麽？進過小學麽？甚至進過幼稚園麽？她們幾個人認識幾個字，讀過幾本書？那樣小脚伶仃的，又走過幾步路，看過些什麽事什麽人，聽過些什麽話？她們的知識從何處得來？民族國家社會觀念，從何處得來？比如汪精衛的母親，不過是一個商人的小老婆，能够用什麽東西教她的兒子？如果她真的教過，所教的又真正好，真正有力量，爲什麽汪精衛還是終於當了漢奸呢?

關於這一問題，還有好多話要説，説得太多，未免太不像這樣一本小書的題記，姑且帶住。然而這見解實在是我對於婦女問題的一個重要的東西，懷在心裏，差不多二十年了，却没有機會好好地寫一篇文章，真是遺憾。

我從來不曾研究過什麽問題，對於婦女問題，幾乎一本書也未讀過，比如説愛倫凱，貝貝爾，柯侖泰等人的著作。我們鬚眉男子，大概都有這樣一種自尊心：談婦女問題的書，應該讓娘兒們去讀；天下大事多得很，區區婦女，家庭，戀愛，婚姻等等瑣屑小事，何足以分我輩的心呢?這是説那些有志研究什麽問題的先生們，至於我自己，則更乾脆：什麽問題也不研究！這本書，題材偶然碰到，文章隨便寫出，全憑直覺，不涉學理，淺妄之識，自知難免。但在學者教授們正勸婦女回家去的今天，却似乎還有傳播一下的必要，所以不嫌浪費紙張，慨然付印了。

一九四一，三八節於桂林

《女權論辯》題記

一

蕭伯訥在他的《日内瓦》裏，叫一個極權的代表説過這樣的話："像我這種人不能拿學院裏關於理智的胡説來制止的。"從文先生也曾屢次三番申説過"名詞糾纏"會"了無意義"，"毫無結果"之類的話。這本書裏頭，有從文先生和尹及先生的許多關於婦女的高貴的見解，比如説，女人的真正位置是在家裏，女人的幸福是看她的丈夫怎樣，應該先努力安排一個家等等，這樣或者那樣，説得頭頭是道。但是，爲什麼是這樣或者那樣呢？爲什麼要這樣或者那樣呢？他們没有説。他們本没有準備和誰辯論，無論誰對於他們的話提出什麼意見，他們都不會看，不會聽，更談不上接受。在他們看來，别人算什麼呢？"猴子，比猴子尤其是猴子還猴子"，尼采就這樣説過。那麽，這本書的出版，對於沈、尹兩先生，衹是無書，甚至無書以下，而我們也不會傻到妄想改變沈、尹兩先生之流的尊貴的頭腦。天下還有在婦女問題上和沈、尹兩先生抱着略略不同的見解的人吧，那麽，他會成爲這本小書的讀者的。

沈、尹兩先生的文章，不説爲什麽這一點，其實就是他們的高明之處，别人舉出的什麽女人這樣那樣不及男子，所以不應和男子平等的話，反而覺得不值一駁，因爲他們都是把過去不平等的結果拿來作今後仍舊應該不平等的理由。

二

讀者中往往有很老實的人，這本書有一兩個重要點是得先指出的：

第一，有些贊同沈、尹兩先生的意見的人，同時却不贊同法西斯，他們以爲尹及先生之稱贊三 K 主義衹是偶然的巧合。法西斯蒂也吃飯、睡覺，巧合的事，豈不可能很多的麽？然而這衹是這樣的作者自己太老實，以己之心，推人之心，同時又没有經常看尹先生辦的刊物。在《戰國策》上鼓吹尼采，鼓吹希特勒，鼓吹日耳曼民族，那是久矣非一日矣的事了。

第二，尹及先生的文章裏，有一個地方含着殺機。他説，中國婦運受有蘇聯的影響。當然要説中國的婦運，一定没有這影響，恐怕也很難；但特別慎而重之地提出，用意就有點叵測了。孫馨帥曾經殺過剪了頭髮的女學生，罪名也是受蘇聯影響之類，尹先生先埋伏一句話在這裏，倘有黄毛丫頭還不趕緊回到家庭裏去，説不定有朝一日，臨到她們頭上的會是一種鋒利而冰涼的東西。至少至少也會使她像掉在什麽染缸裏了似的，惹得一身尷尬，永遠不能見人。或曰，在世界有蘇聯這東西以前，中國不就有所謂婦運了麽？而且中國婦運，不也受過歐美其他國家的影響麽！然而親愛的傻大姐，這樣的事，向來就没有辯論的先例。——這本書裏，還有勸沈、尹兩先生看看蘇聯婦女的！我真佩服她們到老虎頭上拍蒼蠅的勇敢。

三

有一個李英茂先生問我，當談賢妻良母的時候，爲什麽衹提潘金蓮，不提孟母岳母等等。這位先生大概有點眼病，我的文章裏説書本子上的賢妻良母，都是闊人名人的母，那些母親都是母以子賢，也就是母以子之闊之名而賢，豈不是連孟母，岳母，以及無論什麽母都提到了麽？不過我以爲中國人一闊，一成名，都愛表彰他母親，假如他的母親守過幾年寡的話；而且表彰他的母親也就是表彰他自己，表彰他自己是孝。汪逆精衛不是就有過“秋庭晨課圖”麽，盡信書則不如無書，那些賢母的事迹，應該打個折扣的。

其實，不打折扣，孟母岳母之流，真又何足道哉呢？孟母斷機，岳母在兒子背上刻字，無論她們的用意怎樣好，做的事，終於是無知識的愚婦人所做的。比如我現在正在寫文章，忽然發見我的兒子没有用心讀書，我就勃然大怒地把這篇文章扯得粉碎，有人會以爲我是賢父麽？再如，我怕我的兒子動揺，在他的背上刻上“抗戰到底”四個字，乃至刻得他鮮血淋漓，大呼疼痛不止，又有人以爲我是賢父麽？我想，不會有的。男人做了，没有人以爲是賢父，女人做了，就賢名千古，是什麽道理呢？豈不是以爲她們是婦道人家，本無知識，能够這樣做，已經很難能可貴麽？如果是，先生，我們從現在起，不需要這樣的賢妻良母。需要的是有知識的，比孟母，岳母，汪母以及過去無論什麽母都要强千倍萬倍的女性。她們同時不失爲賢妻良母。

李先生又説，問問中國的婦女們看，有幾個願意離開家的呢？不用問，李先生一定勝利。不過我們主張的是男女平等，婦女的真正位置不一定在家等等，如果婦女不受或少受家庭束縛就是男女平等的象徵，即使一個願離開家的婦女也没有，我們也不妨仍然這樣主張。林肯没有徵求黑奴的同意就解放了黑奴，同樣，國父没有徵求每個同胞的同意就把我們整個民族從滿清的帝制之下解放出來了；那些目不識丁，封建意識在腦子裏根深蒂固的女同胞們的意見，果真是必需尊重的麽？即使是關於她們的切身問題？

四

類似李先生的意見的别的高論，在這本書裏，大概都有解答，縱有遺漏，也無關宏旨，用不着再説什麽。編完了這本書，最使人不能没有點感慨的，就是今天的我們，還在討論這樣的問題，還在編印這樣的書，而且不怕讀者短氣，和沈、尹兩先生及李英茂先生表同情，在我們的同胞中，還占絶對大多數，連在我們知識分子中也還有很多很多，不過他們没有寫文章，有的却正在那裏埋頭實幹，這倒是一件最可怕的事。因此，不但現在編印這樣的書是必要的，就是將來説不定還要編印，一直到男女真正平等了的時候。不用説，婦女們的自身努力，表現出力量來。男子們爲婦女的人權而努力，一齊以實幹回答另一部分人的實幹，較之印書或寫文章，則尤其重要。

一九四一、四、七、桂林

《早醒記》題記[①]

晴：

收到端午節寫的信後，再未收到你的信。《新月集》裏面有一首《惡郵差》，説郵差把好信都留給自己讀，難得收到你的信，是無足怪的。

至於我的信，也許你已經感到絮煩了，每天每天地要你讀，每天每天又都是些瘋瘋癲癲，莫名其妙的話！但是，我也無法呀。每天每天總有這些瘋瘋癲癲的想念，總有這些瘋瘋癲癲的情懷，尤其是總有足以引起瘋瘋癲癲的想念，觸到瘋瘋癲癲的情懷的這些遭遇，叫我怎能不寫呢？天下雖大，我實在不認識另外的什麽人，另外的什麽人也不認識我，你叫我不寫給你看又寫給誰看呢？

比如今天，我又做了一個夢，夢見你，也夢見咱們的女兒。你抱着女兒，我背着一個行囊，在路上走。我們不知從什麽地方來，也不知走了多少路；我們不知要到什麽地方去，却走到一個不曾到過的國度的邊界上了。

正要跨進這國度的土地的時候，猛一抬頭，望見一根長柱，紀念碑似地聳入雲霄。那柱上寫着這樣幾個大字：

“一加一＝×？”

旁邊附注：

“回答錯誤者不准踏此國土。”

我疑心我的眼睛有些昏花，用手絹把眼屎和灰土之類揩了一下；但那些字一個也没看錯。

我説：“晴，你看見了那柱子上的字了麽？”

---

① 編者注：本篇又題作《殘缺國》。

“看見了。”你説。

我説：“寶貝，咱們到了一個頂好的地方了。幾年來，媽媽和爸爸都不知道把你放在哪兒養纔好，隨便哪兒，似乎對兒童們的教育都不很注意。現在到這裏，首先就看到啓發兒童智慧的東西：對兒童們出的算學題目。此外一定還有有益於兒童的别的玩意。”

“這真叫做江山易改，本性難移！”你笑：“囉嗦慣了，不説話，嘴巴會發癢的。”

“你以爲我説的話不對麽？”我愕然。

“没有，衹是你以爲小燕會懂得麽？”

“對了。”我也不禁失笑，於是改口問：“小燕，你知道數數麽？”

“基道，”她説，“從一個到席個，從席一到意席，都會朽。”

“那麽，媽媽告訴你算過算學麽？”

“現過的，現過加法。”

“你看，”我指那長柱，“上面的字你認得麽？”

“那大季，”她看了一回説，“那大季我印得，細個現學題目，小季印不清。”

“那算學題目講的什麽呢？”

“它説一個加一個，等意幾個。”

“你説等於幾個呢？”

“朗個。”她扳起指頭給我看。

“不是，”你笑，同時在她臉上吻了一下，“是三個。”

“啊啊，不細先個，細朗個。”

説着説着，我們就走近那長柱了。前面好多人停在長柱底下，却没有一個抱着或牽着孩子的。

我聽見一個大聲的喝問響在人群中間：

“一個加一個等於幾個？”

隨即從人縫裏望過去，我看見一個高大的穿着制服的警察模樣的人，正抓住最前面的一個人。

我大吃一驚：怎麼，這問題不是問小孩，倒是問大人的麼？拿這樣的題目來問大人，天下有這樣的怪事？

“朗個！朗個！”小燕伸着兩個指頭大聲喊，似乎要讓聲音從前面的人們頭上越過去做第一個交卷的。

可是那警察——現在我看清楚他衹有一隻眼睛——似乎没有聽見，也没有一個人掉轉頭來望咱們的寶貝。你一向都願意女兒成爲注意的中心；這樣冷漠，我看得出，實在有點覺得侮辱。所以連忙制止道：

“没有問你咧，還没有問你咧！”

“三個！”最前面的那個人説。

我簡直不信任我的耳朵。怎麼會有這樣的答案呢？而且是個大人哪！然而更奇怪的事還在後頭咧！

“對！”警察説。不，那是個警官。他把手一揚，在長柱旁邊的入口站崗的兩個警察就讓第一個人過去了。於是警官又問第二個人。

“五個！”第二個説。

“對！”第二個人也過去了。

“十個！”——“對！”——“百個！”——“對！”——“一千！”——“對！”——“一萬！”——“對！”——“十萬！”——“對！”——“百萬！”——“對！”……

這樣，過去了好多人。

“兩個。”忽然一個人説。

“什麼？”警官吼起來，“你説兩個？你受過教育没有？滾開！趕快滾開！”他一吼，旁邊的警察就舉起手裏的木棒，説“兩個”的人連忙回頭衝開後面的我們逃跑了。這時候我又看見那兩個警察，一個衹有一隻手，就是拿木棒的那一隻；另一個，却衹有一隻脚，腋下撑着一根拐杖。

“一加一等於二！”另外一個人説。

“滾開！你懂得禮貌不？”一隻眼警官又吼，一隻手和一隻脚的警察又舉起木棒。那個人也回頭逃跑了。

看着看着要問到我面前，小燕爲那警官的吼聲和警察的木棒嚇壞了。

她抱着你的頭説：

“我怕，媽媽，别上那惡人們那裏去吧。”

我們就不等問到面前，回頭擠開後面的人們走掉了。

喘息剛定，我又禁不住口裏念念有詞起來：“這是怎麼回事呢？這是怎麼回事呢？一加一不是等於二，倒是等於任何别的數目！那麼，我們所知道的就全部都可以推翻了：太陽不是圓的，倒是長的或者方的；雪不是白的，倒是黑的、紅的以及無論什麼顔色；小燕不是我的女兒倒是我的媽媽爸爸或者别的什麼人；小燕的媽媽，不是我的妻子，倒是……呸！這太不可思議了，太不可思議了！”

“哈哈！”你笑：“我們的博士，今天也碰到釘子了！平常不蠻像無所不知，無所不曉的麽？”

“難道你知道是怎麽回事麽？”

“豈敢，不才略知一二。”

“那麽……”

“那地方叫做殘缺國。每個人都至少缺少一樣東西，肉體上的或者精神上的。”

“殘缺國？世界上有這樣的國度麽？”

“爲什麽没有呢？剛纔我們不是到了它的邊境麽？”

“對了！”我説，“那三個警察就都是少一點東西的。但是爲什麽一加一不等於二呢？”

“這都不懂得，以後你真得少吹些牛了！”你説，“凡是有缺點的人，都喜歡掩飾自己的缺點；因之，就不喜歡人指出他的缺點；因此，不喜歡好説話的人，尤其不喜歡好説真話的人。”

“這與一加一等於二有什麽相干呢？”

“一加一等於二就是一句真話。既然可以説這句真話，當然也可以説别的真話。可以説瞎子是瞎子，瘸子是瘸子；其實也等於説瞎子是瞎子，瘸子是瘸子。當着瞎子説瞎子是瞎子，當着瘸子説瘸子是瘸子，在殘缺國就是最大的不敬。”

“這就是説的一加一等於二!”忽然霹靂般的聲音在耳邊一響，同時小燕嚇得哇地一聲哭出來。

我扭轉頭向左右一看，想看發這大聲的是誰，不料誰也没有，連你也没有，小燕也没有，衹有我一個人躺在床上午睡。這纔想起你和小燕都在遥遠的别處，我和你們分手已快一年了。

但是晴，你説這個夢不是很怪的麽？現在寫給你看，你又認爲是瘋瘋癲癲，莫名其妙麽？其實，如果我們在一塊兒，我把這夢説給你聽，你雖覺得怪，一定不認爲有什麽瘋癲，衹是這樣特爲老遠地寫給你看，你的感覺就兩樣了。人們都認爲這樣：無論什麽話，口裏説説不要緊，用筆寫出來就不免有些問題。對於這，我倒覺得是瘋瘋癲癲，莫名奇妙的。

今天的信完結。希望明天有較好的材料寫給你。希望接到你的信。

雨　一九四二年七月七日，桂林

附寄小書《早醒記》，請看看，裏面没有什麽瘋瘋癲癲的話的。

同日

《嬋娟》題記[①]

一　噩　夢

我徘徊在世界的邊沿，遥遠地，遥遠地，看見世界上有着黑魆魆的人群。他們有幾千、幾萬，乃至更多的數目，我不知道；衹知道如此的黑魆魆，黑魆魆。

荒古以來，我就在尋找一個朋友，一個肯聽而又能够聽我説話的人。我的話，也許簡單得衹有一個字，一個曖昧的聲音；也許複雜得永世也説不完，聽不完；説不清楚，聽不清楚。

我向那黑魆魆的人群走去，吶喊，詢問，乞求，我堅信那裏面有我的朋友。

似乎有一道霧障隔着那人群和我，障隔着那人群和我的聲音。我看不清一個人的面孔，看不清一個人的形體的輪廓，看不清一個人和兩個人和全體之間的限界；對於他們的聲音也一樣。

没有一個聲音是嚮着我的麽？没有一隻眼睛、一隻膀子乃至任何的東西是嚮着我的麽？没有一個人的站立的方嚮是嚮着我這邊的麽？

這真是一個噩夢！

二　火　葬

人在不幸的時候，會帶着幸福的回憶或希望而本能地接近死；人在

① 編者注：本篇又題作《永遠地，永遠地……》。

幸福的時候，常常願意在正爬到幸福的山巔的時候死去；我在既不幸福，又不不幸——不幸也是一種幸福——的時候，夢見我死了。

“這死者是誰呀?”没有一個人問。

“他怎麽死了的呢?”没有一個人問。

“啊啊！這裏一個人死了哇!”没有一個人心裏這樣想，或者口裏這樣説，而驚異地停下他或她的脚步。

憑吊我的遺骸的祇有一個：我的靈魂。

我看見我的遺骸了：那是幾根焦黑得像煤炭一樣了的骨殖——我的尸體已經舉行過火葬了。

這火葬不是在我死後舉行的，倒是在我生前；就是説，我是燒死的，或者説，被燒死的。

燒死我的不是别人，就是我自己。而且，我不曾求助於普羅美休士，我的身體内本來就藴藏得有火種，雖然一向不知道它們究竟在哪一些細胞裏。

三　幻　想

在日出之前，在日剛出的時候，我看見了天空，看見了天空的雲彩；在日落之前，在日剛落的時候，我又看見了天空，看見了天空的雲彩。那顔色，那形狀，是不可言説，不可比擬的美艷；不，它們從來不曾有過固定的顔色，固定的形狀；然而更是不可言説，不可比擬的美艷。

我把這美艷凝結在腦筋裏，帶回我獨自的家，帶到静寂的黑夜，帶到最秘密的夢裏。

我偷偷地展開那美艷的畫圖：桃色的天空，奔馳着黄金的戰馬，葱蘢着紫羅蘭的山林，杜鵑花瓣堆成悠長的河岸，河岸上斜躺着白玉的人體……

而且，看囉，黄金變成白玉了，白玉變成紫羅蘭了，紫羅蘭變成杜鵑花了……於是人體變成山林，山林變成戰馬，戰馬變成河岸……

而且，看囉，黄金同時不是黄金而是白玉，白玉同時不是白玉而是紫羅蘭，也同時不是紫羅蘭而是杜鵑花……人體，山林，戰馬和河岸，無不是這樣，同時是那樣；不是這樣，同時也不是那樣。它們是不曾有，不能有，不能認識，也無從認識的顔色和形狀，乃至并不是顔色，并不是形狀。

這是一幅活的，詭譎的，然而美艷的圖畫，而這圖畫是我的。我説不出心頭的狂喜。

"痴人，這是一個幻影；那真實的天空，真實的雲彩，是那樣的高邈，那樣飄忽，你是怎樣也摸不着，捉不住的呀!"

我仿佛聽見了這樣一種聲音。

多餘的聲音啊!

四 神 像

我匍匐在一座金碧輝煌的神像面前。那神像供奉在我的心的最秘奥的處所。

我説"金碧輝煌"，是一種想象的説法，其實，我不曾看見它的顔色、高低和大小，因爲我匍匐着。我也不需要看見；"走開!"衹要不這樣説。自然它是不説的，正像也不説"不走"一樣。

我想：我找着一個最理想的聽話人了。於是，把我的話，早想説的，正想説的，將想説的，不想説的，一齊叨叨地，絮絮地，説着説着，從晝到夜，從暗到明，從秋到夏，從春到冬。

我的話裏頭幻出着三牲祭禮，幻出着香花酒饌，幻出着一切人所能在神像面前供奉的最豐盛的，最隆重，最奢侈的東西，以及一切人所不能在神像面前供奉的最豐盛，最隆重，最奢侈的東西。我的話，顯示着我在奇遇的時候的驚顫和樸訥，也顯示着我在忘形的時候的便給與諂媚。

没有一滴微笑從那崇高的，尊嚴的嘴角流下；没有聽過一聲"是麽?""不是麽?"以及任何鼻子裏轟轟的聲音。

然而，我是滿足的，因爲，也没有聽見説：“囉嗦!”

我找到最理想的聽話人了。我將永遠地，永遠地絮聒；永遠地，永遠地叨叨絮絮下去。

一九四二，九，一八，桂林

《巨像》序

這本小書，是我若干年來寫的“叫做”散文的東西。

裏面的《絶叫》《永遠地，永遠地……》《上山》《山徑》幾篇，或多或少地帶點寓言性質，應該解説幾句：

有一個時期，因爲原稿須受審查，能發表與否，要看審查官的高興與否。我幾乎一個字也無法發表；人被悶塞得要發瘋，《絶叫》和《永遠地，永遠地……》就是寫的這種情感。也許根本没有人讀過，也許有人讀過而没有懂得説的什麽；但如果一看就懂得説的什麽，就早已被拋入審查官的字紙簍中，没有機會和讀者見面了。《上山》是爲憎恨當權者而寫，《山徑》是爲老政協之後的和談破裂而寫，現在看來，恐怕都是些純粹的散文了，雖然我也不知道什麽叫做純粹的散文。

有人非難象徵手法，那是義正辭嚴的，假如不曾有那種悶塞的經驗，假如没有那種發表無論什麽也好，衹要它能通知讀者“我還活着!”的欲望，我今天也許也討厭這種扭捏作態的東西。人不同，經驗與欲望也不同，幸運的人，即使和他晤對一室，也未必談得攏的吧？那麽，就讓他非難好了。我也不含糊，我愛我的這種文章，我愛我的這種“手法”！不用説，這種文章和手法，希望以後永遠没有寫它，用它的時候。

其餘各篇，大率淺直，無須説什麽。

一九四九年元旦於香港

《天亮了》初版序

這本書裏的各篇，依照我自己的分類法，可分爲這樣幾種：

1. 演義：即有藍本而加以敷演的，如《德充符》《毛遂》《季氏將伐顓臾》。略近於魯迅先生的《故事新編》。

2. 故事：把曾經有過的人物，不問他們是真有假有，也不問是不是同時同地，隨意湊合，而創出新的故事，如《第一把火》《鬼谷子》《韓康的藥店》《獨夫之最後》。

3. 童話：《天亮了》《兔先生的發言》。

4. 寓言：《殘缺國》。

5. 劇本：《天亮了》《夢》《獨夫之最後》。

6. 小説：《奇遇》。和演義不同的是人物不是借來的。

我是一個戰鬥員，在整個戰鬥行列中，力量當然很小，或者簡直不算戰鬥。但在我自己，却是時時在用各種各樣的方法打擊舊世界的統治者。没有或很少直接和統治者戰鬥的人，當然不理解，至少不十分理解和統治者戰鬥的艱苦的實況。統治者把一切利器都拿在手中，其中最厲害的一種就是原稿審查制度；我什麼都没有，衹有一枝筆，而人又要在他們的治區生存，文章要在他們的治區發表。赤膊上陣，即使也值得稱贊，文章能不能見天日，總應該顧及。説得隱晦，繞了太多的彎，不容易爲大衆所一望而知地理解，甚至有時離開了“常識”，批評自然應批評，但請先理解我是在和統治者打仗，不是在爲大衆編教科書；而和統治者打仗，爲大衆所不易接受的這種文章，也决非簡直没有爲大衆的意義。我的任務，本來比批評家們的稍稍難一點：我的對象是統治者，某些批評家的對象則是我，對我講話還有什麼不能直説的呢？這就是我的某些文章和它們的寫法的來源。

雖然挨過駡，却也不是不曾得到過安慰：在桂林的時候，僞中央圖書雜志審查處潘公展通知各地，不看文章，衹看名字，就必須没收原稿的人，第一名就是我。在重慶的時候，“軍政當局”蕭毅肅、孫兀良、張篤倫（我記得他們的名字）等輩公開聲明，看見“紺弩”兩個字就冒火，就頭痛，就不願看那報紙或刊物。他們代表統治者感到我打在他們身上的拳頭的分量。這是比批評我的人更公平的批評，是比贊美我的人更切實的贊美；這光榮是屬於我的！

魯迅先生説過：攻擊時弊的文章，最好和時弊一同消亡。新時代已經來了，我的這種文章，這種文體，這種手法，即將消亡，我是感到的。但現在還是集在這裏，當作一本書獻給讀者，并非敝帚自珍；而是它們還可以告訴讀者：什麽時候有人寫過如何無意義或意義很少而形式上又有些奇形怪狀的東西。

裏面的《德充符》，在文藝雜志預告時，題爲《兀者》，在港版《大公報》發表時，題爲《一個殘廢人和他的夢》。《德充符》是莊子原篇名，意謂人最要緊的是德性充足，形體之類無足輕重。裏面的上天的事是根據所亞的《上天堂的路》一文，餘均莊子原文。無論是申徒嘉或所亞，都没有什麽了不得，不過在舊世界裏，哪怕是一個畫家的一點點美德，有時也很難能可貴。表揚一下那種美德，也要算是對舊世界的戰鬥的。

《血書》序

這本書是若干年來寫的被稱爲雜文的結集。

上輯是對某些論者好像不很禮貌的批評。名之曰《禮貌篇》，表示對他們究竟太禮貌，那些論點，其實是未必值得一談的。因爲要藉篇名爲輯名，把就徵於朋友雲彬的《禮貌篇》也收進去了。它不應跟其餘的各篇放在一起。

下輯主要的是對於舊世界的政治現象和執政者的一些訕笑，諷刺，撻伐。歸結於《血書》者，一面表示以赤誠寫出，并無批評家認爲“玩世不恭”之意；一面也用《血書》所談的對象和那些東西作一强烈對比，以襯映出舊世界是如何醜惡。至於新世界來了，這種文章也該結束了，則是應有的餘意。

《血書》是全書中比較用力的一篇，因并用作書名。

裏面有兩三篇采自一本叫做《關於知識分子》的小書裏。那本書，是抗戰前寫的，出版時（一九四八）出版者未徵求我的同意，我不能負責，那不算我的書。希望書店能自動毁版。另外幾篇采自在桂林時出版過的書中，那些書都早絕版了。

慚愧得很：十多年了，在這方面，能獻給讀者的，質和量，都不過如此！

一九四九，三八節，香港

《元旦》題記

這裏，獻給偏愛的讀者的，是一本詩集。

像許多作者一樣，我開始是寫詩的。那些詩，除了一兩首，作爲附帶的東西，存留在散文集子裏以外，都散失了。没有什麽可惜，正是從那些東西裏，我纔覺悟到自己不會寫詩。認爲我的詩，其實都是分行的散文。一切藝術的最高境界都是詩。我的詩既然不是詩，那就作爲散文，也不是什麽高明的物事。

有了這種覺悟，我就死心塌地寫散文。及至寫了許久的散文，我又失望於散文了。因爲有時候竟禁不住想寫詩，覺得有些東西實在不是散文所能表達。於是又偶一爲之地寫寫詩。這本集子就是那偶一爲之的結果。散文已經寫久了，生活感覺，情緒，都散文化了。寫出來的，更不是詩，不用説。

然而，當憤怒的時候，我叱駡了；當歡欣的時候，我歌唱了；它比散文更多地表達了我的感情。這一點，它在我，又真是詩；我在寫它的時候，也真是詩人。而且，我一再地讀，把它當作别人的作品讀，覺得也不算太壞，至少，不壞過於我的散文。因此我有勇氣把它當作一本詩集獻給讀者。

一九四九、三、二九，香港

《二鴉雜文》序

在桂林的時候，出版過兩本小册：《歷史的奥秘》和《蛇與塔》。湘桂大撤退之後，似乎連那出書的書店都没有了，書自然早絶版了。這本小册分兩輯，上輯《歷史的奥秘》，下輯《蛇與塔》。但并非那兩本原書的重版合訂。《歷史的奥秘》裏有幾篇删去了，有幾篇收入另一本叫做《血書》的集子裏去了，剩下的衹有六七篇；其餘的都是以後寫的。《蛇與塔》裏保存的篇數稍多，但也有半數是新加的。

這些小文，現在看起來，實在無力。固然有些是在蔣政權之下，受着過大的限制，衹好寫成那樣；主要的却是由於思想力的貧弱，再就是懶散，根本没有用力寫。一個朋友批評我："由也升堂矣，未入於室也。"非再跨進一步不行。但這一步却很難跨，努力了幾年，還不敢自信有什麽成績。關於這，讀者會在書中感到的。

"二鴉"這兩個字，是我的筆名，由另一筆名"耳耶"諧聲而來，是我的筆名中最爲我所偏愛的。過去用得太少，以後又大概無須用它了，就趁出這本小册的時候，用作書名。字從諧聲，本無取義；所以偏愛，無非因爲未被别人用過，這是我取名的一點癖好。但如果解爲"老鴉笑猪黑，自己不覺得"，一向叱罵黑暗，自己的思想也正有黑暗成分，乃至雙倍那種成分；或者這本小册分爲兩輯，恍如兩隻既不美麗也不爲人所喜悦的烏鴉，都未嘗不可，衹是不是本意。

一九四九、五、一〇，香港

《小鬼鳳兒》序

這劇本獻給小説集《受苦人》的作者——孔厥。因爲裏面的主要的材料都取自他的名篇《鳳仙花》《二娃子》和《一個女人翻身的故事》。順便説一句：那本小説集，從《朱苦鬼》起的以下諸篇，我都極爲喜愛。

我没有正式寫過劇本，這是個學習的開始，我以爲是可以上演的，因爲那幾篇小説先就寫得如詩，如畫，如劇了。凡是小説原有的場面，都儘量保存原來面目，那應該是這劇本最生動的部分。裏面的人物：半個一泓和整個鳳兒的媽可説是我創造的。一泓，那容易，她原是我們一路的人。我也不過照原作的綫條把她描得更清楚一點罷了。鳳兒的媽則完全是另一個人。原作上的温馴，懦弱，逆來順受的風貌幾乎完全没有了。這是我的主觀，我不願意有這樣的婦女、妻子和母親，尤其是鳳兒的母親。我相信在大時代中，哪怕是那樣的女性也會有所改變或正在改變。但不用説，把原作的那種自然和親切的意味也減輕了。這是應該抱歉的。

一九四九、六、一四，香港

書　信

致胡風

一

老胡：

到此多日，已由蕭君函告，想已察及。一路之上，據我觀察，端木情緒最劣，處事爲人亦有問題。艾青、又然常在私人問題上鬧糾紛，毫無較大眼孔。比較起來，蕭君夫婦尚有做事能力及意志，且不甚涉及私人恩怨，實爲難能可貴者。現艾青、又然均被派負［赴］運城分校，蕭君亦擬於日内赴運，我與端木及蕭夫人在此工作，惟前工作尚未分配，僅出席幾次課外文藝活動指導，情形甚佳。我曾講一次新文字問題，亦似能得聽衆歡迎。日來正從事學生文化團體合并及教授文化人等組織工作，以便對外發生影響。此地書籍刊物太少。僅有《解放》《新華》，往往一搶而空。我想，《七月》如有三兩［百］份在此銷售，决無問題，望將此意通知書店爲要。田間赴洪洞游歷未返，在彼處當可碰見老丁，我已囑其轉達你已收到彼函之意。我等三數日後或亦往洪一游。此地空氣較武漢爲佳，日來正進行反奸運動，已將張慕陶拘捕送押，群衆正要求執行極刑，惟彼在此有人緣，未知能否達到。再，老周已來漢否？我在此薪金極微，恐僅三二十元，非彼出門自尋生路，家庭决無法維持，望你去函促其“出山”。前存之廿元亦請交彼，并希格外爲之設法，假如有此必要的話。《七月》近況如何？望來信告知。武漢局面聞日趨緊張，不知確否？亦請見告。

專頌

雙安！

子民兄統此。

雨　二月十五［1938］

二

風兄：

我現在住在西安，和蕭紅、端木住在一塊兒，我們又和丁玲她們住在一塊兒。艾青、又然也都住在西安。總之，我們都從臨汾運城出來了，衹有蕭軍跟學校一同走了。除了他，請安心，我們都安全無恙。想他也會安全無恙的吧。

關於學校的事情，我現在不想説什麽，衹告訴你一點兒，如果學校肯信任學生，肯把學生們全部武裝起來，肯不讓那些從武漢來的特務工作同志横行無忌（這裏請郭沫若先生恕我們的“潔癖”或者“白手套”，因爲我們實在很有點“氣持惡”），我們也許都跟學校走了。大部分學生都是很可愛的，他們坦率、勇敢而單純，差不多是擦拳摩掌般地準備和日本强盗拼命，準備到游擊隊裏當一名小卒，可是手裏没有武器。有一個學生對我説：“聶先生，一同走吧，我們願意你們一同去。我有槍，我背着槍保護你！”你猜結果怎樣？就在那天晚上，學校把發給學生當守門衛用的幾支空槍都收回去了。另一方面呢，從武漢來的特務工作同志却自己帶得有短槍，學校雖然想檢舉出來，衹是不敢得罪他們。他們究竟企圖做什麽呢？也許他們來對付漢奸的吧，可是漢奸一個也没有破獲（張慕陶事件完全與他們無干），倒把學生和教職員弄得人人自危，不能安心做事或求學了！現在學生走散了很多，教職員脱離學校的更是絶對大多數。我相信許多人都是誠心誠意地願意跟着學校走的。最痛心的是，不知有多少自動步槍，平時不肯發給學生，甚至不肯發給兵士（兵士們大多都是舊式槍），現在呢？現在都給日本强盗拿去了！

我們到西安已經好幾天，一到就想給你寫信，無奈住的地方没有桌子椅子，做事很不方便。窗外正霏着鵝毛大雪，地上已經尺把深了。西安的街道很難走，自然不能出去。在屋裏推磨的驢子般地轉來轉去，轉一轉就望一望那外頭的白光，你説這日子過得無聊啵！

我們本想到雪葦那裏去看看的，手續都辦好了，却被雪阻住了。聽説時局一緊張，他們會喬遷，等雪晴了，路乾了，恐怕他們又走了。唉！如果真這樣，那是多麽遺憾的事哟，簡直不容許去看看我們所懷念的人，所嚮往的地方！

有一個地方要我教書，丁玲要我到戰士服務團去。我呢，我想回武漢，因爲我很想念我的孩子。教書和上服務團，都是没有錢的。爲了孩子，我想弄點錢，即使每月二三十塊也好。不過暫時没有辦法，我現在連回武漢的路費都没有。我的孩子的餅乾和白松糖漿一定早吃完了，她現在正在怎麽哭泣着要東西吃哟！朋友，衹要她不死，我不死，我總是會繫念着她，總有養活她的責任，總想好好地養活她的。因此，朋友，我和你打個商量，我現在没有文章，打算寫的還没有寫，孩子又等着要錢用，怎麽辦呢？我不是有一篇《姐姐》麽？你不是説在我的作品裏還算是好點的麽？因爲以前的，自然於抗戰没有關係，可不可以附帶用一下呢？我想，十幾期刊物中，衹有一篇文章和抗戰無關，讀者不會過分地責備你的吧。我决定寄給你，用了，有了二三十塊錢的收入，我就大大地鬆一口氣了。你能够允許麽？如果能，收到稿子之後就把錢寄給我的老婆去吧！爲了孩子，我有權利要求你，也有權利要求讀者原諒的。

我的心情很壞，不能寫下去了。

祝好！

紺弩　三月七日［1938］

另外一張請加封寄京山小東門内余萬太老周收，因爲如此可以省幾角郵票。

致黎丁[①]

黎丁先生：

你走，《呼吸》是一大損失，讀者稱贊你的文章的很多。《日本天皇》那篇，我自己就爲你拍案叫絶過。以後務必寄稿來，遺失了幾封信，報丁弄的，如果有你的在内，就太可惜了。《呼吸》稿費，日内可發，《茶座》却須去交涉纔行。你能記得你有多少字麽？

祝好！

紺弩　［1946］

① 編者注：黎丁，福建泉州人。作家。有筆名姜牙子。

致周穎[①]

之芹：

分手後，第二天午後五時啓程，次日同時抵沈。路上是卧鋪，尚好。抵沈後，住文化賓館。在此碰見則誠兄，相談甚歡，并蒙他給了我一萬元人民幣，真是個大的贈與。……明天，我們要出發到哈轉長春，需時數日始返。……此地天氣極熱，市面極大，完全摸不到頭腦。沈陽是什麽樣子，一點也不知道。則誠兄談，剛到解放區，一切均不慣，須經較長期始慣，我等不知何日爲止方爲較長期也。……

［約 1949 年七八月間］

① 編者注：周穎，聶紺弩夫人。原名周之芹。河北南宫縣人。此斷篇據趙則誠《頌紺弩》所引抄存。